텝스 급상승
이정로의 논리독해

이정로

- 미국 로스쿨 입학시험(Law School Admission Test) 전 세계 최상위 랭크
- 미국 명문 로스쿨 입학 예정
- (現) 테스트와이즈 시사영어학원 텝스 대표 강사
- 종로, 신촌 텝스 전타임 최단기 마감 강사

텝스 급상승
이정로의 논리 독해

저 자 이정로
발행인 고본화
발 행 반석출판사
2015년 4월 5일 초판 9쇄 인쇄
2015년 4월 10일 초판 9쇄 발행
반석출판사 | **www.bansok.co.kr**
이메일 | **bansok@bansok.co.kr**

157-779 서울시 강서구 양천로 583번지 B동 904호
      (서울시 강서구 염창동 240-21 우림블루나인 비즈니스센터 B동 904호)
대표전화 02) 2093-3399 **팩 스** 02) 2093-3393
출 판 부 02) 2093-3395 **영업부** 02) 2093-3396
등록번호 제 315-2008-000033호

Copyright © 이정로

ISBN 978-89-7172-590-0 (13740)

대한민국 공식
TEPS UP
시리즈01

최신의 텝스 출제경향을 그대로 반영한

텝스

이정로 지음

급상승

이정로의
논리독해

전타임 최단기 마감강사의 현장강의처럼
자세하고 친절한 문제해결 방법과 해설 수록!

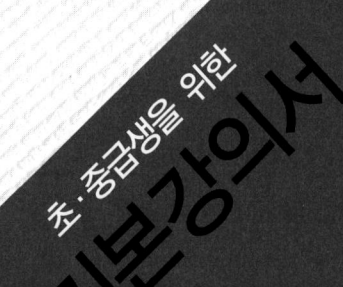

초·중급생을 위한
기본강의서

Bansok

P·r·e·f·a·c·e

시험이 실시된 지 올해로 12년째인 텝스는 이제 대한민국을 대표하는 공인 영어인증시험이 되었습니다. 나날이 비중이 줄고 있는 토익, 토플과 달리 텝스는 각종 공기업과 정부기관의 채용시험에 활용되고 있으며, LEET(법학전문 대학원), MEET(의학전문대학원), DEET(치의학전문대학원), PEET(약학전문 대학원), 편입학, 대학원, 특목고 입시 등에 꼭 필요한 영어시험이 되었습니다.

저는 다년간 현장에서 학생들에게 텝스를 강의한 경험을 바탕으로 본 책을 집필 하게 되었습니다. 이제 그 결과물을 여러분 앞에 내놓으면서 현재 출시된 수많은 텝스 교재와는 비교할 수 없는 최고의 교재임을 확신합니다.

무릇 좋은 교재란 '기본'과 '실전'의 두 바퀴가 함께 조화를 이루어야 합니다. 시 중에는 텝스를 영어 문법서처럼 형식적인 문법사항만을 두서없이 나열해 놓고 부피만 늘인 책들이 많이 있습니다. 하지만 정작 수험생들에게 필요한 것은 많은 양의 문법지식이 아니라 텝스의 출제 경향에 따른 맞춤 해설과 설명입니다.

저는 본 교재를 통해 마치 현장에서 직접 강의를 듣는 듯한 자세하고 핵심적인 문제해결 방법과 해설을 전달하려고 노력했습니다. 이 책을 바탕으로 여러분들 은 탄탄한 영어의 기본기를 가질 수 있을 것입니다. 이렇게 다져진 기본기는 텝 스 기출문제들과 거의 유사한 유형의 문제들과 접목되면서 곧바로 '실전' 감각 을 키우게 됩니다. 저는 이 수험서 한 권을 통해 여러분이 '기본'과 '실전'의 두 마리 토끼를 모두 잡을 수 있을 것이라 확신합니다.

또한 텝스의 실제적인 문제들을 바탕으로 엄선된 본 교재의 각종 독해 문제들은 기존의 출제 경향을 정확히 반영하면서도 저자의 강점이자 특징인 '논리적인 독해' 능력을 키울 수 있도록 하였습니다. 논리적인 독해로 그 논리성만 파악한다면 보다 쉽게 주제문을 찾을 수 있게 되고 근거를 통한 답 찾기로 텝스 독해는 보다 쉽게 해결이 될 것입니다.

이는 청해의 고득점을 위한 방법론이기도 합니다. 논리적인 독해를 터득했다면 글을 소리로 옮겨놓은 청해의 지문 역시 그 흐름을 '논리적인 방법'으로 알 수 있기 때문입니다. 이것이 바탕이 되고 교재의 필수 표현 암기를 더불어 실천한다면 청해에서도 높은 점수를 얻을 수 있습니다.

현재 텝스 강좌와 책들은 시중에 많이 있습니다. 그 많은 책들 사이에서 수험생들의 고민은 깊어질 수밖에 없습니다. 하지만 결국 최고의 완성도를 갖춘 교재만이 살아 남아 선택 받을 것입니다. 수많은 학생들이 제 강의를 통해 원하는 바를 이루어 나가는 것을 보면서 저는 천천히 그러나 최선을 다해 제 강의를 그대로 담은 최고의 수험서를 만들기 위해 준비해 왔습니다.

이 교재를 통해 여러분이 원하는 꿈을 위한 점수를 얻을 수 있을 것이라 자신 있게 말씀 드리며, 끝으로 이 교재를 위해 애써 주신 많은 분들께도 더불어 감사의 인사를 전합니다.

2010년 6월
이정호

목차

C·o·n·t·e·n·t·s

| 이 책의 특징 및 활용 방법

1 이 책의 구성 및 특징

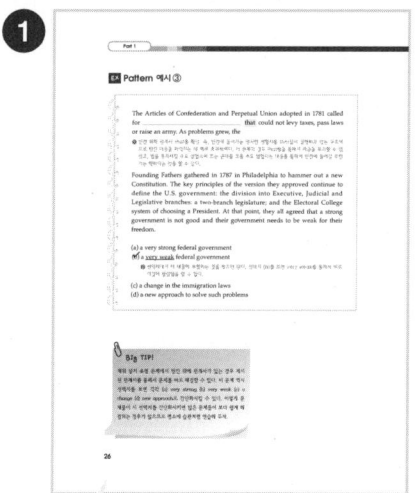

각 유형(Unit 1-6)의 Pattern 예시문제에서 효과적인 문제 접근방법에 대한 단계별 해설과 문제 풀이 Tip을 제공한다.

유형(Unit 1-6)별 실전문제를 제공한다. 실제 시험과 매우 유사한 다량의 문제들을 실전서처럼 풀어볼 수 있어 시험 대비 학습이 가능하다.

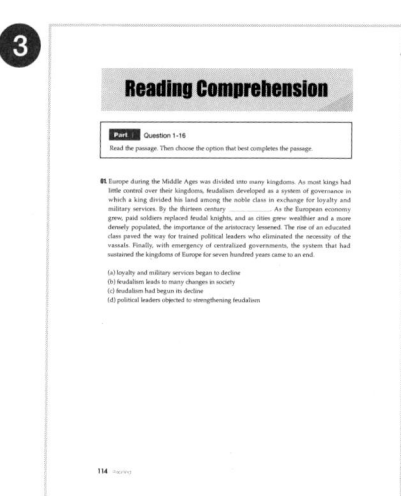

본 교재의 본문에서 배운 내용을 실제 시험과 동일한 상황에서 연습하면서 적용할 수 있도록 엄선된 Actual Test 2회분을 제공한다.

다년간 텝스 강의로 노하우를 축적한 논리 전문가가 풀어내는 독해문제 풀이법을 별책 해설집에서 만날수 있다.(각 유형 실전문제, Actual Test)

❷ 이 책의 효과적인 활용 방법

모든 문제를 반드시 실전처럼 풀어보고 해설과 Tip을 최대한 자주 반복해서 읽어야 한다. 저자는 현장에서 많은 수강생들에게 오랜 시간 강의한 노하우를 바탕으로 본서를 저술하였다. 그러므로 이 책에 있는 해설과 문제 풀이 팁들은 텝스 독해에 필요한 핵심 스킬에 대한 것들이라 해도 과언이 아니다. 또한 이러한 것들이 자기 것화되었을 때 비로소 고득점에 필요한 정확도와 속도가 확보될 수 있음은 물론이다.

또한 본 교재는 단순한 독해 학습론의 서술이 아닌 저자가 미국 로스쿨 입학시험에서 터득한 '논리'를 바탕으로 '효과적인 독해'에 필요한 논리력 함양이 자연스럽게 가능하도록 해설들을 한 흐름으로 일관성 있게 구성하였다. 따라서 본서의 해설들을 많이 읽다보면 글을 보는 논리력과 분석력이 향상되는 것을 체험할 수 있다.

❸ 텝스 독해의 특징 및 출제 경향

1. 다양한 분야의 지문이 출제된다. 인문, 사회, 과학, 역사, 예술, 편지, 광고 등 학술분야의 글들과 비학술분야의 지문들이 다양하게 출제되는 특징이 있다.

2. 장문이 아닌 단문의 지문들이 출제되므로 내용에 대한 압축도가 높다. 즉, 전달하고자 하는 내용을 5~7개의 문장으로 압축하였기 때문에 문장을 읽었을 때 이해가 안 되는 경우가 종종 발생한다.

3. 45분 내에 40문제를 해결해야 하는 '속도화 시험'이다. 즉, 다양한 유형의 문제를 풀 때 문제 유형에 맞는 효과적인 독해방법이 요구된다. 지문을 모두 읽기보다는 주제문 파악을 통한 글의 중심 논리를 파악하고 동시에 어느 부분을 봐야할지를 판단할 수 있어야 한다.

4. 자주 등장하는 문장들이 직설적이기보다는 은유나 비유적이기 때문에 평소에 이러한 문장들에 대한 이해도를 높이는 훈련이 필요하다. 실제 시험장에서 본문을 파악했음에도 불구하고 선택지에 제시되는 비유나 은유의 문장들을 이해하지 못해 오답을 선택하는 경우가 종종 발생하는 것도 이러한 연유이다.

5. 본문에 사용되는 지문들의 문장구조는 대부분 복잡하다. 평소 독해 학습 시 어렵거나 해석이 되지 않는 문장들은 반드시 따로 정리하고 반복 학습하여, 문장구조에 익숙해져야 한다. 이러한 연습이 필요한 이유는 복잡한 문장구조가 제시된 문장이 바로 그 문제의 중요한 내용을 전달하는 문장이라면 문제풀이가 어려워지기 때문이다.

④ '논리적 독해'를 통한 고득점 전략

1. 모든 본문의 첫 번째 문장을 천천히 읽는다. 그런 다음 '큰 그림(중심 내용)'을 파악하거나 전개될 내용을 예측해 본다. 이 방법은 모든 영어 독해에 필요한 가장 효과적인 전략이며 신속한 독해를 위한 첩경이다.

2. 본문에 제시된 모든 문장들은 반드시 우선순위가 존재한다. 즉, 모든 문장이 중요하다는 생각보다는 '가장 중요한 문장이 무엇인지'를 파악하는 연습을 평소에 해두어야 한다. 이러한 문장을 독해에서는 '주제문, 키워드' 등으로 표현한다. 이러한 것들의 특징은 문장이나 단어를 통해서 중심 내용이나 앞으로 전개될 내용의 예측을 가능하게 한다는 점이다. 그러므로 '주제문, 키워드' 등의 파악은 매우 중요하다고 할 수 있다.

3. 각 유형에 맞는 적절한 독해 풀이방법을 구사해야 한다. 예를 들어 ① 중심 내용을 묻는 문제들은 (title, mainly about, main idea 등) 주제문을 파악하는 순간 선택지로 내려가서 정답을 찾을 수 있으며, ② 빈칸 채워 넣기 유형의 경우 글의 중심 내용을 파악한 후 빈칸의 위치를 파악한 후 문제풀이에 들어가야 한다. 또한 ③ 진위파악(correct, true 등) 문제의 경우 본문에 대한 이해도가 깊으면 문제풀이에 효과적이이다. 하지만 만일 내용이 이해가 되지 않는다면 신속하게 각각의 선택지와 관련된 부분을 본문에서 체크한 후 진위여부만 파악해야 한다. 실제 시험장에서 종종 많은 응시생들이 진위파악 문제를 접근하는데 본문 이해를 위해서 하나의 문제를 여러 번 보는 경우가 발생하는 데 이는 매우 시간 소모적인 방법이므로 반드시 각각의 유형에 맞는 접근법을 알맞게 구사해야 한다.

4. 마지막으로 텝스 독해도 결국은 시험이라는 사실을 기억하자. 즉, 제시된 네 개의 선택지에서 하나를 고르는 것으로 선택지를 효과적으로 선별하는 스킬은 시험에서 매우 결정적인 역할을 한다. 따라서 실제 독해시험에서 혼동되는 두 개의 선택지가 제시되는 경우 문장끼리 비교분석 하기보다는 각 선택지에서 핵심 단어들을 찾은 후 '두 개의 단어를 비교'하면 매우 쉽게 정답을 고를 수 있다.

About TEPS

1. 텝스의 구성 및 유형

텝스는 청해, 문법, 어휘, 독해 4개 영역에 걸쳐 총 200문항으로 구성되어 있으며 시험시간은 약 2시간 20분이다. 문항반응 이론에 따라 990점 만점으로 채점된다.

1. 청해 (Listening Comprehension)

■ 청해 고득점을 위한 Tip

① 빈출 표현들을 입으로 따라 읽어보면서 숙지한다.

② Part 1과 2는 모두 맞춘다는 마음으로 청해 공부를 시작한다.

③ 시험에 자주 출제되는 오답의 유형에 익숙해져야 하며, 시험장에서 정답을 찾기보다는 오답을 제거해나간다는 마음으로 소거법을 적용하면서 시험에 임한다.

④ 대화를 들으면서 상황을 간단화시키는 연습과 함께 선택지를 듣기 전에 예상 가능한 정답들을 먼저 떠올려 본다.

⑤ 연음이나 축약 그리고 발음이 어려운 표현들은 문장을 자주 통째로 들으면서 따라 읽는다.

⑥ 학습 시 이해가 되지 않는 선택지들은 따로 정리해서 자기 것화한다.

* 청해의 모든 선택지는 시험지에 제시되지 않는다. 문제와 선택지를 모두 듣고 풀어야 하므로 상당한 수준의 청해 능력과 장시간의 집중력 훈련이 요구된다.

Part	내용	문항수	시간 / 배점
Part I (1번 - 15번) 문장 하나를 듣고 이어질 대화 고르기	M: Why don't we study together for the finals? W: _____ (a) Let's go together. (b) I have to cram for my chemistry test tomorrow. (c) I tend to stay focused when I study by myself. (d) Let's get together over the holiday. ⇒ 앞 부분을 잘 듣자! ⇒ 의문사 단서 why don't we?를 통해서 '제안'하는 상황임을 파악 ⇒ 정답은 제안에 대한 답변 ⇒ 정답은 (c).	15문항	
Part II (16번 - 30번) 3문장의 대화를 듣고 이어질 대화 고르기	W: Is it possible to postpone the meeting to this Friday? M: How come? Is there any problem? W: Frankly speaking, I still haven't prepared for the report I must give at this meeting. M: _____ (a) You should've been here much earlier. (b) I move this meeting should be adjourned. (c) Then make sure to come prepared this Friday.	15문항	

	(d) We're going to attend the meeting. ⇒ 세 번째 화자의 질문이나 대화의 전체흐름을 파악해야 한다. ⇒ 보고서 준비가 안되어서 회의를 연기하자는 내용 ⇒ 정답은 (c).		
Part Ⅲ (31번 – 45번) 6~8 문장의 대화를 듣고 질문에 해당하는 답 고르기	M: Excuse me. How much are these apples? W: They're two bucks each, but you can take three for five bucks. M: Okay. I'll take three of them. And how much are this kiwi fruits? W: Five bucks each. They're really fresh. M: Okay. Then I'll take this kiwi fruit, too. W: Do you need anything else? M: That's enough. W: How would you like to pay? Q. What is the man mainly doing in the conversation? (a) Bargaining over the price (b) Shopping for fruits (c) Borrowing some money (d) Looking into the price of fruits ⇒ 질문을 이해하자(mainly doing). ⇒ '주로 무엇을 하고 있나?' 라는 질문으로 자세한 사항보다는 대화의 '큰 그림'을 묻는 문제 ⇒ 정답은 (b).	15문항	55분 / 400점
Part Ⅳ (46번 – 60번) 담화문의 내용을 듣고 질문에 해당하는 정답 고르기	DMZ, the demilitarized zone, will no longer stand as the symbol of divide, war, and fear. While the tension between the two Koreas is still waiting to thaw, DMZ has become a paradise for wildlife. It now is home to nearly all the eco-systems you can find it Korea. Authorities now see a promising future of DMZ as a natural and historical tour attraction. It is ready to take on a new image of peace and prosperity. Q. What is not mentioned in the talk? (a) The richness of the eco-system in DMZ (b) The established image of DMZ (c) The future of DMZ as a tour attraction (d) Amount of money to be invested on DMZ ⇒ 문제를 먼저 파악 ⇒ 대화에서 언급되지 않은 것을 묻는 문제 ⇒ 정답은 (d).	15문항	

2. 문법 (Grammar)

■ 문법 고득점을 위한 Tip

① 문법의 중요 단원별 핵심 내용을 자기것화 한다.

② 각 단원별로 정리된 핵심 내용들이 어떻게 출제되는 지를 파악한다. 이를 위해서는 많은 문제를 풀기 보다 정해진 문제량을 가지고 반복적으로 풀어보는 것이 필요하다.

③ 모든 문법 문제를 풀 때는 문제를 보는 순간 해석부터 하지 말고 선택지나 문장의 구조를 통해서 무엇을 묻는지 먼저 파악해 보는 것을 습관화 한다. 이는 신속한 문제 풀이를 위해서 매우 중요하다.

④ Part Ⅲ는 구어체적인 요소를 문법시험에 적용한 것으로 문제 풀이 시 이상한 것은 "△"표시하고 문법적으로 틀린 것은 "×"로 표시하여 찾도록 하자.

⑤ Part Ⅳ는 중요문법 체크리스트(수 일치, 시제, -ing/pp, 관계사, 태 등)를 중심으로 각각의 선택지를 확인하는 것이 습관화 되어야 한다.

Part	내용	문항수	시간 / 배점

Part Ⅰ (1번 – 20번)
 	
대화문의 빈칸에 적절한 표현을 고르기
	A: Do you want me to get you out of bed?
	B: Thanks. But you don't need _____.
	  (a) to that
	  (b) that
	  (c) with that
	  (d) to do that
	
	⇒ 선택지나 문제의 문장구조를 통해서 문제가 묻고자 하는 것을 파악 ⇒ '~할 필요가 없다(don't need to V)'를 묻는 문제 ⇒ 정답은 (d).
		20문항	25분 / 100점

Part Ⅱ (21번 – 40번)
 	
문장의 빈칸에 적절한 표현을 고르기
	All participants were invited to _____
	the opening ceremony of the Olympic Games.
	  (a) attend for
	  (b) attend
	  (c) attend on
	  (d) attend to
	
	⇒ 선택지를 통해서 문제의 요점을 파악 ⇒ 동사 attend(~에 참석하다)의 용례를 묻는 문제 ⇒ 뒤에 전치사가 올 수 없으므로 정답은 (b).
		20문항	

Part Ⅲ (41번 – 45번) 대화에서 어법상 틀리거나 어색한 부분 고르기	(a) A: Can I have a word? It will only take a minute. (b) B: Sure, what is it? (c) A: I have a few questions about your latest writing. (d) B: Okay. I'll give ten minutes for you. ⇒ 선택지를 분석할 때 익숙한 것 위주로 분석한다. ⇒ (d)에 give 동사는 목적어의 위치 관련으로 매우 자주 출제된다. give '~에게, ~을', give '~을, to ~에게' ⇒ 정답은 (d).	5문항	
	(a) Today all people in the Unites States have equal rights under the law. (b) But this was not always the case, especially for African-Americans. (c) Even though slavery in the U.S. ends in 1865, blacks continued to		

Part Ⅳ (46번 - 50번) 문단에서 문법상 틀리거나 어색한 부분 고르기	suffer from discrimination and segregation, especially in the South. (d) Many hotels, schools, and restaurants were for whites only. ⇒ Part Ⅳ는 중요 문법 체크리스트(시제, 수일치, 태, 관계사, 분사)가 필요하다. ⇒ (c)에 보면 명백한 과거 표시 부사구(in 1865)가 있으므로 시제는 '과거'를 사용해야 한다. ⇒ 정답은 (c).	5문항	

3. 어휘 (Vocabulary)

■ 어휘 고득점을 위한 Tip

① 청해에 자주 출제되는 빈출표현들을 반드시 숙지하자.

② 텝스 기출어휘는 반드시 정리함과 동시에 독해문제를 풀면서 모르는 단어들 역시 꼭 정리해서 암기하자.

③ 실제 시험장에서 선택지를 보는 순간 모르는 문제가 나온 경우는 우선 재빨리 넘어가는 과감함도 필요하다. 모르는 문제에 매달리다 보면 시간 안배에 실패할 수 있기 때문이다.

Part	내용	문항수	시간 / 배점
Part Ⅰ (1번 - 25번) 대화문의 빈칸에 적절한 단어 고르기	A: Do you know how to fix this broken radio? B: I'm all _____ concerning fixing anything. (a) thumbs (b) worn out (c) ears (d) passed out ⇒ 구어체 표현들이 자주 출제된다. ⇒ '~에 서툴다'라는 의미의 I'm all thumbs.를 묻는 문제이다. ⇒ 정답은 (a).	25문항	15분 / 100점
Part Ⅱ (26번 - 50번) 단문의 빈칸에 적절한 단어 고르기	Since I was _____ when young, I didn't like talking to many friends or playing with them. (a) introverted (b) sociable (c) extroverted (d) outgoing ⇒ 신속하게 문장의 내용을 파악한 후 문맥에 필요한 어휘를 찾으면 된다. ⇒ 정답은 '내성적인'이라는 의미의 (a).	25문항	

4. 독해 (Reading Comprehension)

■ 독해 고득점을 위한 Tip

① 모든 글은 첫 번째 문장을 천천히 읽으면서 '큰 그림'을 파악하는 데에서 시작한다. 그리고 다음에 전개될 내용에 대해서 예측해 본다.

② 모든 지문을 다 본다는 생각을 버려야 한다. 모든 글에는 중요한 문장이나 핵심 단어가 있으므로 그러한 '주제문'이나 '키워드'를 파악하는 연습을 평소에 하자.

③ 실제 시험장에서 네 개의 선택지 중 두 개의 혼동되는 선택지가 등장할 때는 각각의 선택지를 간단화 하여 비교 분석하면 보다 쉽게 정답과 오답을 구분할 수 있다.

④ 텝스 독해가 300 이하인 응시생들의 경우 본서에 있는 해석과 tip을 최소 10번 이상 읽어보기를 권하고 싶다. 그리고 난 후에 다양한 문제들을 풀면 스스로 달라진 독해 실력을 체험할 수 있을 것이다.

⑤ 시험장에서 독해문제를 푸는 순서는 Part Ⅲ ⇒ Part Ⅰ ⇒ Part Ⅱ 순으로 정하는 것이 효율적이다.

⑥ 속도보다는 정확도에 초점을 두고 독해에 임한다. 시간이 부족한 것은 속도보다는 정확도가 떨어지기 때문이다. 봤던 문장을 반복적으로 보기 때문에 심리적으로 초조해지며 그 결과 내용의 이해보다는 시간이 주체가 되어버리는 독해를 하게 되는 경우가 흔하게 발생하는 것도 이러한 연유에서이다.

Part	내용	문항수	시간 / 배점
Part Ⅰ (1번 – 16번) 지문을 읽고 질문의 빈칸에 들어갈 내용 고르기	How can you tell the difference between a French baby and a German baby? A new study in the journal Current Biology shows that the babies actually sound different. Because the melody of an infant's cry matches its mother tongue. We all know that babies start eavesdropping while they're still in the womb. So when they come out, they know their mother's voice. When they're older, they start to imitate the sounds they hear. A team of scientists recorded the cries of 60 newborns: 30 born into French-speaking families and 30 that heard German. And they found that French infants wail on a rising note while the Germans favor a falling melody. Those patterns match the rhythms of their native languages. So next time you hear a baby cry, listen closely. _____. (a) He might stop crying and begin smiling. (b) He could be telling you where he's from. (c) He could be telling you what he wants to get. (d) He should learn his or her first language first. ⇒ 빈칸의 위치 파악과 동시에 빈칸 전후에 연결어가 있다면 활용하자. ⇒ so는 '단서', 또는 '결론'을 지을 때 자주 사용하므로 앞에 제시된 내용을 토대로 결론과 연관성이 있는 선택지를 고른다. ⇒ 정답은 (b).	16문항	

Part II (17번 – 37번) 지문을 읽고 질문에 가장 적절한 내용 고르기	One of the more important points a new acrylic painter should be aware of is the quick drying time of acrylic paints. Since acrylic paints do dry so quickly, it's important to only squeeze out enough paint for that particular session, otherwise you will be wasting a lot of paint. Another issue you may be faced with is deciding what type of acrylic paint you should purchase. The point is to choose a good quality student grade acrylic paint in the beginning. There is no need to go out and buy the most expensive acrylic paint right away, as you are just beginning and experimenting. A wonderful paint for beginners is L-Basics Acrylics Colors. Make sure you take good care of your acrylic paint. Q. What is the passage mainly about? (a) Some strong advantages of L-Basics Acrylics Colors (b) The two important points you need to know about acrylic paints (c) The big difference between professional acrylic painters and beginners (d) How to clean and store acrylic paints after washing ⇒ 질문의 종류를 파악하고 그에 맞는 독해방법을 구사해야 한다. 문제는 mainly about으로 본문의 '큰 그림'을 묻고 있다. ⇒ 정답은 (b).	21문항	45분 / 400점
Part III (38번 – 40번) 지문을 읽고 문맥상 어색한 내용 고르기	When you close your paint tubes, make sure you clean the cap and the threads of the tube thoroughly. (a) If you leave any paint on the cap or on the threads, it will dry and form a strong bond. (b) It will be quite difficult to pry the cap off. (c) Make sure the cap is also sealed tight, otherwise some of the paint in the beginning of the tube will dry also, making it very hard to squeeze out the fresh paint underneath. (d) To improve the flow of your acrylic paint, try adding a special medium to the paint, instead of using water alone. ⇒ 제시문을 통해서 이 글이 하고자 하는 중심 내용을 파악하며 앞으로 전개될 내용을 예측해 본다. ⇒ 중심 내용은 clean the cap and the threads of the tube ⇒ 따라서 흐름상 어색한 것은 (d)이다.	3문항	
총 계	13개 parts	200	140분 / 990점

＊IRT(Item Response Theory)에 의하여 최고점이 990점, 최저점이 10점으로 조정됨.

2. 등급표

등급	점수	영역	능력 검정기준(Description)
1 + 급 Level 1+	901 – 990	전 반 (Holistic)	외국인으로서 최상급 수준의 의사소통 능력 : 교양있는 원어민에 버금가는 정도로 의사소통이 가능하고 전문분야 업무에 대처할 수 있음.(Native Level of Communicative Competence)
	361 – 400	청 해	교양있는 원어민에 버금가는 수준의 청해력
		독 해	교양있는 원어민에 버금가는 수준의 독해력
	91 – 100	문 법	교양있는 원어민에 버금가는 수준으로 내재화된 문법능력
		어 휘	교양있는 원어민에 버금가는 수준으로 내재화된 어휘력
1급 Level 1	801 – 900	전 반 (Holistic)	외국인으로서 거의 최상급 수준의 의사소통 능력 : 단기간 집중 교육을 받으면 대부분의 의사소통이 가능하고 전문분야 업무에 별 무리 없이 대처할 수 있음.(Near-Native Level of Communicative Competence)
	321 – 360	청 해	다양한 상황의 수준 높은 내용을 별 무리 없이 이해할 수 있는 정도의 청해력
		독 해	다양한 소재의 수준 높은 내용을 별 무리 없이 이해할 수 있는 정도의 독해력
	81 – 90	문 법	다양한 구문을 별 무리 없이 신속하게 이해할 수 있을 정도로 내재화된 문법능력
		어 휘	다양한 표현을 별 무리 없이 신속하게 이해할 수 있을 정도로 내재화된 어휘력
2 + 급 Level 2+	701 – 800	전 반 (Holistic)	외국인으로서 상급 수준의 의사소통 능력 : 단기간 집중 교육을 받으면 일반분야 업무를 큰 어려움 없이 수행할 수 있음.(Advanced Level of Communicative Competence)
	281 – 320	청 해	일반적 상황에 보통 수준의 내용을 별 무리 없이 이해하는 정도의 청해력
		독 해	일반적 소재에 보통 수준의 내용을 별 무리 없이 이해하는 정도의 독해력
	71 – 80	문 법	일반적인 구문을 별 무리 없이 이해하는 정도의 문법능력
		어 휘	일반적인 표현을 별 무리 없이 이해하는 정도의 어휘력
2급 Level 2	601 – 700	전 반 (Holistic)	외국인으로서 중상급 수준의 의사소통 능력 : 중장기간 집중 교육을 받으면 일반분야 업무를 큰 어려움 없이 수행할 수 있음.(High Intermediate Level of Communicative Competence)
	241 – 280	청 해	일반적 상황에 보통 수준의 내용을 대체로 이해하는 정도의 청해력
		독 해	일반적 소재에 보통 수준의 내용을 대체로 이해하는 정도의 독해력
	61 – 70	문 법	일반적인 구문을 대체로 이해하는 정도의 문법능력

		어 휘	일반적인 표현을 대체로 이해하는 정도의 어휘력
3 + 급 Level 3+	501 - 600	전 반 (Holistic)	외국인으로서 중급 수준의 의사소통 능력 : 중장기간 집중 교육을 받으면 한정된 분야의 업무를 큰 어려움 없이 수행할 수 있음.(Mid Intermediate Level of Communicative Competence)
	201 - 240	청 해	일반적 상황에 보통 수준의 내용을 다소 이해하는 정도의 청해력
		독 해	일반적 소재에 보통 수준의 내용을 다소 이해하는 정도의 독해력
	51 - 60	문 법	일반적인 구문에 대한 의미파악이 어느 정도 가능한 문법능력
		어 휘	일반적인 표현에 대한 의미파악이 어느 정도 가능한 어휘력

Unit 01

빈칸에 적절한 내용 채워 넣기 문제

1-14번

Reading Comprehension

01. 빈칸에 적절한 내용 채워 넣기 문제 1-14번 Ⅰ

유형분석

Part 1 채워 넣기 문제(1~14번)는 제시된 빈칸에 내용 전개상 적합한 선택지를 고르는 유형이다.

특히, 정답은 글의 중심 내용(주제문)과 연관된 경우가 많으므로 본문이 전달하고자 하는 핵심 내용(주제문)을 항상 생각하면서 문제풀이에 임해야 한다. 텝스 리딩에서 높은 점수를 얻기 위해서는 얼마나 채워 넣기 문제를 빠른 시간 안에 정확하게 풀 수 있는지에 달려 있다. 다른 유형의 문제에서 보다 많은 문제를 풀 수 있으므로 빠르고 정확하게 문제를 파악하는 것이 Part 1의 핵심이다. 출제되는 유형은 아래에서 보는 바와 같이 크게 두 가지로 나누어진다.

1. 빈 칸의 위치가 본문의 앞부분에 위치한 경우

이 경우는 일반적으로 평이한 문제에 해당되며 응시자들은 반드시 맞힌다는 마음으로 접근하는 게 필요하다. 영어로 된 글들이 가장 많이 취하는 글의 전개 구조는 바로 두괄식이다. 따라서 이러한 문제 유형들은 본문이 전달하고자 하는 말을 일반적인 문장이나 또는 요약하는 식의 주제문이 들어가는 경우가 많다. 따라서 제시된 본문의 중심 내용을 파악하거나 또는 빈칸 뒤 2-3문장만 이해해도 충분히 빈칸의 내용을 유추해 낼 수 있다.

2. 빈칸의 위치가 문장 맨 뒤 또는 중간에 위치한 경우

이 경우 일반적으로 전체를 요약하는 결론문이 위치하는 경우(이때는 so, thus, therefore, it is clear that, it is most likely that, it is unlikely that 등을 동반하는 경우가 많다.)와 앞에서 언급한 주제문을 다시 한 번 재 진술하는 부분에 빈칸이 위치하는 경우가 많다. 중간에 위치한 경우는 빈칸 앞뒤의 내용과 글의 전체적인 흐름을 감안하여 문제를 풀어야 한다. 예를 들어 글의 구조가 무언가에 대한 장점들을 열거하는 구조라면 여기에 기준해 정답을 찾으면 된다는 것이며, 만일 무엇인가에 대한 예를 드는 문장구조라면 그에 부합하는 예를 들면 된다는 것이다.

끝으로 위의 두 경우가 아니라면 빈칸 바로 전 문장과의 관계에서 연결성을 찾아서 문제를 풀 수가 있다. 전체를 요약하는 경우가 아니라면 글의 구조상 바로 전 문장을 잘 보고 다음 문장의 내용을 파악할 수 있기 때문이다.

전략

1. 빈칸의 위치를 파악함과 동시에 빈칸이 문장 전체인지 아님 일부분인지를 체크한 후 만일 문장의 일부분이라면 제시된 부분(주어 부분, 연결어 부분)을 중심으로 들어갈 내용을 생각하면서 독해를 하면 짧은 시간에 정확하게 문제를 풀 수 있다.

2. 선택지를 볼 때는 본문의 주제문과 관련성이 있는 게 있다면 정답일 경우가 높다.

3. 항상 선택지를 볼 때는 각 문장들이 말하고자 하는 것을 간단화 시키는 작업이 매우 중요하다. 문장끼리 비교하는 것보다 각 문장들이 말하고자 하는 핵심 단어들을 찾아 비교하는 것이 문제풀이에 매우 효과적이라 할 수 있다.

4. 결국 독해는 본문을 한 문장으로 선택지를 한 단어로 간단화 시키는 능력이라 할 수 있다. 따라서 평소에 연습할 때 항상 본문이 전달하고자 하는 의미가 무엇인지(주제문) 그리고 선택지를 구분할 때 이 문장이 말하고자 하는 핵심 단어는 무엇인지를 간단화 시켜 가면서 문제를 푸는 것을 습관화할 필요가 있다.

Ex Pattern 예시 ①

❶ 빈칸 전후에 연결어(for example, thus, although, though, while, however, but, like, unlike, before, after 등)를 확인한다.

One might think that _____. However , many users tend to focus on these emails. And this is the very ❷ 연결어로 역 접의 however가 사용되었으므로 이를 통해 빈칸의 내용은 뒤 문장과 역접 관계라는 것을 파악하자.

point where targeted direct email marketing scores. These emails target those users who are in search of information. A marketing strategy that uses emails to reach out to the customers directly is an effective form of marketing. The prime reason behind the strategy proving effective is the huge returns the investors obtain on the investments made. Targeted direct email marketing is a way of segmenting the market and targeting the relevant customers.

❸ 뒤에 오는 내용이 많은 사용자들이 이러한 이메일에 집중하는 경향이 있다는 문장을 통해서 전 문장에 는 집중한다와 상반되는 내용이 들어가야 한다는 것을 파악한다.

❹ 선택지에서 이러한 역접의 내용에 부합한 것을 찾는다. 여기서 주의할 점은 쉬운 문제는 문장 표현 자체 가 직접적이기 때문에 내용이해가 쉽지만 어려운 문제는 비유적으로 표현하는 경우도 많다는 것이다.

(a) email users cannot help concentrating on useful emails

(b) email users just skim through the huge pile of emails

　　❺ 따라서 정답은 (b)이다. 이 선택지 역시 대충 훑어본다는 동사를 의도적으로 등장시킨다.

(c) Internet has been a useful tool for gathering information

(d) targeted direct email marketing has its own drawbacks

 Big TIP!

〈연결어 단서 문제〉 빈칸 전후에 연결어가 있다면 반드시 활용 하자. 이 문제 역시 연결어 however가 적절한 빈칸 내용을 찾 는 데 결정적인 단서를 제공한다. 그리고 think동사와 관련하 여 몇 가지 중요 사항이 있다. 여기서처럼 추측의 조동사 might think 또는 wrongly think을 사용하면 내용 전개가 이렇 게 생각할지도 모르지만 또는 잘못 생각하고 있지만 실제로는 그렇지 않다라는 구조로 내용 전개가 진행된다.

어떤 이는 _____ 생각할지도 모른다. 그러나 많은 사용자들은 이 이메일들에 집중하는 경향이 있다. 그리고 이것은 겨냥된 직접적인 이메일 마케팅이 어디서 이익을 낼 수 있는가가 바로 포인트이다. 이러한 이메일들은 정보를 찾는 그러한 사용자들을 목표로 한다. 고객들에게 직접적으로 나서기 위해 이메일을 사용하는 마케팅 전략은 효과적인 마케팅 형태이다. 효과적인 것을 증명하는 그 전략 배후의 첫 번째 이유는 투자자들이 그 투자에서 얻은 막대한 이익이다. 겨냥된 직접적인 이메일 마케팅은 시장을 나누고 관련된 고객들을 겨냥하는 방법이다.

(a) 이메일 사용자들은 유용한 이메일에 집중할 수밖에 없다고
(b) 이메일 사용자들은 막대한 이메일 더미를 단지 대강 본다고
(c) 인터넷은 정보를 수집하는 유용한 도구가 되고 있다고
(d) 겨냥된 직접적인 이메일 마케팅은 그 스스로의 결점을 가지고 있다고

---

tend to ~하는 경향이 있다 score 득점하다, 이익을 올리다 in search of ~을 찾아서 strategy 전략, 전술 reach out ~에 도달하다, ~에 닿다 effective 효과적인 prime 제1의, 우량한 investor 투자자 obtain 얻다, 획득하다 investment 투자, 출자 segment 구획, 단편: 분할하다 relevant 관련된, 적절한 cannot help ~ing ~하지 않을 수 없다 concentrate on(=focus on) ~에 집중하다 useful 유용한 skim 대충 보다 targeted 목표가 된 drawback 약점, 결점

Ex Pattern 예시 ②

❶ 이 문제의 경우 주어와 동사가 제시되어 있다. 고용주들이 항상 걱정하는 것이 무엇인지가 빈칸에 들어 갈 내용임을 인지하고 뒤의 내용의 독해에 임하는 것과 무작정 독해를 진행하는 것과는 매우 다른 결과 를 초래한다.

<u>Employers are always concerned about</u> _____.
In today's competitive world, every company needs good employees for an accelerated growth rate. The recruitment and selection strategies of a particular organization are believed to have an impact on this growth and success rate of the organization. Thus, it is very important for

❷ 뒤의 내용을 독해할 때 강조되는 부분이 있다면 반드시 체크 (보통 강조어구, 예를 들어 최상급의 the best, 최초의 the first, 비교급 강조어구들 — even, far, still, much 등이 자주 등장하며, 여기서처럼 important나 big 같은 형용사를 통해서 제시되는 경우도 흔하다.)

an employer to design his recruitment process steps very well. <u>There are</u>

❸ 뒤의 내용을 보면 There are usually two types of recruitment processes.을 통해서 인재를 채용하는 방법에 대한 부분이 언급된다는 것을 통해서 방 법이 중요함을 알 수 있다.

<u>usually two types of recruitment processes.</u> Internal recruitment applies to the people working in the present organization. In contrast, external recruitment has to do with external candidates applying for an available position.

(a) when to find and hire the right employees.
(b) where to find and hire very seasoned workers.
(✓) how to find and hire the right employees.

❹ 이에 부합하는 내용을 선택지에서 찾으면 해결! 따라서 정답은 (c)임을 알 수 있다.

(d) whether to find goal-oriented employees.

Big TIP!

빈칸이 문장 전체가 아닌 일부분인 경우의 채워 넣기 문제들이 이 경우에 해당된다! 이때는 제시된 부분을 최대한 활용하면 짧은 시간에 문제 해결이 가능하다!!
추가적으로 모든 문제를 풀 때 선택지를 간단화해 비교하면서 정답을 찾는 방법은 실제 시험에서 매우 유용하다. 특히, 두 개 의 선택지에서 고민하는 이들에게는 이 방법을 반드시 권하고 싶다.

고용주들은 언제나_____에 대해서 걱정한다. 오늘날의 경쟁 사회에서 모든 회사는 가속 성장률을 위해 훌륭한 직원들을 필요로 한다. 특별한 조직의 채용과 선택 전략들은 그 조직의 이러한 성장과 성공 비율에 큰 영향을 미치는 것으로 믿어지고 있다. 그래서 고용주가 그의 채용 절차를 잘 디자인하는 것은 매우 중요하다. 채용 과정에는 보통 두 가지 유형이 있다. 내부 채용은 현 조직에서 일하고 있는 사람들에게 적용된다. 대조적으로, 외부 채용은 공석에 지원하는 외부의 후보자들과 관련이 있다.

(a) 언제 적합한 직원을 찾고 고용할지
(b) 어디에서 매우 노련한 직원을 찾고 고용할지
(c) 어떻게 적합한 직원을 찾고 고용할지
(d) 목표지향적인 직원을 찾을 것인지 말 것인지

---

be concerned about ~ 에 대해서 걱정하다 competitive 경쟁적인 accelerated 가속된 recruitment 채용, 고용 strategy 전략, 전술 impact 충격, 강한 영향력 usually 보통, 일반적으로 internal 내부의, 내면적인 in contrast 대조적으로 external 외부의 have to do with ~ 와 관련이 있다 candidate 후보자, 지원자 available 이용 가능한 seasoned 양념한, 경험이 많은, 노련한 whether to V ~인지 아닌지 goal-oriented 목적지향적인

Ex Pattern 예시 ③

The Articles of Confederation and Perpetual Union adopted in 1781 called for _____ that could not levy taxes, pass laws or raise an army. As problems grew, the

❶ 빈칸 뒤의 관계사 that을 확인. 즉, 빈칸에 들어가는 명사인 선행사를 that절이 설명하고 있는 구조이므로 빈칸 내용을 파악하는 데 매우 효과적이다. 이 문제의 경우 that절을 통해서 세금을 부과할 수 없었고, 법을 통과시킬 수도 없었으며 또는 군대를 모을 수도 없었다는 내용을 통해서 빈칸에 들어갈 무언가는 약하다는 것을 알 수 있다.

Founding Fathers gathered in 1787 in Philadelphia to hammer out a new Constitution. The key principles of the version they approved continue to define the U.S. government: the division into Executive, Judicial and Legislative branches: a two-branch legislature; and the Electoral College system of choosing a President. At that point, they all agreed that a strong government is not good and their government needs to be weak for their freedom.

(a) a very strong federal government

(b) a <u>very weak</u> federal government

❷ 선택지에서 이 내용에 부합하는 것을 찾으면 된다. 선택지 (b)를 보면 very weak를 통해서 바로 이것이 정답임을 알 수 있다.

(c) a change in the immigration laws

(d) a new approach to solve such problems

Big TIP!

채워 넣기 유형 문제에서 빈칸 뒤에 관계사가 있는 경우 제시된 관계사를 통해서 문제를 바로 해결할 수 있다. 이 문제 역시 선택지를 보면 각각 (a) very strong (b) very weak (c) a change (d) new approach로 간단화시킬 수 있다. 이렇게 문제풀이 시 선택지를 간단화시키면 많은 문제들이 보다 쉽게 해결되는 경우가 많으므로 평소에 습관처럼 연습해 두자.

1781년에 채택된 연합규약과 영속적인 연합은 과세를 하거나 법안을 통과시키거나 군대를 일으킬 수 없는 _____ _____를 요청했다. 문제들이 커짐에 따라 헌법 제정자들은 1787년 필라델피아에 새로운 헌법을 만들어내기 위해 모였다. 그들이 동의했던 안의 핵심 원칙들은 계속해서 미국정부를 정의했다. 그것은 행정, 사법, 입법부로의 분리와 두 부분으로 나뉜 입법부, 그리고 대통령을 선출하는 선거인단 시스템이다. 당시에 그들은 모두 강력한 정부는 좋지 않고 정부는 자유를 위해 약해질 필요가 있다는 것에 동의했다.

(a) 매우 강력한 연방 정부
(b) 매우 약한 연방 정부
(c) 이민법의 변화
(d) 그러한 문제들을 해결하기 위한 새로운 접근 방법

article 조건, 규약 confederation 연합, 연방국 perpetual 영구한 adopted 채택된 call for ~ 을 요구하다, ~ 을 필요로 하다 levy 징수하다, 징집하다 tax 세금 raise 일으키다, 제정하다 the founding fathers 창립자; 미국 헌법 제정자들 hammer out 고생하여 만들어 내다, 해결하다 constitution 헌법 principle 원리, 원칙 approved 승인된, 인정받은 define 정의하다 division 분배, 부분 executive 행정부(의) judicial 사법부(의) legislative 입법부(의) branch 가지, 분과 legislature 입법부 electoral 선거인의, 선거의 at that point 그 시점에는, 당시는 federal 연방의 approach 접근

실전문제

01. _____, the base dated long back when the Dutch East India Company and the British East India Company started trading with India. In history there were trade relations between different countries like Arab and Egypt and now in modern times that has translated into Globalization or Free Trade. It's true that ultimately all the free trade resulted in the white man taking the burden proactively but then globalization leads to more employment and higher standards of living, especially among the developing countries. Theories suggest that globalization leads to efficient use of resources and benefits all who are involved.

(a) Globalization has its own advantages and disadvantages
(b) Globalization is due to the presence of a worldwide market
(c) Globalization has empowered women relative to men
(d) Globalization is not a new phenomenon

02. Language barriers have never been more pronounced. Whether in an urban area of a modern country or the rural areas of a less developed country, differences in language are making it harder and harder for educational initiatives to bring about success. As families move from Kenya to Finland or Brazil to Mexico or Vietnam to California, books published in their native country or in their first language often _____. In their new homelands, it may be difficult to find children's books from their cultures and in their mother tongue. Many children must grow up without knowledge of their family's heritage and first language.

(a) might be of no use
(b) must be left behind
(c) must be out of print
(d) might be with them

03. A new study indicates that preschoolers become literate faster in a curriculum that _____. SRI International conducted the research at a school in East Palo Alto. Do literacy skills increase when preschool classrooms incorporate video and games? To answer that question, they studied 80 classrooms from New York to Ravenswood Child Development Center in East Palo Alto, where Tanya Senegal teaches 4-year-olds. "They're eager to listen and love the sound," she says. And I like the fact that they can get up and be engaged with the video. They don't have to just sit." The study concluded that children learned an average of 7.5 more letters than children who didn't use the system during the same time period. One of the powerful advantages of media is that it brings kids in. And that's a very important thing for building these basic, foundational literacy skills.

(a) uses video and online technology
(b) uses a way of involving active inquiry
(c) makes use of books with pictures
(d) requires parents' involvement

04. The first step _____, is, ask yourself, 'do I have it in me to become a wedding planner?'. A wedding planner's role and responsibilities are basically similar to service industry jobs, and the first rule of any service industry is, 'customer is the king'. It takes tremendous amount of patience and understanding, when it comes to serving people and catering to their demands. You may attend a school to learn the premise of planning a wedding. However, the tactic of dealing with clients has to come from within. Learn more about what are the duties of a wedding planner?

(a) to be a highly-trained manager in light industry
(b) to get a job in the field of catering industry
(c) to become a wedding planner
(d) to be a member of service industry

05. _____. Centuries before Christopher Columbus' historic 1492 voyage put the New World on European maps, the Old World was buzzing with stories of lands beyond the western horizon. These fables depicted wilderness realms, rich with resources - Edenic gardens freed from Europe's burden of history. Even before Spanish conquistadors, French trappers, Dutch navigators and English colonists began charting the terrain of the New World in the 16th century, it was viewed as a land of opportunity, where both a single man and all of mankind might start life over again. Many of the first English colonists came to America in search of a life blessed with riches: others sought a life rich in blessings.

(a) The Old World and the New World had a lot in common
(b) The American dream is older than American
(c) American is far away from European
(d) The American dream is not popular with Europeans

06. The followings are _____. One can attain the position of a cardiologist after completing a bachelor's or master's and four years of medical school, three years of residency training in internal medicine, in case of general cardiologists. This is followed by 3-year fellowship in cardiology. An interventional cardiologist spends another year to receive instructions and training as an interventional cardiologist, after successful completion of cardiology fellowship. All of the above cardiologists must pass state exams to become a board certified physician. In addition, not only intellectual and physical stamina but the ability to communicate with their child patients is important for a successful pediatric cardiologist.

(a) pediatric cardiologist job description
(b) cardiologist education requirements
(c) a treatment plan for heart ailments
(d) a prerequisite to becoming a cardiologist

07. _____. The risk increases with the amount of alcohol consumed. Compared with non-drinkers, women who consume 1 alcoholic drink a day have a very small increase in risk. Those who have 2 to 5 drinks daily have about 1.5 times the risk of women who drink no alcohol. Excessive alcohol use is also known to increase the risk of developing cancers of the mouth, throat, breast, and liver. The American Cancer Society recommends that women limit their alcohol consumption to no more than 1 drink a day.

(a) Consumption of alcohol is linked to an increased risk of developing certain cancers
(b) The kind of alcohol consumed is related with an increased risk of developing breast cancer
(c) Working out on a daily basis could be the best way of preventing developing breast cancer
(d) It is recommended that every woman should not drink under any circumstances

08. _____. All the countries involved in the free trade are at a profit. As a result, there are lower prices, more employment and a better standard of life in these developing nations. It is feared that some developing regions progress at the expense of other developed regions. However, such doubts are futile as globalization is a positive-sum chance in which the skills and technologies enable its participants to increase the living standards throughout the world. In two decades from 1981 to 2001, the number of people surviving on $1 or less per day decreased from 1.5 billion to 1.1 billion.

(a) Globalization decreases the economic opportunities in developed countries
(b) Globalization increases the economic prosperity of industrialized countries
(c) Globalization increases the economic prosperity in the developing world
(d) Globalization leads to a better way of bring the world together

09. In article marketing, _____ is one of the most important things the marketer can do. It's the keyphrases that internet marketers use in order to attract their customers. Keywords, or keyphrases, are the phrases that we are trying to match up with for a search term entered into a search engine. When an user enters, for example, "Article Marketing" into a search engine, that is known as a keyphrase and it's that an article marketer needs to weave into their articles so they are displayed in the results pages. The problem is that the more common keyphrase is, the more competition there is going to be for that keyphrase. Thus, it makes more sense to use more specific search terms that cater to a smaller audience but have less competition. This is done by using what is known as long-tail keywords.

(a) using various key words
(b) using common keywords
(c) using long-tailed keywords
(d) using misleading key words

10. Censorship of libraries is _____. In history, libraries have been the targets of censorship since ancient times. History is littered with the destruction of library collections and the deliberate burning of a library recorded in China as early as in 221 BC. Although the destruction by fire of 400,000 rolls in the Bibliotheca Alexandria in 47 BC was by all accounts accidental, the burning of the entire collection of the University of Oxford library in 1683 was on direct orders from the king. Even in the 20th century, the burning and destruction of libraries has been extensively applied by rulers, as a warning to subversives and a method of ethnic language purging, as was the case in Sarajevo and Kosova. In 1991 the Serbian government banned Albanian as a language of instruction at all levels of education.

(a) a new phenomenon
(b) far from a recent practice
(c) very common these days
(d) a common practice in many countries

11. Health articles have been used by many to increase their sales. This can be done only with health blogs. Since many people already are interested by health topics, here are simple ways _____: Write on hot topics: Many people would agree that they always look for up to date content when it comes to health related material. If you are not really knowledgeable in health, then you should outsource your writing efforts to physicians or doctors. Also, to keep up with hot health topics, you should look at social bookmarking sites that have their own health category. Comment on Health Blogs: Commenting on other health blogs can really boost your sales. Place your ads within your blogs post: If you place your health ads in your blog post, most readers will notice them more and click on them faster.

(a) to increase your market share via the Internet
(b) to increase your sales with your health blog
(c) to drive your sales to all-time high
(d) to catch up with up to date content

12. Marx _____. First, he failed to understand the flexible, adaptive nature of capitalism. Old industries fade, and new ones rise. Imagine trying to explain Bill Gates and the computer software industry to someone in the 1960s. They wouldn't believe you. Capitalism rarely gets stuck at one stage; it is the system of constant change. Second, Marx failed to understand that capitalism is not just one system: it is many. U.S., French, Singaporean, and Japanese capitalisms are distinct from each other. Marx's simplified notions of capitalism illustrate what happens when theory is placed in the service of ideology.

(a) made contribution in two senses
(b) made mistakes in a couple of ways
(c) was accurate in predicting the future of capitalism
(d) adopted a strong stance against capitalism

13. _____ in the recruitment process. It is very important to put the candidate at ease, so as to eliminate initial nervousness and to break the ice. It is better to start with general questions to the candidate, so that he feels relaxed. Questions should be job related, objective and understandable to the candidate. Some of the usual employer interview questions are as follows: Tell me something about yourself? What is your work experience and how it is related to this job? What made you to apply for this job? All ambiguities should be done away with, when describing the responsibilities of the slot available. Thus, employers should read more on basic interview techniques and what to ask when recruiting.

(a) Nervousness is needed for better outcomes when being interviewed
(b) Ineffective interview strategies cause good employees to flee
(c) Job interviews play an important role in the part-time employment
(d) Job interviewers should conduct their duties consonant with work ethics

14. Business email etiquette is _____ when it comes to the activity of conveying information or making formal requests. A single email can make way for your successful future endeavors or rule out the scope of any business with the recipient. The level of professionalism and courtesy shown in the business emails leave a lasting impression, and have a positive effect on the business. The benefits of confident looks and impressive body language are of course not applicable while using the email service for business, but the level of profits you can make is nevertheless the same. For that, the following business email etiquette should always be kept in mind.

(a) no longer necessary
(b) of utmost importance
(c) widespread in business activities
(d) the same as commercial business

15. The recent economic growth of East Asia brought cultural explanation of _____ _____. Japan, South Korea, Taiwan, Hong Kong, and Singapore have no natural resources, but they do have disciplined people who work hard, save their money, and trust each other. Most also turned into democracies. Some points to their common Confucian heritage, which promotes such values. The Middle East, on the other hand, has rigidly Islamic people who do not trust each other. Its oil wealth has brought only superficial modernization, no democracy, and the world's highest unemployment.

(a) how to overcome economic depression
(b) why some countries get rich while other countries get poor
(c) how to cope with inequality between the rich and poor
(d) why some countries do not turn into democracies

16. There are 1,440 minutes in every day. Schedule 30 of them for _____ _____! Regular exercise is a critical part of staying healthy. People who are active live longer and feel better. Exercise can help you maintain a healthy weight. It can delay or prevent diabetes, some cancers and heart problems. Most adults need at least 30 minutes of moderate physical activity at least five days per week. Examples include walking briskly, mowing the lawn, dancing, swimming for recreation or bicycling. Stretching and weight training can also strengthen your body and improve your fitness level. The key is to find the right exercise for you. If it is fun, you are more likely to stay motivated.

(a) physical activity
(b) performing daily meditation
(c) putting on some weights
(d) a program of strenuous exercise

17. _____ since most lenders expect the borrower to have a good credit score and an established credit history. Although it may seem that loans for students with no credit are not feasible, there are a chosen few who are willing to provide loans for students with no credit. The Federal Housing Administration (FHA) allows students to get loans despite the latter not having an established credit history. The FHA Kiddie Condo Loan Program has been known for poor students without credit. This kind of loan also will help the student establish a good credit history and a satisfactory credit rating, thus paving the way for future loans that can be availed at a favorable rate of interest.

(a) Procuring a loan with no credit is a difficult task
(b) Taking out a loan from a bank is a piece of cake
(c) An interest-free loan fund is available for students
(d) A student loan can ruin that person's credit rating

18. The following case is just an example of _____. With billions of dollars at stake, it seems that many companies are suing each other for patent infringement in the mobile phone market. A little less than a month ago, Nokia filed a patent infringement case against Apple, in which it claimed that Apple was using copyright technology in their famous iPhone. While Apple said that they would defend the case vigorously when it came to court, some experts are thinking that Nokia might have had other reasons for filing the case.

(a) how sharply work ethics have declined in recent years
(b) how competitive the mobile phone market has become in recent years
(c) why the mobile phone market has undergone massive changes
(d) how fast the mobile phone market has dwindled in recent years

19. Although government-instituted censorship had apparently been abandoned in most western countries during the 19th and most of the 20th century, _____ _____. Subsequently, public libraries were expected to act as the benevolent guardians of literature, particularly concerning books for young readers. This, in turn, gave teachers and librarians the right to censor a wide range of books in libraries under the pretext of protecting readers from morally destructive and offensive literature. Surprisingly, in liberal minded countries such as Sweden and Norway, boasting the earliest laws on press freedom, surveillance of public and school libraries remained a concern to authors and publishers. Like this, public concern for offensive books has never lessened.

(a) public concern for offensive literature did not subside
(b) censorship was replaced by some regulations
(c) many community leaders have called for censorship of the Internet
(d) some book related regulations are becoming tougher than before

20. In 2009, 20 percent of the banks _____ while 60 percent adjusted credit lines to reflect the perceived risk of lending to consumers with poor credit. In general, all consumers with credit scores less than 720 have witnessed reduced credit limits. In fact, banks have gone the extra mile and have voided cards that have been inactive for a long time. The unemployment rate is at 9.8 percent and is expected to peak in the second quarter of 2010. Hence, it's only natural that credit card companies are wary of increasing or maintaining the credit limits even for people with perfect credit. In this scenario, credit cards with high limits are highly unlikely.

(a) increased the credit limit on the existing credit cards for prime borrowers
(b) increased the credit limit on the existing credit cards for the poor
(c) decreased the credit limit on the existing credit cards for prime borrowers
(d) decreased the credit limit on the existing credit cards for the poor

01. 빈칸에 적절한 내용 채워 넣기 문제 1-14번 Ⅱ

Ex Pattern 예시 ①

❶ 먼저 빈칸의 위치 파악과 함께 빈칸이 문장 전체인지 일부인지를 확인한다.

Ask anyone on the street: "what is Romanticism?" and you will certainly receive some kind of reply. Everyone claims to know the meaning of the word romantic. The word conveys notions of sentiment and sentimentality. Advertising links it with the effects of lipstick, perfume and soap. If we could ask the advertising genius who, fifty years ago, came up with the brilliant cigarette campaign, "blow some my way," he may have responded with "it's romantic." These meanings cause few problems in everyday life, indeed, few of us

❷ 만일 문장의 일부분이라면 언급된 부분을 파악하자. 이 문제의 경우 주어가 제시되어 있다. 즉 문학역사가들과 비평가들과 관련된 내용이 필요한 부분이다.

wonder about the meaning of Romanticism at all. But literary historians and critics _____. ❸ 연결어가 있다면 결정적 단서가 되므로 반드시 활용!! 여기서는 역접의 but이 단서, but을 통해서 빈칸 앞 문장의 내용과 상반되는 무언가가 들어가야 한다는 것을 파악할 수 있다.

(a) have tended to use similar definition of the word for decades.

(b) have been quarreling over the meaning of the word for decades.

❹ 앞 문장 few of us wonder ~ 을 통해서 우리들 중 거의 누구도 낭만주의의 의미에 대해서 전혀 궁금해 하지 않았다는 내용과 상반되는 것이 빈칸의 내용이 되어야 하므로 정답은 (b)라 할 수 있다.

(c) have had a tendency to obscure the meaning of the word for decades.

(d) have given the meaning of the word little time for decades.

Big TIP!

빈칸 주변에 연결어가 있다면 반드시 연결어를 통해 내용의 흐름을 잡는다. 신속하고 정확하게 정답을 찾을 수 있다.

거리 어느 누구에게 "낭만주의가 무엇인가?"라고 물어보면 당신은 반드시 무슨 대답을 듣게 될 것이다. 모든 사람들은 로맨틱이라는 단어의 의미를 알고 있다고 주장한다. 그 단어는 감성적이고 정서적인 개념들을 나타낸다. 광고에서는 립스틱과 향수, 비누의 효과들과 낭만주의를 연결시키기도 한다. 만약 우리가 50년 전에 "담배 연기를 내 앞으로 불어도 되요."라는 영특한 담배 캠페인을 생각해낸 광고계의 천재에게 묻는다면, 그는 아마도 "그것은 로맨틱이다."라고 대답할 것이다. 이러한 의미들은 일상생활에서 거의 문제들을 일으키지 않고 정말로 우리 중 거의 아무도 낭만주의의 의미에 대해 전혀 궁금해 하지 않는다. 그러나 문학역사가들과 비평가들은 _____
_____.

(a) 수십 년 동안 그 단어의 유사한 정의를 사용하는 경향이 있어 왔다.
(b) 수십 년 동안 그 단어의 의미에 대해 논쟁해 왔다.
(c) 수십 년 동안 그 단어의 의미를 애매하게 만드는 경향을 가지고 있다.
(d) 수십 년 동안 그 단어의 의미에 거의 시간을 부여하지 않았다.

---

romanticism 낭만주의, 낭만주의자 certainly 확실히 receive 받다, 수령하다 claim 주장하다, 요구하다 convey 옮기다 notion 개념 sentiment 감정, 감상 sentimentality 감정적임 genius 천재, 특수한 재능 come up with ~ 을 생각해내다 respond with ~ 에 반응하다 indeed 정말, 진실로 literary 문학의, 문어적인 historian 역사가, 사학자 critic 비평가 tend to ~ 하는 경향이 있다 definition 정의 decade 10년 quarrel 말다툼(하다) tendency 경향 obscure 흐릿한; 애매하게 하다

Ex Pattern 예시 ②

❶ 어떤 종류의 글이든 주제문을 파악하는 것은 본문이해의 핵심 전략!! 먼저 독해를 진행할 때 주제문을 확인하고 체크하는 것을 습관화하자.

❷ 주제문이 재 진술 되는 유형은 두 가지로 나누어진다. 하나는 그대로 재 진술 되는 경우이고 다른 하나는 주제문과 연관된 구체적인 사례 부분에 빈칸이 형성되는 경우이다. 앞의 두 가지 유형 모두 주제문을 파악하는 순간 바로 들어갈 내용이 머릿속에 떠오른다.

In colonial times and through the revolutionary period, American writers and artists copied the styles and subject of Europe's masters. <u>But in the decades after independence, they began to embrace their homeland as their subject.</u> Washington Irving, America's first true

❸ 이 지문의 경우 두 번째 문장 <u>But in the decades after independence, they began to embrace their homeland as their subject.</u>이 주제문이다. 그 이유는 이 문장을 읽으면 다음에 전개될 내용이 이에 대한 구체적인 예일 것이라고 예측할 수 있기 때문이다.

man of letters, began his career by satirizing New York City manners but struck a rich, romantic vein with his 1820 tales of Rip Van Winkle and Ichabod Crane. James Fenimore Cooper was the first writer to portray life on the frontier and probe the tensions between whites and Native Americans in his classic series of Leatherstocking novels, launched in 1823. In the 1820s, painters of the Hudson River School began _____.

(a) to indulge themselves in the style and subject of Europe's masters
(b) learning about the values of European styles and subjects
(c) casting doubting on the excellent beauty of America's landscape
(d) celebrating the impressive beauty of America's landscape

❹ 따라서 정답은 their homeland as their subject ～와 연관성이 있는 (d)가 정답이다.

BIg TIP!

본문의 주제문이 재 진술 되는 곳에 빈칸이 위치하는 경우의 문제들!!

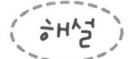

식민지 시대와 혁명기를 거쳐 미국의 작가와 예술가들은 유럽의 거장들의 스타일과 주제를 모방하였다. 그러나 독립 후 수십 년 동안 그들은 그들의 주제로 자신들의 고국을 품기 시작했다. 미국의 첫 번째 진정한 문학의 대가인 워싱 턴 어빙은 뉴욕시티의 풍습을 풍자함으로써 그의 경력을 시작하였지만 립밴윙클과 이카보드 크레인에 대한 1820년 이야기들로 풍부한 로맨틱 기질을 표현하였다. 제임스 페니모어 쿠퍼는 1823년 시작된 그의 고전 "가죽 각반 연작" 에서 변경 지대의 삶을 묘사하고 백인과 아메리카 원주민 간의 긴장을 탐색한 첫 번째 작가였다. 허드슨 리버 학파의 화가들은 _____를 시작하였다.

(a) 유럽의 거장들의 스타일과 주제에 탐닉하기
(b) 유럽의 스타일과 주제들의 가치들에 대해 배우기
(c) 미국의 풍경의 탁월한 아름다움에 대해 의문을 제기하기
(d) 미국 풍경의 인상적인 아름다움을 찬양하기

---

colonial 식민지의 revolutionary 혁명적인 decade 10년 embrace 포옹하다, 안다 homeland 고향, 고국 subject 주제 satirize 풍자하 다, 빈정대다 vein 정맥, 특질 portray 그리다, 묘사하다 frontier 국경, 변경 probe 탐사 tension 긴장 launch 진수하다, 내보내다 indulge 빠지다, 탐닉하다 cast 던지다 landscape 풍경, 경치 celebrate 축하하다, 찬양하다 impressive 감명 깊은, 인상적인

Ex Pattern 예시 ③

❶ 텝스 리딩 본문 해석 시 최대한 for example를 활용하자. 텝스 독해 지문의 경우 난해한 문장이 자주 등장한다. 즉 여러 번 읽어도 의미가 쉽게 이해가 되지 않는 문장들이 나온 경우 앞뒤에 for example이 있으면 이 부분을 통해서 앞뒤의 내용을 이해하는 것을 습관화하는 것이다.

Although evaluation of the climatic information in ancient art and literature requires great care and skill, much useful and well-supported information can be deduced from historical accounts. Interesting examples include written and archeological evidence of cities that

❷ 빈칸 앞 부분에 example과 관련된 문장이 있으면 그 부분을 체크하자. 그 이유는 뒤에 나오는 다양한 내용들은 앞에서 예와 관련된 사실들이기에 문제풀이 및 본문 이해에 매우 효과적이다. 이 문제의 경우 두 번째 문장에 Interesting examples include ~라고 제시되어 있다. 이를 통해 뒤에는 흥미로운 예가 언급된다는 것을 미리 예측하고 독해할 수 있다. 빈칸의 내용을 푸는 데 있어서 이러한 사례들이 무엇에 대한 사례인지를 파악하는 것은 매우 중요하다.

once flourished and then disappeared because of changes in the environment, including the climate. An example is the city of Ephesus, an ancient Greek city in what is now Turkey. Before the city developed, the surrounding hills were covered with oak trees. As the city grew, these hills were cleared and given over to pasture and to cultivation of wheat. At the same time the climate appears to have become more arid. The combination of changing land use and changing climate _____.

❸ 만일 빈칸 뒤에 for example, for instance, indeed 등이 나왔다면, 이 예는 앞 문장에서 언급된 내용에 대한 예이므로 전 문장을 통해서 정답을 찾자.

(a) enabled the city to grow significantly
(b) ultimately led to the demise of the city

❹ 이 문제 역시 cities that once flourished and then disappeared because of changes in the environment ~ 이 부분을 통해서 뒤에 언급되는 예는 한때 번성했지만 기후 변화를 포함한 환경의 변화 때문에 사라진 도시들에 대한 예임을 알 수 있기에 정답은 (b)라는 것을 알 수 있다.

(c) the city had a higher yield than before
(d) caused more people to move into the city

Big TIP!

빈칸과 관련된 문제를 푸는 데 빈칸 전후에 example 등의 예가 등장하는 경우!!

고대 예술과 문학에 있는 기후 정보에 대한 평가는 세심한 주의와 기술을 요구하지만, 많은 유용하고 근거가 적절히 제시된 정보는 역사적 기록들로부터 추론될 수 있다. 흥미로운 예들은 기후를 포함한 환경의 변화 때문에 한때 번성하고 그 다음 소멸한 도시들에 대해 서류로 된 고고학적 증거들을 포함하고 있다. 한 예가 고대 그리스의 도시이자 현재 터키인 에베소라는 도시이다. 그 도시가 발달하기 전에, 주변의 언덕은 오크 나무들로 덮여 있었다. 도시가 성장함에 따라 이러한 언덕들은 없어지고 방목과 밀의 재배를 위한 곳으로 변했다. 동시에 기후는 더 건조해졌던 것으로 보인다. 토지 사용의 변화와 기후의 변화의 결합은 _____.

(a) 도시가 상당히 성장하는 것을 가능하게 했다.
(b) 궁극적으로 도시의 쇠퇴를 초래하였다.
(c) 도시는 전보다 더 높은 산출을 얻게 되었다.
(d) 더 많은 사람들이 도시로 이동하도록 야기했다.

---

evaluation 평가 climatic 기후상의 ancient 고대의 literature 문학, 문헌 useful 유용한 deduce 추론하다 account 설명 archeological 고고학의 evidence 증거 flourish 번창하다 climate 기후 surrounding 주위의 be covered with ~ 로 덮여 있다 give over 내어주다, 양도하다 pasture 목장, 목초지 cultivation 경작, 재배 wheat 밀 arid 건조한, 메마른 enable ~ 할 수 있게 하다, 가능하게 하다 significantly 의미 있는, 상당히 ultimately 궁극적으로, 마침내 lead to ~을 낳다. 결과로 ~하다 demise 사망, 소멸 yield 산출하다, 양보하다

실전문제

01. Being aware of the importance of the U.S. judicial system, especially of the Supreme Court, the National Association for the Advancement of Colored People (NAACP) focused much of its fight against racial segregation on the court. It paid off. The legal staff of the NAACP, whose chief attorney was Thurgood Marshall, later a U.S. Supreme Court justice, successfully challenged the constitutionality of all state laws requiring racial segregation in public schools in the famous Brown decision of 1945. Then it went on to challenge the legality of state laws on segregation in public transportation, restaurants, lodging, and other areas. Like the cases mentioned above, the vast changes in U.S. civil rights happened _____.

(a) only through legislation rather than through the court
(b) by way of violent activities throughout the country
(c) more through the court than through legislation
(d) by the ruling elite in a very short period of time

02. Here is a tale of an optimist and pessimist. Both were brilliant mathematicians, fascinated by statistics. The optimist was a French nobleman: the Marquis de Condorcet, born in 1734, who adopted every radical cause. The pessimist was an English clergyman, Thomas Malthus, born in 1766, whose skepticism deepened as population grew. Condorcet believed humankind was heading for perfection. For Condorcet, in *The Progress of the Human Mind*, published shortly after his death in 1794, one of the proofs of progress was growth of population. On the other hand, Malthus believed _____. Malthus posited his hypothesis that unchecked population growth always exceeds the growth of means of subsistence. Actual population growth is kept in line with food supply growth by positive checks such as starvation, disease and the like, elevating the death rate.

(a) mankind was heading for a stable condition
(b) humankind was heading for extinction
(c) human beings demanded a higher standard of living
(d) mankind was too pessimist by nature

03. In the late fifteenth century, the world's fastest-growing empire was Inca Empire. Probably early in the second half of the fifteenth century, the founders of the Inca state descended from the high lands to find fertile land. They occupied Cuzco in what is today Peru, which became their biggest city, and began making their neighbors obey. They gathered many diverse environments into one state to facilitate exchanging. The Inca realm encompassed costal lowlands and the fringes of rain forest. The tribute system was based on the exchange of products between contrasting zones, as a form of insurance against disaster. When the plants of the lowlands failed, for instance, _____.

(a) they had to move into another place for food
(b) plants from the highlands might still be abundant
(c) they did away with the tribute system
(d) they couldn't help raiding high lands

04. In the current world of art collecting there are two noticeable developments. Corporations have discovered the power of art and have entered the company of collectors in significant ways. The second change is that the hundred-year supremacy of American collectors is being eroded; initially it was the Japanese who emerged as voracious collectors of western art in the eighties and now other Asian powers with strong economies like China, India, Russia and the Middle Eastern countries are asserting their presence. Today the role of the corporation as arts patron is so integral to the economy of American culture that it is nearly impossible to draw the line between not for profit cultural institution and for profit business. Thus, one can hardly imagine a contemporary museum putting on a large exhibition _____.

(a) without government's financial assistance
(b) without major funding by big businesses
(c) with no enough participation of the public
(d) with no well-known masterpieces

05. There is power politics in contemporary art patronage which manipulates content, style and quality of art in circulation to a considerable extent. This lends credence to the theory which claims that when a patron or sponsor uses art to influence it, then he's no longer promoting art. The art is lost. The flip side of the coin is that art gravitates towards money. The middle ground is that art and patronage have a symbiotic relationship and this bonding between aesthetic endeavor and patron support has given the world many a masterpiece. The balancing act between this interactive process is at the crossroads where _____.

(a) artistic ideals meet financial necessity
(b) radical artistic attempts diminish
(c) aesthetic endeavor is supported by the public
(d) power politics meet moral objections

06. In An Introduction to Wall Inscriptions from Pompeii and Herculaneum, Rex E. Wallace shows the reader how to decode Latin wall inscriptions and provides many examples of inscriptions from Pompeii and Herculaneum. The inscriptions that Wallace treats are the informal ones like the ones that spoil public spaces today such as political slogans and illegible scrawl. Wallace distinguishes two types of wall inscriptions, dipinti and graffiti. Graffiti was imposed on walls by means of a stylus or other sharp instrument and dipinti were painted on. While dipinti were planned announcements following standard formats, _____. Since dipinti were standard in many ways, there are predictable elements in many of the dipinti. Wallace provides a list of abbreviations and explains how to interpret them.

(a) Graffiti were planned and organized
(b) Graffiti were made by famous artists
(c) Graffiti tended to be unplanned
(d) Graffiti have predictable elements

07. The Internet can cover stories the conventional media leave untouched. The on-line magazine Salon broke the story of Rev. Moon's coronation in the U.S. Capitol as the messiah. This stunned the conventional media into covering the embarrassing incident months later. Will the Web overall make well-informed citizens? Likely not. Most of the regular news on the net is simply digests of TV and newspapers, brief stories without depth or sight. _____. Because it is cheap, all manner of strange and unhealthy viewpoints can spread their poison on the net. Pornography, racism, bomb-making are standard and impossible to control.

(a) This is not always inexpensive
(b) This is not always positive
(c) This is prone to political influences
(d) This is not sensitive to changes

08. Born in 1912, in a small town in Wyoming, Jackson Pollock embodied the American dream as the country found itself confronted with the realities of a modern era replacing the fading nineteenth century. Pollock left home in search of fame and fortune in New York City. Thanks to the Federal Art Project, he quickly won acclaim, and after the Second World War became the biggest art celebrity in America. And Pollock was a legitimate candidate for the status of the Master of the American School. During the many upheavals in his life in New York in the 1950s and 60s, Pollock lost his bearings - success had simply come too fast and too easily. It was during this period that _____.

(a) he depended on his financial sponsors
(b) he turned to alcohol and disintegrated his marriage
(c) he suffered from heart-related complications
(d) he never stopped trying to express his artistic viewpoint

09. My involvement with Integrated Marketing Communication (IMC) dates back to my M.A. work in the Department of Advertising and Public Relations of Chicago University where I was introduced to this emerging field. Since my initial experience with IMC a decade ago, the field has evolved dramatically and changed to a large extent. Nonetheless, unfortunately, two elements of IMC remained unchanged: a holistic approach to communication and an emphasis on the role of communication in strategic marketing management. Because IMC is now being implemented throughout the business world and also in some government settings, I believe that _____ _____.

(a) IMC should be the same as before
(b) those unchanged two things need to change
(c) more research is needed for academic training
(d) more comprehensive approaches are required

10. Edvard Munch, born in 1863, was Norway's most popular artist. His anguished paintings, based on personal grief and obsessions, were instrumental in the development of Expressionism. During his childhood, the death of his parents, his brother and sister, and the mental illness of another sister, were of great influence in his art. In his work, Munch turned again and again to the memory of illness, death and grief. During his career, Munch changed his idiom many times. At first, influenced by Impressionism and Post-impressionism, he turned to a highly personal style and content, increasingly concerned with images of illness and death. During the 1890s His work often _____.

(a) included the symbolic portrayal of such things as misery sickness, and death
(b) included the relationship between human beings and society at that time
(c) excluded some artistic skills used by most Impressionists
(d) expressed social issues and political agendas of its age

11. In 1631, when Rembrandt's work had become well known and his studio in Leiden was flourishing, he moved to Amsterdam. He became the leading portrait painter in Holland and received many commissions for portraits as well as for paintings of religious subjects. He lived the life of a wealthy, respected citizen and met the beautiful Saskia van Uylenburgh, whom he married in 1634. She was the model for many of his paintings and drawings. Rembrandt's works from this period are characterized by strong lighting effects. In addition to portraits, Rembrandt attained fame for his landscapes. When he had no other model, _____. It is estimated that he painted between 50 and 60 self-portraits.

(a) he painted his own image
(b) he stopped painting for the time being
(c) he ended up resigning his job as a painter
(d) most of his paintings were rural landscapes

12. One of the most exciting archaeological finds in years was recently announced in South America. Scientists in Patagonia found a fossil of a mammal that lived during the Jurassic Period and could be 170 million years old. If this date is correct, then it means that _____. This is big news because nearly all modern mammals are thought to be descendants of mammals who lived in the Northern Hemisphere. Some of these mammals are still found today in Australia. The fossil was found in Chubut, Patagonia, about 950 miles south of Buenos Aires, Argentina.

(a) mammals developed in the Northern Hemisphere
(b) mammals developed in the Southern Hemisphere
(c) amphibians developed in the Northern Hemisphere
(d) all fossils found in South America belong to the same era

13. Eventually, the customs of European immigrants were combined with American and American Indian customs. Although annual autumnal festivals were common, the very first American Halloween celebrations were called 'play parties.' At these public events people celebrated the harvest, shared stories of the dead, told each other's fortunes, danced, sang, and told ghost stories. Over time, _____.
During the second half of the 19th century, a new flood of millions of immigrants fleeing the Ireland potato famine of 1846 came to America. This created complicated Halloween traditions, and people began dressing up in costumes and going house to house for visits. In the 1800's there was a push to make Halloween more of a community-based event, and anything scary and unacceptable was forbidden. In the 20th century, because of the 1950's baby boom, there were a lot of children.

(a) Halloween celebrations have had simplified traditions
(b) Halloween celebrations have had many changes
(c) European immigrants have remained hostile toward Halloween
(d) European immigrants have made their own traditions

14. Modern societies are divided into horizontally stacked classes defined according to income or wealth—upper class, middle class, working class. But in the sixteenth and seventeenth centuries, _____, vertical structures—interest groups, professions, trades, the clients of noblemen and officials, social orders, such as the nobility or the peasantry, religious sects, clans. The nobility and clergy were not classes in any sense that a modern market researcher or pollster would recognize. They were communities of privilege uniting people of hugely different degrees of wealth, whose tax privileges and legal advantages marked them out.

(a) the structures were much the same
(b) the societies were very horizontal
(c) the structures were different
(d) the structures were very simple

15. Recent research suggests that the idea of an alphabet in which one symbol stands for only one sound was first used in Egypt about 1900 B.C. Civilizations that traded with or fought against Egypt were exposed to this alphabet, and the idea spread. The ancient Greeks adapted this alphabet and created their own. The ancient Romans refined it to a state almost like our modern alphabet. This was the case in the Western world, anyway. _____. Paper was invented in China early in the second century A.D. Before that, written communication was done on rocks and shells, in the same way it was done in the West. And the ancient Chinese invented their own system of symbols that eventually became an alphabet. Much of this is still used today.

(a) A different thing happened in the East
(b) A new thing occurred in the West
(c) A similar thing happened in the East
(d) An astonishing thing took place in the East

16. Of all the world's great art museums, the National Gallery, London is the only place where you can truly grasp the breathtaking scope of European painting between 1200 and 1900. Established in 1824, the National Gallery was designated as the people's museum. Inside its halls are more than 2,500 European paintings by some of Western civilization's greatest masters. Today, the National Gallery _____ _____. Each year, more than 5 million people visit and explore the gallery's impressive collections, including its renowned and respected holdings in Italian Renaissance art and 17th-century Dutch and Flemish painting. The number of visitors is on the rise and this institution is becoming a tourist spot.

(a) is one of the most famous tourist attractions in the United Kingdom
(b) no longer attracts many tourists from other countries
(c) experiencing its sharp decline in popularity
(d) especially known for 17th-centuray Dutch paintings

17. Paul Gauguin was first a sailor, then a successful stockbroker in Paris. In 1874 he began to paint at weekends as a Sunday painter. Nine years later, after a stock-market crash, he felt confident of his ability to earn a living for his family by painting and he resigned his position and _____. Following the lead of Cezanne, Gauguin painted still-lifes from the very beginning of his artistic career. The year 1891 was crucial for Gauguin. In that year he left France for Tahiti, where he stayed till 1893. This stay in Tahiti determined his future life and career, for in 1895, after a sojourn in France, he returned there for good. In Tahiti, Gauguin discovered primitive art, with its flat forms and violent colors.

(a) took up the painter's brush full time
(b) resumed his career as a stockbroker in Paris
(c) landed a job as a paid painter in Marie Gallery
(d) started his life as a sailor again in order to be a painter

18. During the 229-year period from 1485 to 1714, England transformed itself from a minor feudal state into what has been called "the first modern society," and emerged as the wealthiest and most powerful nation in the world. Those years hold a huge story. The English people survived repeated epidemics and famines, one failed invasion and two successful ones, two civil wars, a series of violent religious reformations and counter-reformations, and confrontations with two of the most powerful monarchs on Earth, Louis XIV of France and Philip II of Spain. But _____. They produced a marvelous culture that gave the world the philosophy of John Locke, the plays of Shakespeare, and the science of Isaac Newton.

(a) they barely got through those past experience
(b) they did much more than survive
(c) they were not organized enough to survive
(d) they began to wane by these economic reasons

19. The American constitution ratified in 1789 in Philadelphia, Pennsylvania, is one of the most successful constitutions in the world since it has remained almost unchanged to this day. However there has been some serious criticism of it over the years. Critics argue the constitution places a lot of limits on democracy like the indirect election of the president and many checks and balances on the powers of the different branches of government. Although the critics are partially correct, they tend to confuse the actual text of the constitution with the interpretations of it in the early days of the republic. The actual text of the constitution _____.

(a) places much more limit on elections and democracy
(b) places no major limit on elections and democracy
(c) places major limit on elections and democracy
(d) tends to trigger undemocratic elections and processes

20. Several years ago when I was teaching a class in ninth grade English I had assigned William Saroyan's wonderful short story, "The Parsley Garden." Briefly, the story was about a boy who stole an item from a store and was caught. The question I asked my class was "Was the boy a thief?" Fifteen of the 25 students felt he was not a thief and the boy should not have been forced to sit in the manager's office for long fifteen minutes. I next asked why they thought he was not a thief. These students reasoned that he was not a thief because he was not over sixteen years old and the item he stole _____. I directed the discussion around what constituted thievery. Many felt if an item taken was worth twenty five dollars or more, it would be thievery. The memory of that lingers today and I wonder if teachers 'dare' to teach values in today's society which is shifting faster than the desert sands.

(a) was of great value
(b) was of utmost importance
(c) was not of any great value
(d) was never returned to its owner

Unit 02

연결어 문제

15-16번

Reading Comprehension

02. 연결어 문제 15-16번

유형분석

두 문제가 출제되며 비교적 평이한 문제에 해당한다. 문제의 출제 포인트는 빈칸 앞뒤 내용의 흐름을 생각하여 적절한 연결어를 채워 넣을 수 있는지 물어보는 문제이다. 기본적인 접근법은 빈칸 앞과 뒤의 내용을 간단화시켜 이해한 후 그 관계(대조, 예시, 부연 설명, 결론, 역접, 비교)를 파악하여 적절한 연결어를 선택지에서 고르면 되는 것이다. 이 유형의 문제는 많은 응시자들이 쉽게 해결할 수 있는 부분이지만, 예상외로 불필요하게 시간을 허비하는 경우가 있으므로 신속하게 문제 푸는 것을 습관화하는 것이 필요하며 이를 위해서는 평소에 연습할 때 빈칸 앞뒤의 관계를 간단하게 정리하여 이해하도록 하자.

전략

자주 사용되는 연결어들은 모두 외워 두자!

for example, for instance	예를 들면
in fact, in effect, as a matter of fact, actually, indeed	실제로, 사실
however, yet, but	그러나
in contrast, on the contrary	대조적으로
on the other hand	반면에
nevertheless, nonetheless	그럼에도 불구하고
even so	그렇긴 하지만
instead of	~ 을 대신해
whereas, while	반면에
in spite of, despite, notwithstanding	~ 에도 불구하고
otherwise	그렇지 않으면
besides, moreover, furthermore, what is more, in addition	게다가, 더욱이
therefore, thus, so, accordingly, consequently, thereby	따라서
in brief, in short	요약하자면
as a result	결과적으로
in the end, in the long run, finally	마침내

similarly, likewise	유사하게
in the same way	똑같은 방법으로
at the same time	동시에
on the whole	전체적으로
first of all, above all, to begin with	우선, 무엇보다도
in other words, namely, so to speak, that is to say	즉

Ex Pattern 예시

The way coffee is grown and processed has profound environmental importance both locally and internationally. Deforestation trends are serious throughout the coffee-producing lands of Latin America. Seven of the ten countries in the world with the highest deforestation rates are in Latin America and the Caribbean; these seven countries include Jamaica, Haiti, Costa Rica, Paraguay, Ecuador, Guatemala and Mexico. In a number of areas, <u>tropical forest ecosystems have disappeared or are on a path to elimination in the near-term.</u>

❶ 먼저 빈 칸 앞의 내용을 간단하게 요약하여 이해하자. tropical forest ecosystems have disappeared or are on a path to elimination in the near-term을 통해서 열대우림의 생태계들이 사라져 왔으며 멸종위기에 처해 있다는 내용임을 알 수 있다.

By the late 1980s, _____, <u>only an estimated one-fourth of the primary</u>

❷ 빈 칸 뒤의 내용을 간단하게 정리하면 only an estimated one-fourth of the primary moist tropical forest in Colombia remained.에서 실제로 고작 1/4만이 남아있다는 구체적 사례를 보여주고 있다.

<u>moist tropical forest in Colombia remained.</u>

(a) yet
(b) otherwise
(c) consequently
(d) for example

❸ 앞 뒤 내용을 정리하면 내용 전개는 다음과 같다. 빈 칸 앞에는 특정한 현상에 대한 이야기를 하고 있으며 뒤에서는 이에 해당하는 사례를 보여주고 있으므로 정답은 (d)이다.

커피를 재배하고 가공하는 방식은 지역적으로나 국제적으로나 깊은 환경적 중요성을 갖고 있다. 산림 개간의 풍조는 라틴아메리카의 커피 생산 지역 전반에 걸쳐 심각하다. 세계에서 가장 높은 산림 개간 비율을 가지고 있는 10개의 국가 중 7개가 라틴 아메리카와 캐리비안에 위치하는데, 이 7개의 국가는 자메이카, 아이티, 코스타리카, 파라과이, 에콰도르, 과테말라와 멕시코이다. 많은 지역들에서 열대우림 생태계는 사라졌거나 가까운 시일 내 파괴될 길에 서 있다. _____, 1980년대 후반에는 콜롬비아의 주요 열대 습윤 산림 중 단지 4분의 1이 남아 있었다.

(a) 그러나
(b) 그렇지 않으면
(c) 결과적으로
(d) 예를 들면

---

the way S V 주어가 동사하는 방식((ex) the way they use 그들이 사용하는 방식) **profound** 깊은, 의미심장한 **locally** 장소 상으로, 국부적으로 **deforestation** 산림 벌채, 개간 **throughout** 도처에, 처음부터 끝까지 **ecosystem** 생태계 **path** 통로 **elimination** 제거 **an estimated(=about)** 대략 **primary** 주요한 **moist** 축축한, 습기 있는 **tropical** 열대지방의

실전문제

01. Cisco WPR resolved to build a work environment based not on titles, but rather on the needs of individuals, by giving all employees a broad choice of workspaces and technology tools to do their jobs. "In college, a professor doesn't say, 'Complete this project from 9:00 a.m. to 5:00 p.m. in the library,' says Dolly Woo, Cisco workplace strategist. _____, you're given a task and a deadline, and how you complete that task is up to you. Employees would have the freedom to choose their environment based on the requirements of their current task." By creating a connected workplace, WPR hoped to achieve measurable business benefits such as reducing real estate costs, in addition to increased productivity and employee satisfaction.

(a) Nevertheless
(b) On the other hand
(c) Of course
(d) Rather

02. What is a mark of a great scientist? Good scientists discover new information and make sense of it, linking it to other data. They may go further by giving an explanation of this linked data which, maybe not immediately, other scientists accept as a correct explanation. _____ the outstanding scientist goes further in predicting consequences of his ideas which can be tested. This boldness identifies the great scientist if the predictions are later found to be accurate. One such person was Russian chemist Dmitri Mendeleev. Incidentally, although he is often regarded as the father of the Periodic Table, Mendeleev himself called his table, or matrix, the Periodic System.

(a) In fact
(b) Even so
(c) On the other hand
(d) However

03. In discussions of health care reform, the Canadian system is often held up as a possible model for the U.S. The two countries' health care systems are very different. Canada has a single-payer, mostly publicly-funded system, while the U.S. has a multi-payer, heavily private system but the countries appear to be culturally similar, suggesting that it might be possible for the U.S. to adopt the Canadian system. Much of the appeal of the Canadian system is that it seems to do more for less. Canada provides universal access to health care for its citizens _____ nearly one in five non-elderly Americans is uninsured. Canada spends far less of its GDP on health care.

(a) while
(b) therefore
(c) nevertheless
(d) for example

04. The nation had few taxes in its early history. From 1791 to 1802, the United States government was supported by internal taxes on carriages, refined sugar, tobacco, and property sold at auction, corporate bonds, and slaves. The high cost of the War of 1812 brought about the nation's first sales taxes on gold, silverware, jewelry, and watches. In 1817, _____, Congress did away with all internal taxes, relying on tariffs on imported goods to provide sufficient funds for running the government. In 1862, in order to support the Civil War effort, Congress enacted the nation's first income tax law. It was a forerunner of our modern income tax in that it was based on the principles of graduated, or progressive, taxation and of withholding income at the source.

(a) moreover
(b) therefore
(c) as a matter of fact
(d) however

05. Remarkable biodiversity values are at stake. Latin American tropical forests are critical ecologically for purposes of protection of atmospheric dynamics, water quality, and wildlife species, as well as economically as reservoirs of germplasm with multiple applications for food, medicine, and industrial products. The region's threatened natural heritage transcends national boundaries. _____, neotropical migratory birds that winter in northern Latin America constitute 60 to 80 percent of the bird species that inhabit forests throughout the eastern U.S. and Canada; neotropical migrants also constitute a large fraction of bird species in the forests of the Pacific Northwest.

(a) Similarly
(b) At the same time
(c) As a result
(d) For instance

06. To compare how the countries perform on other health outcome measures, some researchers use the Joint Canada/U.S. Survey of Health, a survey of about 9,000 residents of the two countries conducted in 2002-2003. They begin by comparing self-reported health status. _____ this measure is subjective and may be influenced by factors outside the health care system, it is widely used by most researchers. They find that self-reported health status is similar in the two countries-if anything, more people report themselves to be in excellent health in the U.S.

(a) What is more
(b) Nevertheless
(c) Thereby
(d) While

07. Since fat has no impact on blood sugar, avocados are great additions to a low-GL diet if you eat them in moderation. But, you may wonder, what about all that fat? Research suggests that diets rich in this type of fat may help keep blood sugar in check. Add some avocado to a sandwich or anything else with bread, and the fat will slow digestion of the meal, thus making it easier on your blood sugar. _____ the saturated fats in butter and meat, monounsaturated fat won't increase insulin resistance, a condition that makes blood sugar control more difficult. In fact, the good fat in avocados as well as olive oil and nuts may actually reverse insulin resistance, helping your body steady its blood sugar levels.

(a) Indeed
(b) In brief
(c) Unlike
(d) Nevertheless

08. Our mother's characteristics leave an indelible impression, and we are forever after attracted to people with her facial features, personality, even sense of humor. The mother has influence on her sons: she not only gives them clues to what they will find attractive in a mate, but also affects how they feel about women in general. So if she is warm and nice, her sons are going to think that's the way women are. _____ a mother who has a depressive personality, and is sometimes friendly but then suddenly turns cold and rejecting, may raise a man who becomes a dance-away lover. Because he's been so scared about love from his mother, he is afraid of commitment and may pull away from a girlfriend for this reason.

(a) On the whole
(b) For this reason
(c) Conversely
(d) For example

09. _____ defeat last year of a national referendum, El President exercises growing control over every institution in the country. Flush with petro-dollars, Chavez is rabidly anti-American and now has close ties with Iran and China. The Russians have sold him over $4 billion in arms. Chavez "stepped into Castro's shoes in a big way," says Roger Noriega, former U.S. ambassador to the Organization of American States. "The only thing he hasn't done that Castro did is to send his own troops to other countries."

(a) In effect
(b) Similarly
(c) Despite
(d) What is more

10. Traditional shade coffee systems typically rely on much lower chemical inputs than industrial plantations. This is because planting coffee among natural vegetation, or among trees planted for shade, fruit or timber, can reduce susceptibility to pests. _____, because many traditional methods have been passed down to today's farmers by previous generations before synthetic pesticides and fertilizers were widely used in agriculture, a human-land use equilibrium has evolved in coffee production over time.

(a) Nevertheless
(b) In other words
(c) On the contrary
(d) Therefore

11. Thomas Hobbes' Leviathan provides a pessimistic view of mankind. Man in his natural state is a self-serving egoist constantly at war with all other men in order to satisfy his own desires. Life in the state of nature for humans is nasty, brutish, and short. _____ _____, the self-interested nature of humans is the cause of all social conflict, where humans are all at war with one another. Because of the unpleasant and dangerous state of nature for a happy and peaceful life, Hobbes contends that humans willingly enter into a social contract for their mutual protection. In doing so, they must accept a common and absolute power to protect them from themselves and each other.

(a) On the Contrary
(b) Furthermore
(c) Accordingly
(d) Nevertheless

12. There may be times when the sovereign orders men into life-threatening situations, such as war, to protect the interests of all members of society. However, no rational egoist will choose to willingly enter such a situation where his own life is in jeopardy. The dilemma is this: If no rational egotist will enter into such a situation, then there is no way to protect the interests of all in a case such as war. Obviously some rational egotists must be willing to go to war if the state is to be preserved, _____ society will fall back into a state of nature.

(a) therefore
(b) above all
(c) in other words
(d) otherwise

13. Many students struggle in high school chemistry. Even if they succeed in earning a good grade, they often still feel confused and unconfident. Why is this? Success in chemistry, according to veteran science teacher Professor Frank Cardulla, doesn't require any special intellectual gifts or talents or advanced mathematical skill. All it requires is a genuine understanding of the ideas that students encounter in the high school chemistry classroom. If students truly understand what they are learning, they will do more than just succeed in high school chemistry. _____, when students replace rote memorization with a real understanding of what is happening in the problems they encounter, they experience the excitement of grasping the ideas behind the problems and the confidence.

(a) In addition
(b) Otherwise
(c) Nonetheless
(d) Therefore

14. Few people believe that Universal health care will not create higher taxes. _____, we are paying for our broken system already. If certain of those costs go away, we may wind up with more money in our pockets. Now, a person who needs emergency medical care will almost certainly be treated whether or not he or she has the means to pay for the treatment. You and I pay for the medical services. The provider has to raise the prices. It charges its insured customers to make up for the ones that don't pay. At the same time it ruins the credit of the patient who can't write a check for the cost of the services.

(a) In fact
(b) Yet
(c) Above all
(d) So

15. People go to college for a variety of reasons. Some are interested in personal enrichment of the type that formerly accrued when colleges granted degrees in arts. At one time, the emphasis of a college education was to teach people "how to think" rather than to teach a specific skill; increasingly, _____, college educations are focused on practical subjects that employers might require. Because of this, many students attend college to develop professional skills that will benefit them in the workplace. In many cases, employers will even pay for their employees to attend college when it relates to their job performance.

(a) therefore
(b) nevertheless
(c) in fact
(d) however

Unit 03

주제문 문제
(Title,
Mainly about,
Main topic,
Main idea)

17-23번

Reading Comprehension

03. 주제문 문제(Title, Mainly about, Main topic, Main idea) 17–23번

유형분석

독해 내용의 큰 흐름(Big Picture)만 파악하면 풀 수 있는 유형들이며 제시되어지는 문제들의 유형은 아래와 같다.

■ main idea, main point, title, mainly about ~

■ What is the main idea of the passage?

■ What is the passage mainly about?

■ What is the best title of this passage?

전략

이러한 유형의 문제들은 평이하기 때문에 빠르고 정확하게 푸는 것이 관건!! 정확도와 속도를 동시에 잡기 위해서는 다음의 두 가지의 방법이 요구된다.

1. 본문을 볼 때는 주제문이나 키워드를 중심으로 글의 중심 내용을 파악하자.

주제문이란 하나의 문단이 전달하고자 하는 내용을 한 문장으로 정리해 놓은 것으로 그 문장을 읽으면 본문이 무슨 말을 하고 싶은지를 쉽게 파악할 수 있으며 앞으로의 내용 전개에 대한 예측을 가능하게 하는 문장이다. 따라서 주제문이나 키워드를 파악하면 본문 전체를 독해하지 않고도 내용을 이해할 수 있기 때문에 문제를 신속하게 해결할 수 있다.

2. 선택지를 볼 때는 문장일 경우 핵심 단어로 줄여서 한눈에 의미를 파악하고 다른 선택지들과 비교하는 전략이 필요하다.

문제가 쉬워 텝스를 공부하는 많은 사람들이 가볍게 접근하는 유형이지만 독해에 있어서 가장 기본이 되는 훈련을 할 수 있는 부분이므로 독해 공부를 위해서는 가장 중요하다고 할 수 있다.

❋ 주제문의 단서들 ❋

일반적인 글들의 경우 본문 맨 앞에 위치하는 것이 대부분이며, 주제문은 항상 밑줄을 치면서 찾는 습관을 들이자. 텝스 리딩에서 유용하게 사용되는 주제문들 중 몇 가지를 정리하면 먼저, 양보절이나 결론을 암시하는 연결어를 통해서 주제문이나 결론문이 노출되는 경우가 흔하다.

1. 양보절 접속사: although, though, while, whereas, even if, even though 등
   - 독해할 때 양보절은 항상 중요한 부분이므로 반드시 체크하면서 독해하는 것을 습관화하자. 특히 집중 해야 되는 부분은 양보절 접속사가 없는 주절에서 중요한 내용이 언급된다는 것이다.
   ❍ Although S V, <u>S V.</u>: 밑줄 친 부분이 중요한 내용이 언급되는 부분이므로 이 내용에 반드시 집중 하자.

2. 결론을 암시하는 연결어: thus, therefore, so, it is likely that ~, it is clear that ~, we have every reason to 등
   - 이 부분들은 모두 앞에서 언급한 무언가를 정리하며 결론짓는 데 사용되므로 반드시 숙지해 두자.

Ex Pattern 예시 ①

It seems every day we hear another claim that a certain vitamin or herbal supplement will cure what ails us. The number and type of supplements available is overwhelming, and it's hard to know which offer health benefits and which are merely giving false promises — often the information about supplements is confusing or unclear. Therefore , it is up to you

❶ 먼저 therefore라는 연결어를 통해서 결론문을 한눈에 파악할 수 있다. 여기에 보면 clever supplement shopper와 it is up to you as the consumer라는 주관적인 부분을 확인할 수 있다.

as the consumer to become a clever supplement shopper in order to make informed choices that enhance your health. In general, children and adults might benefit from taking one multivitamin per day. However, the very first consideration is to eat a healthy diet. Even the best supplement is no substitute for good nutrition. In general most Americans consume foods that are high in calories, but lack nutrients that are vital for good health.

Q. What is the main idea of this passage?

(a) Consumers need to be cautious about choosing dietary supplements.

❷ 따라서 이 문장의 내용과 부합하는 (a)가 정답임을 쉽게 알 수 있다.

(b) The FDA believes that vitamin supplements are largely unnecessary.

(c) It is safe for consumers to believe the information about supplements.

(d) The FDA is required to help consumers to make informed decisions.

Big TIP!

당위의 조동사는 무조건 체크하자. 주장하는 부분에 사용되므로 항상 중요한 부분이다. 주관적인 단어 good, best, clever, ideal, important, reasonable, great, unfortunately, big, sad 등에 항상 집중하자. 주관적인 단어가 사용 된 부분은 저자의 주관이 나타나는 부분이므로 main idea 문제 풀이 시 매우 중요하다고 할 수 있다. 본문 중에 동사원형으로 시작하거나 조건절의 if를 동반하는 문장이 있다면 눈여겨 보자. 이 부분은 항상 충고를 하기 위해 사용되는 구조들이므로 저자의 의도가 드러나는 경향이 강하다. 그리고 선택지를 간단하게 잘 요리하자!!

매일 우리는 어떤 비타민이나 허브 보조식품이 우리를 괴롭히는 것들을 낫게 할 것이라는 또 다른 주장을 듣고 있는 것 같다. 이용 가능한 보조식품들의 수와 종류는 압도적이고, 어떤 것이 건강에 이로움을 주는지 그리고 어떤 것이 단순히 허위 약속을 하는지를 아는 것은 어렵다. 종종 그에 관한 정보는 혼동스럽거나 불명확하다. 그러므로 당신의 건강을 강화시키는 올바른 선택을 하기 위해서 현명한 보조식품 구매자가 되는 것은 소비자인 당신에게 달려 있다. 일반적으로 아이들과 어른들은 하루에 하나의 멀티 비타민을 먹는 것으로 효과를 볼 수도 있다. 그러나 바로 첫 번째 고려해야 할 것은 건강한 식단을 섭취하는 것이다. 최고의 보조식품이라고 하더라도 좋은 영양의 대체가 될 수는 없다. 일반적으로 대부분 미국인들은 칼로리가 높은 음식을 소비하지만, 좋은 건강에 핵심적인 영양소는 부족하다.

Q. 이 글의 주제는 무엇인가?
(a) 소비자들은 다이어트 용 보조식품을 선택하는데 있어 조심해야 한다.
(b) FDA는 비타민 보조식품이 주로 불필요하다고 믿는다.
(c) 소비자가 보조식품에 대한 정보를 믿는 것은 안전한 일이다.
(d) FDA는 소비자들이 정보에 근거한 결정을 하도록 도와주어야 한다.

claim 주장(하다), 요청(하다) herbal 허브의, 허브로 만든 supplement 보충(물); 보충하다 cure 낫게 하다, 치유법 ail 괴롭히다, 아프게 하다 overwhelming 압도적인 merely 단지, 한낱 confusing 혼란스럽게 하는 be up to ~에 달려있다 enhance 높이다, 향상시키다 consideration 사려, 숙고 substitute 대신(하다), 대체(하다) nutrition 영양 nutrient 영양소, 영양분 vital 필수적인 cautious 조심스러운, 신중한 dietary 다이어트의

Ex Pattern 예시 ②

<u>Mad cow is an infectious disease</u> in the brain of cattle. Humans who become infected,

❶ 첫 번째 문장 Mad cow is an infectious disease ~ 을 통해서 이 글이 광우병에 대한 글임을 알 수 있다.

usually by eating tissue from diseased cattle, will die of a similar brain disease that may develop over many years. Abnormal proteins called prions are found in brain tissue of diseased cattle. Prions eat away at the brain and create tiny holes in parts of the brain. These holes cause slow deterioration within the cattle brain, and eventually symptoms affecting the wholebody. Death follows If humans eat diseased tissue from cattle, they may develop the human form of mad cow disease. The disease was named after the researchers who first identified the classic condition.

Q. What is the passage mainly about?

(✓) An <u>explanation</u> of mad cow disease

❸ 이 글은 광우병에 대한 일반적인 설명을 하고 있으므로 정답은 (a)이다.

(b) Some causes of mad cow disease

(c) Some tips on preventing mad cow disease

(d) A growing need for doing research on the disease

❷ 선택지를 (a)는 explanation(설명), (b)는 some causes(몇몇 원인들), (c)는 some tips(충고들), (d)는 growing need(증가하는 필요성)로 간단화시켜 보면 바로 해결이 된다. 만일 원인들에 대한 설명이 주를 이룬다면 정답은 (b). 어떤 문제에 대한 충고들이 주라면 정답은 (c). 어떤 필요성이 증가한다는 내용이 주를 이루면 정답은 (d)가 되는 것이다.

BIg TIP!

큰 그림을 파악하면 문제를 풀 수 있기에 세부적인 것보다는 내용 전개의 큰 흐름을 보자!! 만일 본문에 주제문이나 키워드가 있다면 최대한 활용하자!! 주제문과 키워드는 간단하게 설명하면 어떤 문장이나 단어를 보고 그 다음에 전개 될 내용이 예측 가능할 경우 이들은 주제문이나 키워드라 볼 수 있다. 이들이 중요한 이유는 다음의 내용 전개를 알기에 불필요한 부분을 해석하면서 발생하는 시간 낭비를 막아주기 때문이며, 글의 큰 그림을 알기에 엉뚱한 식의 내용 이해가 발생하지 않는다. 따라서 글을 볼 때 항상 주제문과 키워드를 찾아보는 것을 습관화하자!! 이런 유형의 문제는 선택지를 간단화해 비교하면 쉽게 해결되는 경우가 대부분이다.

광우병은 소의 뇌에 발생하는 전염성 질환이다. 보통 병에 걸린 소의 조직을 먹음으로써 이에 감염된 인간은 오랜 기간에 걸쳐 발현할 수 있는 비슷한 뇌 질환으로 죽는다. 프라이온이라고 불리는 비정상적인 단백질은 병에 걸린 소의 뇌 조직에서 발견된다. 프라이온은 뇌를 먹어 없애고 뇌의 부분들에 작은 구멍들을 만들어 낸다. 이러한 구멍들은 서서히 소의 뇌 속의 퇴보를 일으키고, 결국 모든 몸에 영향을 미치는 증상들을 일으킨다. 그리고 사망한다. 만약 인간이 소에게서 나온 병든 조직을 먹으면, 소 광우병과 같은 인간 광우병이 발전할 수도 있다. 이 질병은 전형적인 조건을 처음으로 밝혀낸 조사자들에 의해 이름이 붙여졌다.

Q. 이 글의 주제는 무엇인가?
(a) 광우병에 대한 설명
(b) 광우병을 일으키는 몇몇 원인들
(c) 광우병을 예방하기 위한 몇 가진 조언들
(d) 광우병에 대한 증가하는 연구의 필요성

---

infectious 전염성의, 전염력을 가진 cattle 소, 가축 tissue 조직, 직물 abnormal 비정상의, 이상한 protein 단백질(의) prion 프라이온 tiny 작은, 조그마한 deterioration 악화, 퇴보 eventually 결국, 드디어 symptom 징후, 징조 affecting 감동인, 애처로운

실전문제

01. Hundreds of thousands of children across the world become infected with HIV every year and, without treatment, die as a result of AIDS. In addition, millions more children who are not infected with HIV are indirectly affected by the epidemic and the disease negatively affect their families and their communities. Preventing children from becoming infected and mitigating the impact of HIV and AIDS should be straightforward. Given a lack of necessary investment and resources including adequate testing and prevention programs, more prevention efforts should be made as soon as possible.

Q. What is the main idea of the passage?
(a) More efforts should be done to prevent AIDS.
(b) The different types of approaches are needed.
(c) Prevention programs should be approached by the communities.
(d) Children are especially vulnerable to an AIDS pandemic.

02. Most children living with HIV around 9 out of 10 live in Sub-Saharan Africa, the region of the world where AIDS has taken its greatest toll. Around 90% of all children living with HIV acquired the infection from their mothers during pregnancy, birth or breastfeeding. Many countries that had previously seen child-survival rates rise, as a result of improved healthcare, are now seeing these rates fall again. It has been estimated that without AIDS, Botswana's under 5 mortality rate would have been 31 per 100,000 in 2002 compared to 107 with AIDS. By 2010, the country's under 5 mortality is expected to have increased by 100 deaths per 100,000 as a result of AIDS. From my perspective, with improved healthcare, the deaths of many children in lower-income countries might easily be avoided.

Q. What is the main idea of this letter?
(a) Children are most vulnerable to an AIDS epidemic due to breastfeeding from their mothers.
(b) Developed countries have to take more responsibility to bring the world together.
(c) Improved healthcare could lead to a significant decrease in the number of deaths from AIDS.
(d) Breast feeding should be banned to prevent children from getting the illness.

03. We all go through ups and downs in our mood. Sadness is a normal reaction to life's struggles, setbacks, and disappointments. Many people use the word depression to explain these kinds of feelings, but depression is much more than just sadness. Some people describe depression as living in a black hole. However, some depressed people don't feel sad at all, instead, they feel lifeless, empty, and apathetic. Whatever the symptoms, depression is different from normal. Depression varies from person to person, but there are some common signs and symptoms. It's important to remember that these symptoms can be part of life's normal lows. But the more symptoms you have, the more likely it is that you're suffering from depression. Therefore, much attention should be given.

Q. What is the main point of this passage?
(a) Many people suffer from severe depression for many years.
(b) There is no need to worry about depression for apathetic people.
(c) Depression itself is not a problem but much attention is necessary.
(d) Most depression fades away leaving people with a sense of unease.

04. More than anything else, kids want to feel protected and loved. Throughout the trials of divorce, provide reassurance and love to your kids every step of the way. All of us, and especially children, are resilient and we have a remarkable ability to heal when given the support that we need. Let your kids know that even though the physical circumstances of the family unit will change, they can continue to have healthy, loving relationships with both of their parents. Reassure them that everyone in the family will get through this. Knowing that things will eventually be okay can provide incentive for your kids to give the new situation a chance. Your support will allow them to grieve their loss and eventually adjust to their new circumstances.

Q. What is the main point of the passage?
(a) Under no circumstances should divorce be allowed for children.
(b) During trials of divorce, parents must give their children reassurance and love.
(c) Divorce can have a devastating effect on children and it will last for years.
(d) Many parents are always arguing but they don't think they'll ever split up.

05. Critics of nationalism have argued that it is often unclear what constitutes a nation, or why a nation should be the only legitimate unit of political rule. A nation is a cultural entity, and not necessarily a political association, nor is it necessarily linked to a particular territorial area although nationalists argue that the boundaries of a nation and a state should coincide. Unfortunately, nationalism is inherently divisive because it highlights differences between peoples. The idea is also potentially oppressive because it submerges individual identity within a national whole, and gives elites or political leaders potential opportunities to manipulate or control the masses.

Q. What is the main idea of this passage mentioned above?
(a) Nationalism have faced much criticism and changed a lot.
(b) Nationalism has some divisive and oppressive aspects.
(c) Nationalism has proved its own status as the most potent force.
(d) Nationalism has found its strongest opponents ethnic groups.

06. Cisco Systems employees work differently than they did a few years ago. An increasingly global workforce and customer base makes it more likely that employees need to work at nontraditional hours, such as 6:00 a.m. or 10:00 p.m., leaving their offices vacant at other times. More complex business and technology issues increase the need for collaboration with team members in the same building or at various sites worldwide. Employees are often away from their desks, in meetings or workgroup discussions. Even Cisco employees who work on site are likely to be mobile within the building, says Christine Ross, manager in the Workplace Effectiveness Team for Cisco Workplace Resources, the Cisco group in charge of real estate.

Q. What is the passage mainly about?
(a) The way of working has changed from that of the past.
(b) More and more high-tech careers have been growing in popularity.
(c) Current customers tend to require a growing level of satisfaction.
(d) Almost all the corporations should be adjusted to new changes in their workplaces.

07. Under-regulated pesticide use threatens farmers and other rural residents with exposures to toxic substances in the workplace or in water supplies. For example, serious public health and water quality impacts have been linked to pesticide use in Mexico; in one documented case in 1987, more than 200 people became sick from drinking water contaminated with agricultural pesticides and fertilizers in the western Mexican state of Jalisco. Recently, concerns have been raised about human health and environmental impacts associated with expanded use of the highly toxic insecticide, endosulfan, in Colombia. According to official accounts, more than 100 poisonings and three deaths were reported in 1994. Therefore, pesticide should be thoroughly regulated to prevent harmful effects.

Q. What is the main idea of the passage?
(a) Many pesticide manufacturers have a duty to regulate their own pesticide on their own.
(b) All related companies must comply with the newly devised regulations.
(c) Pesticides have to be controlled to keep people safe from hazardous effects.
(d) Almost all the serious public health problems are to blame for under-regulated pesticide use.

08. The causes of the Civil War were diverse, despite the institution of slavery typically being viewed as the main cause of the war by a majority of Americans. One of the biggest differences was the growing economic differences between the increasingly industrial North and the agrarian South. Even though the North relied on the cotton of the South for production, the plantation organization of Southern society relied on slave labor and undermined urbanization and maintained antiquated class divisions. Another cause of the Civil War stemmed from the evolution of a relatively new nation that was still determining the nature of power relations between the states and federal government. Another major issue that led to the Civil War was the election of Abraham Lincoln to the presidency.

Q. What is the main idea of the passage?
(a) The causes of the Civil War were not fully explained.
(b) A majority of Americans need to know the exact cause of the war.
(c) The United States became stronger through the Civil War.
(d) Unlike popular ideas, there were diverse causes of the war.

09. The heart is a muscle like any other in the body. It needs blood flow to supply oxygen to allow it to do work. When there isn't enough oxygen, the muscle starts to suffer, and when there is no oxygen, the muscle starts to die. Over time, cholesterol buildup can occur in these blood vessels in the form of plaque. This narrows the artery and can restrict the amount of blood that can flow through it. If the artery becomes too narrow, it cannot supply enough blood to the heart muscle when it becomes stressed. Just like arm muscles that begin to hurt if you lift too much; the heart muscle will ache if it doesn't get adequate blood supply. If the plaque ruptures, a small blood clot can form within the blood vessel and acutely block the blood flow. When that part of the heart loses its blood supply completely, the muscle dies. This is called a heart attack.

Q. What is the passage mainly about?
(a) How does heart attack occur?
(b) How can heart attack be cured?
(c) What is the best cure for heart attack?
(d) When is heart attack mostly likely to crop up?

10. Good communication is the foundation of successful relationships, both personally and professionally. But we communicate with much more than words. In fact, research shows that the majority of our communication is nonverbal. Nonverbal communication, or body language, includes our facial expressions, gestures, eye contact, posture, and even the tone of our voice. The ability to understand and use nonverbal communication is a powerful tool that will help you connect with others, express what you really mean, and build better relationships at home and work. When we interact with others, we continuously give and receive countless wordless signals. All of our nonverbal behaviors send strong messages. Nonverbal communication has a huge impact on the quality of our relationships. Unfortunately, many people send confusing or negative nonverbal signals without even knowing it. When this happens, both connection and trust may be lost in our relationships.

Q. What is the main idea of the passage?
(a) Verbal communication is the most powerful tool in connecting with others.
(b) Professionals have to practice in order to develop their nonverbal communication.
(c) In the high-tech careers, verbal communication is more important than body language.
(d) Many people don't utilize nonverbal communication effectively.

11. Software piracy has been a problem ever since software has been published. As more and more programs have been published, however, the problem has become very serious. Software piracy essentially consists of copying programs published by a software manufacturer; such copies are usually for the personal use of the copier, although an increasing problem is that of copiers selling the copies. The Software Publishers Association (SPA) estimates that U.S. software manufacturers lose about $2 billion every year in lost sales due to piracy. Most of this piracy is due to employees of companies either copying the software bought by the company or bringing in copied software for use in their jobs. An increasing amount of piracy is conducted through private computer "bulletin boards" where a wide variety of software is sold, traded, or given away.

Q. What is the main point of this passage?
(a) Software piracy is a very serious matter and on the rise.
(b) All software users need to be more responsible for their behaviors.
(c) Software manufacturers are to blame for the growing software piracy.
(d) Software piracy is related with a social and cultural phenomenon.

12. The 1990 census shows that Asians, Hispanics and blacks account for a majority of the workers in 137 occupations in Santa Clara County. It is predicted that these numbers will continue to grow by the year 2000, when whites will no longer be a majority of the state's population. Minority groups are found to be scarce in management, and many low-wage industries where minorities are concentrated are in failing economic health. By 2010, job structure in the U.S. will include about 30 to 40 percent of all jobs requiring a college education, and 30 percent will continue to be jobs for high school dropouts. Therefore it appears that local governments need to focus on the improved education of minorities. The youth population is expected to shrink and the retiree population is expected to increase.

Q. What is the best title of this passage?
(a) The need to improve the level of education for minorities
(b) Serious problems caused by rapid changes in job structure
(c) The inaccuracy of the census conducted by local governments
(d) The side effects caused by the increasing elderly

13. The three most significant effects of the United States' European Recovery Plan (ERP), better known as the Marshall Plan, were the economic recovery of most of the nations of western Europe, the securing of these countries in an American sphere of influence where they were relatively safe from the threat of the USSR, and the establishment of the basis for European cooperation that eventually led to the European Union (EU). Although the Marshall Plan is often acclaimed as one of the most generous international initiatives in history, it is also sometimes derided as an attempt to establish American cultural and political hegemony. It is true that American dominance in many spheres was, indeed, an important effect of the Marshall Plan. Essentially it was a rare blending of generosity and self-interest in a political strategy that served the greater interests of Americans.

Q. What is the best title of the passage?
(a) The two implications of the Marshall Plan
(b) The growing threat of the USSR during the Cold War
(c) The great generosity of the Marshall Plan
(d) The demanding nature of cultural and political hegemony

14. As an instance of contact between worlds, the European experience in the Americas offers both positive and negative experiences and lessons. These experiences, however, are not balanced evenly between the native inhabitants of the two hemispheres. For Europeans, the discovery of the New World was almost entirely a boon. From it they drew gold, silver, new foodstuffs, and new lands to settle. Europeans also gained the opportunity to experiment with new ideas. For the Europeans' Old World neighbors in sub-Saharan Africa, the European contact with the New World had a darker consequence: a slave trade that ravaged Africa and transported many Africans across the ocean in chains. Darkest of all, though, were the consequences for the native Americans. Their civilizations were destroyed, their population decimated.

Q. What is the best title for this passage?
(a) Different consequences on the contact between worlds
(b) The negative experiences and lessons of Europeans
(c) The increasing slave trade and its solutions
(d) The beneficial consequences of the contacts between the two

15. African art combines the visual image with spiritual beliefs and social purpose. As an art object, the mask is a piece of sculpture that represents the cultural attitudes embodied in the meaning or content of the object. As sculpture, the mask is three-dimensional and usually carved from one whole piece of wood using a special tool to create the basic shape. Although maskers are generally men, this mask is worn over the head of a female elder of the Sande women. The mask is both representational and symbolic. Masks may represent spirits such as ancestor spirits, or an ideal. According to Susan Vogel, a youthful appearance is a key element of the African aesthetic, indicating vigor, fertility. Youthfulness represents good while old age and deformity represent evil and a flawed morality according to Mende beliefs.

Q. What is the best title for the passage?
(a) A wide range of masks as a symbol represented in African art
(b) The representational and symbolic implications of the mask in African art
(c) The major sculptures and changing cultural attitudes in African society
(d) The importance of a youthful appearance in early African art.

Unit 04

사실 확인 문제
(Correct Type)

23–33번

Reading Comprehension

04. 사실 확인 문제(Correct Type) 23-33번

유형분석

텝스 리딩 Part 2에서 가장 많은 문항수가 출제되는 유형이다. 총 10문항이 출제되기 때문에 매우 중요한 유형이라 할 수 있다. 이 유형의 문제를 접근할 때는 몇 가지 유의할 점이 있다.

1. 문제를 해결함에 있어서 내용에 대한 이해도가 깊을수록 문제를 빠르게 풀 수 있는 것은 사실이지만 이 문제는 내용에 대한 이해도를 묻는 문제가 아니라는 점을 기억하자. 즉, 본문에 제시된 내용에 근거해 옳게 제시된 선택지를 찾는 문제라는 것이다. 따라서 시험장에서 본문이 말하는 내용을 정확히 이해하지 못했다 하더라도 맞출 수 있는 문제이다.

2. 시험장에서 먼저 본문을 빠르게 한 번 읽은 후 각각의 선택지를 본문과 비교해 가며 정답을 찾으면 된다. 이 과정을 빠르게 하기 위해서는 평소에 문제를 풀 때 반드시 근거를 찾는 연습을 습관화해야 한다. 이 과정에서 자주 출제되는 오답의 유형에 익숙해지며 정답을 확인하는 과정에서 paraphrasing에 적응하게 된다. 항상 정답은 본문의 내용을 다른 단어로 사용하여 표현하는 경우가 일반적이기 때문이다.

3. 정답에 해당하는 선택지는 다양하게 제시된다. 먼저 주제와 관련된 부분이 정답이 되는 경우와 세부적인 내용이 정답이 되는 경우가 존재한다. 선택지의 옳고 그름을 판단할 때 선택지에 등장한 단어를 중심으로 본문에서 관련 부분을 찾아 진위 여부를 파악하면 된다.

전략

✳ Correct Type(사실 확인 문제)에 자주 사용되는 오답의 유형들 ✳

1. 대상이나 범위에 주의하자.
   preschool children → children / anyone over 10 → all people / only C.E.O → participants / in America → around the world / underdeveloped countries → developing countries or advanced countries / during this period, during the day → always

2. 숫자(비용, 일시, 나이)나 장소에 주의하자.
   only five dollars → free of charge / from A to B → until A

3. now, today, nowadays, depend on, rely on, according to, 이유(because, since, owing to), 목적(in order to, to)은 체크해 가며 읽자.

4. 끝으로 주관적인 내용이 제시되는 문장들은 항상 집중해서 보자.

Ex Pattern 예시

❶ 먼저 본문을 빠르게 한 번 독해한다. 그런 후 내용에 대한 기본적인 이해도를 갖는다.

Alzheimer disease is the most common cause of dementia in industrialized nations. Dementia is a brain disorder that interferes with a person's ability to carry out everyday activities. The brain of a person with Alzheimer disease has abnormal areas containing clumps. These clumps destroy connections between brain cells. This <u>usually affects the parts of the brain that control cognitive functions such as thought,</u> memory <u>, and language.</u> Levels of certain chemicals that carry messages around the brain are low. The resulting losses in intellectual ability are called dementia when they are severe enough to interfere with everyday functioning. The risk of developing Alzheimer disease continues to increase with age. The number of people with Alzheimer disease is expected to rise substantially in the next few decades because of the aging of the population. Alzheimer disease is a progressive disease, which means that it gets worse over time. It cannot be cured or reversed by any known treatment.

Q. Which of the following is correct about Alzheimer disease described above?

❷ 이제 선택지를 하나씩 본문과 대조해 가며 진위 여부를 확인한다.

(a) The chance of developing dementia has <u>bears no relation</u> to age.

❸ (a)의 경우 틀린 내용이다. risk ~ continues to increase <u>with age</u> → bear no relation(연관이 없다)

(✔) The disease may lead to some practical problems including <u>retention.</u>

❻ 따라서 정답은 (b)이다. 여기서 보면 본문에 사용된 <u>memory → retention</u>으로 표현된 것을 확인할 수 있다.

(c) With advanced medical technology, it can be cured in <u>the near future.</u>

❹ (c)의 경우 ~ can be cured in the near future. → 본문 어디에도 가까운 미래에 대한 언급은 없다.

(d) There are few people with dementia in <u>underdeveloped countries.</u>

❺ (d)의 경우 ~ in underdeveloped countries → 역시 본문에 언급이 없으므로 알 수 없다.

BIg TIP!

correct 문제를 풀 때는 상식을 동원해서도 안 되며 오직 본문에 근거하여 옳은 것을 찾는 것이 관건이다. 많은 응시자들은 진위 파악 문제를 접근할 때 본인도 모르게 상식을 동원하거나 언급이 되지 않은 선택지를 혼동하여 자주 실수하는 경향이 강하다. 아무리 상식적으로 옳은 것이라 해도 본문에 언급이 있어야 정답이 될 수 있는 것이다.

 해설

알츠하이머병은 산업화된 국가에서 치매의 가장 흔한 원인이다. 치매는 일상적인 활동을 수행하는 사람의 능력을 방해하는 뇌 장애이다. 알츠하이머병을 가진 사람의 뇌는 덩어리들을 포함하는 비정상적 영역을 가지고 있다. 이러한 덩어리들은 뇌 세포 간의 연결을 파괴한다. 이것은 보통 사고, 기억과 언어와 같은 인지적 기능을 조절하는 뇌의 부분들에 영향을 준다. 뇌 주변에서 메시지를 전달하는 어떤 화학물질의 수치들은 낮게 나타난다. 그로 인해 발생하는 지적 능력의 손실은 그것들이 일상의 기능을 방해하기에 충분할 만큼 심각할 때 치매라고 불린다. 알츠하이머병의 위험은 나이가 듦에 따라 계속 증가한다. 알츠하이머병을 가진 사람들의 수는 인구의 노화 때문에 다음 몇십 년간 상당히 증가할 것으로 예상된다. 알츠하이머병은 진행성 질병인데, 이는 시간이 지남에 따라 더욱 악화되는 것을 의미한다. 그것은 어떠한 알려진 치료법으로도 치료될 수 있거나 전환될 수 없다.

Q. 위에서 기술된 알츠하이머병에 대해 다음 중 옳은 것은?
(a) 치매에 걸릴 가능성은 나이와는 관계가 없다.
(b) 이 질병은 기억력을 포함하는 몇몇 실질적인 문제들을 낳을 수 있다.
(c) 진보된 의학적 기술로 가까운 미래에는 치료될 수 있다.
(d) 후진국에는 치매가 있는 사람이 거의 없다.

---

dementia 치매 industrialized 산업화된 disorder 장애, 무질서 interfere 간섭(하다) carry out (계획 등을) 실행하다 abnormal 비정상인 clump 덩어리, (관목의) 덤불 cell 세포, (교도소의) 독방 cognitive 인식의, 인식력 있는 severe 심한 substantially 상당히 progressive 진보적인, 혁신적인 reverse 반대의, ~을 뒤엎다 treatment 치료, 처리 practical 실질적인, 실용적인 retention(=memory) 기억력, 기억

✎ 실전문제

01. For someone with a food allergy, eating or swallowing even a tiny amount of a particular food can cause symptoms such as skin rash, nausea, vomiting, cramping, and diarrhea. Because the body is reacting to something that is otherwise harmless, this type of allergic reaction is often called a hypersensitivity reaction. Severe allergic reactions can cause a life-threatening set of symptoms. Although about 25% of people believe they have a food allergy, only about 2.5% of adults and about 6-8% of children, mainly younger than 6 years, have true food allergies. The rest have what is known as food intolerance, an undesirable reaction to a food that does not involve the immune system. It is easy to confuse food intolerance with food allergy because they can have similar symptoms. With food intolerance, however, you usually get only mild symptoms such as an upset stomach.

Q. Which of the following is true according to this passage?
(a) About a quarter of people have a food allergy.
(b) Children over 6 are especially vulnerable to food allergies.
(c) Food intolerance has something to do with the immune system.
(d) It is commonplace to mistake food intolerance for food allergy.

02. Dear colleagues,

The Board of the HFCC/ASBU in cooperation with the Arab State Broadcasting Union has the pleasure of inviting you to the A09 Season Conference to be held in Hammamet between 2nd and 6th February 2009. The Conference will be held at the Maritim Hotel in Hammamet Tunisia. Delegates are required to arrange their accommodation using the registration & hotel booking form, which can be found on the HFCC web page: http://www.hfcc.org/A09tunis.html. All delegates are strongly urged to send completed registration forms to the ASBU office as soon as possible and by January 5th 2009 at the very latest. The conference fee is 150 Euro per delegate, or equivalent in US Dollars or Tunisian Dinar. This fee will be collected by the Conference Secretarial between 08:30 and 10:00 on Monday February 2nd 2009. Payment should be made in cash.

We look forward to your participation in the A09HFCC/ASBU Coordination Conference.

Salaheddine Maoui

ASBU General Director

Q. Which of the following is true according to the passage?

(a) All delegates are required to book accommodation over the phone.

(b) The web page could be used in order to arrange accommodation.

(c) The conference fee is free of charge for all participants.

(d) Payment made by credit card may incur some fees.

03. The cause of depression is largely unknown, although several theories exist. One theory is that depression is due to the reduced function of one or more neurotransmitter chemicals in the brain such as dopamine and serotonin. Another theory that has been researched is that chemical receptor sites may not optimally bind the chemicals serotonin. Other factors that may affect why some people are more likely to experience depression include the following: heredity and family history of depression, personality and lower socioeconomic status. Depression interferes with the ability to perform routine daily tasks and take care of oneself or others. Appetite changes, weight loss or gain, energy loss, inability to sleep, or excessive sleep may accompany depression. Suicidal thoughts or actions may eventually occur. People with depression who are not adequately treated may also more frequently have other medical problems.

Q. Which of the following is true with regard to depression?
(a) Depression is caused by the reduced function of neurotransmitter chemicals.
(b) Heredity and family history of depression have nothing to do with depression.
(c) The accurate causes have not been fully explained so far despite some efforts.
(d) Depression will lead to weight loss, excessive sleep, and insomnia.

04. In the USA, an estimated 906,000 children are victims of abuse and neglect every year. Whether the abuse is physical, emotional, sexual, or neglect, the scars can be deep and long-lasting, often leading to future child abuse. How could anyone abuse a defenseless child? Yet sadly, child abuse is much more common than you might think. Child abuse cuts across social classes and all ethnicities. Child abuse happens in many different ways, but the result is the same, serious physical or emotional harm. Physical or sexual abuse may be the most striking types of abuse, since they often unfortunately leave physical evidence behind. However, emotional abuse and neglect are serious types of child abuse that are often more subtle and difficult to spot. In fact, these types of abuse can be even more harmful because they are so often overlooked.

Q. Which of the following is correct according to the passage?
(a) Child abuse is on the increase every year around the world.
(b) Child neglect can be dealt with only by medical specialists.
(c) Child abuse cases tend to take place in similar ways.
(d) Affective abuses could be more fatal since they are often unnoticed.

05. Childhood or juvenile obesity has become a major health problem in many of the industrialized countries of the world. In the past two decades, the cases of childhood obesity have tripled in the United States and Canada, causing the World Health Organization to classify the problem as an epidemic. Fifteen percent of children in the United States are obese or overweight, and run the real risk of developing heart disease and diabetes, in adulthood. In the majority of cases, the causes are simple and can be prevented. Childhood obesity can be loosely defined as an excessive amount of body weight. Just how much extra weight constitutes a problem is measured by BMI, a figure derived from a formula using a child's weight and height. If a child's BMI is 95% or higher in comparison to other kids of his or her age, sex and height, then that child is usually considered obese.

Q. Which of the following is correct according to the passage?
(a) Children obesity is mainly due to the fondness for fast food.
(b) Overweight children should be encouraged to eat a healthy diet.
(c) Adults with sedentary lifestyles have a greater risk of obesity.
(d) Juvenile obesity has been regarded as an epidemic by an international institution.

06. Are you thinking of choosing or changing your career? Maybe you have been dreaming about a career change but don't know where to start. Perhaps you're getting increasingly bored at work or realizing that opportunities for growth are limited. Regardless of your reasons, the right career is out there for everyone. Discover how to find the best career path for you, including finding the courage to make a change, researching options, realizing your strengths, and learning new skills. You may think that the sole point of work is to bring home enough money to live comfortably. While adequate compensation is important in any job, it's not the whole story. If you are unsatisfied with what you do every day, it takes a toll on your physical and mental health. What's more, if you don't find your work meaningful and rewarding, it's hard to keep the momentum going to advance in your career.

Q. Who are the tips meant to help?
(a) Applicants to graduate school
(b) Candidates for teaching jobs
(c) Community leaders
(d) Potential people seeking a job transfer

07. Cigarette smoking remains the leading cause of death and illness among Americans. Every year, roughly 430,000 Americans die from illnesses caused by tobacco use, accounting for one fifth of all deaths. Tobacco use costs the nation about $100 billion each year in direct medical expense. About 25% of all American adults smoke. This number has remained constant for several years despite government efforts. Nevertheless, significant progress has been made since 1964, when the Surgeon General issued the first report outlining the health dangers of smoking. Since that time, the prevalence of smoking has dropped from 42.4% among adults to 25%. Lung Cancer would become quite rare if people would stop smoking. Use of other tobacco products such as pipes and cigars is less common, comprising less than 10% of use of all tobacco products; however, the health effects of these products are similar to those of tobacco.

Q. Which of the following is correct according to the passage?
(a) Government has made no effort to address smoking problem.
(b) Increased medical expenses are associated with cigarette smoking.
(c) The prevalence of smoking will surely continue to increase.
(d) The use of tobacco products can have a less harmful effect on health.

08. BWH's Student Success Jobs Program (SSJP) was one of five collaborative projects for improving community health nationwide that received a prestigious NOVA award. At BWH, SSJP is an intensive year-round employment and mentoring internship program for students of public high schools. The program was intended for helping students from the city's lowest-income communities to careers in health care, science and medicine by offering paid internships within the hospital. In its eighth year, the program creates pathways into science, health or medicine careers for those who have traditionally been underrepresented in the field. Aside from internships and mentoring from health care professionals, SSJP students attend monthly seminars and receiving financial college scholarships. The outcomes have been impressive, with 98 percent of SSJP high school seniors pursuing a college education after graduating and 94 percent of these students majoring in medical or health related fields of study.

Q. Which of the following is true regarding BWH's Students Success Jobs Program (SSJP)?
(a) It is a well-designed project for all private high school students.
(b) It is a program aimed at giving high school students in need a hand.
(c) Its participants are required to make a presentation about the weekly seminars.
(d) Internships and mentoring by health care specialists are not included.

09. The union movement in American life was once a strong movement, but in recent years the percentage of unionized workers has been in decline. The automobile industry in the United States was one of the major focal points of union activity in the 1930s and 1940s, and success in unionizing the automobile plants in Detroit was the key to unionizing many other industries. The automobile industry fought bitterly to keep unions out of their plants, but once unionization was a fact, these companies adapted their structure and methods to this reality. This did not mean that management no longer fought the unions, but it did mean that both sides tried to accommodate the other to a degree. Now, with increased competition from Japan and from U.S.-based Japanese manufacturing firms, which do not have unions, the entire system is again in question.

Q. Which of the following is correct regarding the union movement in America according to the passage?
(a) The union movement has been stronger over time.
(b) The automobile industry was very important to the union movement.
(c) The government has been all for the union movement for better benefits.
(d) U.S.-based Japanese manufacturing firms are in favor of having unions.

10. Most people will experience insomnia, the inability to sleep at some point during their lives. There are many behavioral strategies for curing chronic insomnia, which do not have the significant risks and side effects of some medications. Drug-free alternatives are less expensive, not addictive, and often times will provide longer-lasting relief. Simply defined, insomnia is the inability to get high-quality sleep. It can last a day or two, a month, or even months. Because different individuals need different amounts of sleep, insomnia is not defined by the number of hours you sleep or by how quickly you fall asleep. Instead, it depends on the quality of your sleep, and how you feel after sleeping. Even if you are sleeping eight hours a night, if you're still feeling drowsy and fatigued during the day, you may be experiencing insomnia.

Q. Which of the following is correct according to the passage?
(a) The number of hours you sleep is a key factor in defining insomnia.
(b) The degree to which you fall sleep is a leading criteria for insomnia.
(c) Feeling sleepy is the most common feature of chronic insomnia.
(d) Drug-free alternatives could be an effective approach to insomnia.

11. Before 1890, the overwhelming majority of immigrants to the United States were from northern and western Europe. They were predominantly Protestant and included many industrious farmers and skilled workers with a high rate of literacy who were easily assimilated. In the 1840s and 1850s, hundreds of thousands of Irish citizens fled their homeland for the U.S. to escape famine and discrimination. At the turn of the century, immigration shifted to a southern and eastern European population which was mainly Catholic, Greek Orthodox or Jewish. Many were impoverished, and there was a high proportion of illiteracy. Unlike the first wave of immigration which had dispersed throughout the United States, these groups settled in major cities, retaining their language and customs. They also provided a large pool of unskilled factory labor which competed with the American labor force.

Q. Which of the following is true according to the passage?
(a) The Irish came to the U.S. due to starvation and discrimination.
(b) After a brief immigrant history look, almost all immigrants were illiteracy.
(c) Immigration to the U.S. reached its peak in the 1850s.
(d) At that time most people in the U.S believed that immigration enriched the economy.

12. Hospice represents a compassionate approach to end-of-life care. Although death is a natural part of life, the thought of dying still terrifies many people. However, hospice care can transform your passage into a peaceful, healing transition. The word hospice is rooted in the centuries-old idea of offering a place of shelter and rest, or 'hospitality' to weary and sick travelers on a long journey. Hospice has been available in the United States since the mid-1970s. There were 3,300 operational U.S. hospice programs as of 2003. Hospice is more a concept of care than a specific place. It is an option for people whose life expectancy is six months or less, and involves pain and symptom relief rather than ongoing curative measures, enabling you to live your end days to the fullest. Hospice care focuses on all aspects of your life and well-being. What's more, there is no age restriction; anyone in the last stages of life is eligible for hospice services.

Q. Which of the following is correct about hospice program mentioned above?
(a) It is a special program for wearying and sick travelers on the road.
(b) Hospice is a recent program for ongoing curative measures.
(c) Its focus is to enhance all aspects of life and well-being for the dying.
(d) It has its own eligibility rules such as age restriction and financial status.

13. Television comedy reflects the social setting in which the show is produced, for writers, producers, and directors know that images reflecting the lives of the viewers have the power to evoke laughter more than images that are completely alien to the life experiences of the viewers. Comic styles on television have changed along with the times. This does not necessarily mean that the comedy has completely changed. I Love Lucy is no less funny now than it was in 1955, for example but viewers look at these episodes with somewhat different eyes. Consider just one element and the way women are depicted on television comedies has changed over the years.

Q. Which of the following is true according to the passage?
(a) All television comedy should try to imitate the exact social context.
(b) Viewers tend to indulge in comedies reflecting their actual lives.
(c) Much of the comedy comes from virtual worlds rather than the real ones.
(d) In general, almost all comedies stick to their own initial styles.

14. Recent years have witnessed important progress in the development of pollution control technology in coffee processing. A small but growing number of beneficios are substantially reducing the volume of water used in "wet" processing of coffee; this in turn, reduces the amount of water requiring treatment before being discharged from the processing facilities. In addition, environmentally sound measures include composting coffee husks mixed with farm animal manure to use as organic fertilizer on crops, as well as digesters that produce methane gas that can be used for practical applications like powering the processing plant. Success has been demonstrated with these measures in various parts of northern Latin America, including the major coffee areas of Mexico's Veracruz state. Without a concerted regional investment plan in improved technology, however, pollution prevention will remain the exception to the rule in this part of Latin America.

Q. Which of the following is correct according to the passage?
(a) Coffee processing has nothing to do with pollution.
(b) Nothing has been made in coffee processing technology.
(c) Using organic fertilizer on crops is the best means for pollution control.
(d) There is much need for regional investment plan in improved technology.

15. While the Cold War never erupted in direct military conflict between the two superpowers, there were military conflicts between the two, like the Korean War in which the communist government of North Korea was supported by the Soviets while the South Korean democratic government was backed by the United States. That conflict ended after three years in an agreement between the two sides that left the prewar borders pretty much the same as they were before the war. However, another crisis during the Cold War, the Cuban Missile Crisis, nearly erupted into a nuclear arms confrontation between the U.S. and the Soviet Union. However, the Cold War basically came to an end as the Soviet economy collapsed during the late 1980s and early 1990s. Ideology is the key word because the Cold War was basically an ideological war fought between the democratic forces in the West and the communist forces in the East.

Q. Which of the following is correct according the passage?
(a) The Cold War featured many direct conflicts involving the two superpowers.
(b) Ideologies played an important role in the era of the Cold War.
(c) The Korean War was supported by Cuba and the Soviets.
(d) The Soviet Union collapsed right after the Cuban Missile Crisis.

16. Food poisoning is a common, usually mild, but sometimes deadly illness. Typical symptoms include nausea, vomiting and diarrhea that occur suddenly within 48 hours after consuming a contaminated food or drink. Depending on the contaminant, fever and chills, bloody stools, dehydration, and nervous system damage may follow. These symptoms may affect one person or a group of people who ate the same thing. The center for Disease Control and Prevention estimates that in the United States, food poisoning causes about 76 million illnesses, 325,000 hospitalizations, and up to 5,000 deaths each year. One of the most common bacterial forms of infection, the salmonellae organisms, account for $1 billion in medical costs and lost work time. Worldwide, diarrheal illnesses are among the leading causes of death. Travelers to developing countries often encounter food poisoning in the form of traveler's diarrhea.

Q. Which of the following is correct according to the passage?
(a) Not all food poisoning is fatal to people.
(b) Nausea and vomiting involves food poisoning.
(c) Nervous system has nothing to do with food poisoning.
(d) Travelers to other countries are far away from food poisoning.

17. In 2001, The Ben Store started as a small outlet in Pune to provide the local market an alternative to traditional heavy and fixed furniture. The idea was to introduce modern, comfortable and affordable furniture to a growing audience of young home makers. Shortly after, The Ben Store was approached by other businesses seeking franchise opportunities. In 2002, The Ben Store opened its own manufacturing unit, with a capacity for large-volume production of sofa-beds and related furnishings. The manufacturing unit has also provided unprecedented quality control and faster delivery of customized orders. The quality control has allowed it to provide a three-year warranty on most of manufactured products. The key success of The Ben Store lies in its ability to provide an end-to-end service to all customers. From free delivery to a direct-to-door refill service, customers can rest assured that they have a quality product.

Q. Which of the following is correct according to the passage?
(a) All products made by The Ben Store are under warranty.
(b) The Ben Store is known for its quality and service to its customers.
(c) The Ben Store does not have its own equipment for production.
(d) The Ben Store provides second-hand furniture to the needy.

18. Where we get our energy, how we produce it, and how we use it have profound effects on our lives. There are a number of thorny questions or decisions concerning energy. This class will list a number of these sometimes controversial questions, and assist you in discussing the pros and cons. The class should be broken up into groups of two, three, or four, depending on the size of the class. Two groups will be assigned to each controversial question, one group for the pro and another for the con. The class will spend a period in the media center or out of class time researching. The two groups will then lead a class discussion, answering. The period will end with a vote on the class position on the issue. The teacher's role is to help guide the discussion and keep the class on track.

Q. Which of the following is correct according to the passage?
(a) There are three different sides for controversial questions.
(b) Each team will consist of three members and one teacher.
(c) The discussion will require researching related issues out of class.
(d) The teacher is an active participant and guide in the discussion.

19. The price of energy is controlled by the economics of supply and demand. Usually as the demand goes up or the supply goes down, the price goes up. However, in the real world, a number of the countries that have the largest oil supplies or reserves have formed into a group called OPEC. They meet regularly and control the amount of oil that they will export or sell. In this way, they can influence or set the price they get for the oil that they sell. OPEC shut off the flow of oil significantly in the 1970s, which led to the so called "energy crisis" or "oil crisis." During this period, gasoline prices soared. At one point gasoline was being rationed, where some people could only buy on odd numbered days and the rest on even numbered days. Cutting off the oil would not only affect our daily lives, but would have a significant effect on our entire economy, throwing the country into a recession or even a depression.

Q. Which of the following is true according to the passage?
(a) Energy prices are on the rise nowadays.
(b) Oil price could be affected by some oil suppliers.
(c) In the twenty century, there have been so many oil crises.
(d) Noticeable tensions continue to increase over the next few years.

20. Stroke is a brain attack. It is much like a heart attack, only it occurs in the brain. Like a heart attack, stroke is a medical emergency. Fast treatment makes a big difference in outcome for someone having a stroke. When the blood supply to a part of the brain is cut off or greatly decreased, a stroke occurs. If the blood supply is cut off for several hours or more, the brain cells, without enough blood supply, die. Depending upon the amount of blood involved and location of the stroke area in the brain, a person having a stroke can show many signs and symptoms. Until recently, doctors were unable to do much while a person was having a stroke or immediately afterward. Now however, treatments for the acute event, while it is happening, are available.

Q. Which of the following is correct about the stroke?
(a) It is the same as a heart attack.
(b) It tends to occur in all parts of human body.
(c) The blood supply is an important factor in stroke.
(d) Treatments for sudden stroke are not available today.

Unit 05

추론 문제
(Inference)

33-37번

Reading Comprehension

O5. 추론 문제(Inference) 33-37번

유형분석

총 5문제가 출제되며 많은 응시자들이 어려워하는 유형 중의 하나이다. 그 이유는 어렵기 때문이 아니라 추론 유형에 대한 이해도와 접근법이 정확하지 않기 때문이다. 추론 문제는 correct(사실 확인) 문제와 접근법이 동일하며 문제풀이 방법 역시 동일하다.

먼저 본문을 빠르게 읽으면서 글의 중심 내용을 잡고 선택지로 내려가서 각각 선택지의 추론 가능성 여부를 확인해야 한다. 이 과정 역시 correct(사실 확인) 문제 유형처럼 본문에서 근거를 찾으면서 진행하면 된다.

전략

1. 접근 방법은 correct(사실 확인) 유형과 동일하다.

추론과 추측은 분명 다른 개념임을 명심하자. 반드시 본문에 근거가 있어야만 가능한 것이 추론이다. 즉, 본문에 근거해서 확실히 알 수 있는 사실이 바로 추론에 대한 정의이다!

2. 반드시 본문에 제시된 내용에 근거하여 추론하며, 주의할 점은 절대로 추측을 하지 말아야 한다.

선택지의 매력적인 오답에는 본문과 관련이 없지만 상식적으로 옳은 내용 또는 본문의 내용과 부분적으로 연관 지어 상상력을 동원하도록 하는 오답 등이 있다. 각 선택지를 읽을 때 본문의 내용 이해에 기반해 하나씩 소거해 나가면 된다.

Ex Pattern 예시

❶ 추론 문제이므로 본문을 빠르게 독해한 후 선택지의 추론 가능성 여부를 확인해야 한다.

<u>The good news is that despite the stress of job loss and unemployment, there are many things you can do to take control of the situation and maintain your spirits.</u> You can get

❷ 이 글의 대한 전반적인 내용은 주제문인 첫 번째 문장 The good news ~을 통해서 알 수 있다.

through this tough time by taking care of yourself and focusing on your goals. Losing your job can also be an opportunity to rethink your career goals. Our jobs are much more than just the way we make a living. Our jobs give us purpose and meaning. That's why job loss and unemployment is one of the most stressful things you can experience. What you need to know is that these emotions are normal. <u>Also remember that many successful people</u> have experienced <u>major failures</u> in their careers. But they've <u>turned those failures</u> around by learning from the experience, and <u>trying again.</u> When bad things happen to you, you can grow stronger and more resilient in the process of overcoming them.

Q. What can be inferred from this passage?

(a) Keeping a job is <u>the most potent means</u> of controlling depression.

❸ 본문의 중심 내용을 파악했다면 선택지로 내려가서 하나씩 확인한다. 먼저 (a)에서는 최상급에 주의하자! 최상급이나 비교급은 반드시 본문에 단서가 있어야만이 추론이 가능하다. the most potent means ~즉, '가장 강력한 수단이다'라는 내용은 본문 어디에서도 확인할 수 없다. 만일 이 문장이 추론 가능하려면 본문에 직업을 유지하는 것만큼 우울증 통제에 좋은 것은 없다는 문장이 있어야 (a)가 추론이 가능하겠지만 그렇지 않으므로 (a)는 알 수 없는 사실이다.

(b) Sometimes, some failures tend to offer a basis for success in later life.

❹ (b)는 remember that ~ they've turned those failures ~ 이 두 문장을 통해서 실패가 성공의 초석이 되었다는 내용은 추론이 가능하므로 (b)가 정답이다. 실제 시험에서 만일 (b)가 답이라면 (c)와 (d)는 확인할 필요가 없다.

(c) It is <u>more common</u> for <u>the elderly</u> to suffer from depression.

❺ (c)는 상식을 유도하는 오답이다. 먼저 more common '더욱 더 흔하다'는 비교급의 내용에 대한 언급은 본문 어디에도 없다. 그리고 the elderly '노인들'에 대한 언급 역시 없으므로 추론할 수 없다.

(d) It is <u>impossible</u> to cope with depression <u>under any circumstances.</u>

❻ (d)의 ~ impossible to cope with '~ 대처하는 것은 불가능하다' 역시 선택지 (a)의 최상급만큼이나 강한 어구이다. 반드시 확인을 요하는 선택지다. (d)가 만일 사실이라면 어떠한 상황에서도 우울증은 대처할 수 없다는 언급이 본문에 있어야 한다. 또한 본문에서 현 시점에서는 우울증을 대처할 방법이 존재하지 않는다는 언급이 있다면 그때는 (d)가 추론 가능할 것이다.

좋은 소식은 실직과 실업의 스트레스에도 불구하고 그러한 상황을 조절하고 당신의 정신 상태를 유지하기 위해 할 수 있는 많은 것들이 있다는 것이다. 당신은 이 힘든 시간을 스스로 돌보고 당신의 목적들에 집중함으로써 극복할 수 있다. 직업을 잃는 것은 또한 당신의 직업적 목표에 대해 다시 생각해 보는 기회가 될 수 있다. 우리의 직업들은 단지 우리가 생계를 꾸려나가는 방식 그 훨씬 이상의 것들이다. 우리의 직업은 우리에게 목적과 의미를 준다. 그것이 바로 실직과 실업이 당신이 경험할 수 있는 가장 스트레스 받는 일 중 하나인 이유이다. 당신이 알 필요가 있는 것은 이러한 감정들이 정상적인 것이라는 점이다. 또한 스트레스를 받는 많은 사람들이 그들의 직업에서 주요한 실패들을 경험해 왔다는 것을 기억하라. 그러나 그들은 그 경험을 통해 배우고 다시 시도함으로써 그 실패를 회복했다. 나쁜 일들이 당신에게 일어날 때, 당신은 그것들을 극복하는 과정에서 더 강해질 수 있고 빨리 회복할 수 있다.

Q. 이 글을 통해 무엇을 추론할 수 있는가?
(a) 직업을 유지하는 것은 우울함을 조절하는 가장 유력한 방법이다.
(b) 때로는 어떤 실패들은 훗날의 삶에서의 성공의 기초를 제공하는 경향이 있다.
(c) 노인들이 우울증으로 고통 받는 것은 더 흔한 일이다.
(d) 어떤 상황에서도 우울증에 대처하는 것은 불가능하다.

---

despite ~에도 불구하고 unemployment 실직, 실업 상태 take control of ~을 조절하다, 지배하다 get through 극복하다, 통과하다 by ~ing ~함으로써 focus on ~에 집중하다 opportunity 기회 rethink 재고하다, 생각을 고치다 purpose 목적, 의도 need to v ~할 필요가 있다 normal 정상의, 일반의 turn around 바꾸다, 전환시키다 resilient 곧 기운을 회복하는, 활발한 overcome 극복하다, 대처하다 potent 유력한, 강력한 means 방법, 수단 depression 우울증, 우울 tend to ~하는 경향이 있다 basis 기초, 기반 later 뒤의, 더 늦은 elderly 나이가 지긋한, 늙은 suffer from ~로 고통 받다 cope with ~을 대처하다, ~을 이기다 under any circumstances 어떤 상황에서도

✎ 실전문제

01. Like the Egyptians, the Greeks designed their temples to be the earthly homes of the gods. Also like the Egyptians, the Greeks preferred limited access to the deity. This is one reason why such grand temples had doors that were removed from public view. In fact, architecturally the front and back of Greek temples look almost identical; only the sculptural ornament is different. There are three types of Greeks temples: Doric, Ionic, and Corinthian. Elaborate many Greek temple complexes were placed on a high hill, or acropolis, overlooking the city. Besides temples, the Greeks built a number of other important buildings, such as shopping centers, called stoas, and theaters for the presentation of Greek plays.

Q. What can be inferred from this passage?
(a) The Greeks preferred the temples to be simple.
(b) In the Greek temples, the front and the back is the same.
(c) Greek temples tend to be placed on a higher place than cites.
(d) The Egyptians banned people from accessing the deity.

02. In the past, most medical groups advocated an annual health exam. However, more recently, the American Medical Association and other similar groups have moved away from the yearly exam. They now suggest that medical checkups be performed every 5 years until age 40 and every 1-3 years thereafter. Most people younger than 40 years are generally free from diseases that could be diagnosed by physical examination alone. In this age group, health problems usually show specific signs or symptoms that would prompt you to seek medical attention. Also, a lot of the testing that was done routinely in the past has not been found to be cost-effective and, in some cases, causes unnecessary anxiety.

Q. What can be inferred from this passage?
(a) All people should be encouraged to get medical checkups as often as possible.
(b) Medical groups always advocate an annual checkup for all age groups.
(c) Anyone over 40 is likely to get some illnesses diagnosed by physical examination.
(d) Young people need to get medical checkups every 1-3 years.

03. Computers have no boundaries and their proliferation worldwide has made computer technology available to various cultures, values, opinions, religions, and ethical standards. The world, though globalized in many aspects through computerization and communication technology, is still composed of different racial groups, different cultural norms, standards and different belief systems. To impose one computer ethics on such a diverse computer community is a difficult task, and enforcement is virtually impossible with today's technology. It is true that not all change is good, but surely there are those among us who can recognize the good and the evil and choose between the two. There are those who can use the benefits of the computer age without succumbing to its darker side. Denying it and fighting against it is pointless. The answer is to learn to live within it and to try to adapt to the new ways.

Q. What can be inferred from the passage?
(a) Computers have led to a world based on similar values so far.
(b) Today's technology makes it easy to impose ethics on computer community.
(c) Not all people can benefit from the computer age owing to its harmful side.
(d) We should accept the idea that all cultures are equal and different.

04. Aldrin was widely used in most parts of the world as an insecticide. In agriculture, the compound was employed for the control of many soil pests and also was used to treat seed. Additionally, it was applied to animals and sprayed on foliage and pastures. Insects controlled by aldrin include ants, termites, locusts and beetles. By 1971, the total production capacity for aldrin was 20,000 metric tons. One third of this was exported to industrialized countries, including the U.S.A., Australia, and the U.K. Between 1960 and 1974, the average annual aldrin sales in the U.S.A. were 12,256,000 pounds. However, in 1989 total world sales of aldrin and dieldrin were well below 1,000 metric tons. This dramatic reduction in aldrin use came about as a result of an awareness that its residues were becoming increasingly harmful to the environment.

Q. What can be inferred about Aldrin according to the passage?
(a) Today almost all the countries banned its use for potential harmful effects.
(b) Its use has been limited only for insects so far.
(c) Developed countries should be responsible for its harmful results.
(d) Environmental awareness has risen in spite of its usefulness.

05. The internet differs from the other types of mass media such as TV, radio, and newspaper because it is possible for all users to publish any kind of content. Unlike television, newspaper, magazines and academic journals, in large part, the internet is not reviewed for accuracy. That is to say there is no internet fact-checker. The responsibility lies upon the consumer of the information to determine its accuracy. Therefore, there is truly no ethical responsibility of internet publishers to maintain accuracy. While it would be nice to know that everything you find on the internet is accurate, that great wealth of information, accurate or not, is virtually impossible to regulate. Therefore, the consumer should know to take all information lightly, regardless of its origin or source.

Q. What can be inferred from the passage?
(a) Information available on the Internet is thoroughly reviewed for accuracy.
(b) Each internet publisher has ethical responsibility for information they have offered.
(c) Magazines, newspaper and academic journals are reviewed for accuracy.
(d) Internet users and publishers should comply with related rules and regulations.

06. Another complaint about the American school system is that it is inflexible. Teachers in each state must satisfy state requirements for their area of study. Elementary teachers are expected to have a general knowledge of all subjects, and high school teachers are expected to possess specific knowledge about their chosen discipline. Each state has its own credentialing requirements, and teaching credentials are not necessarily transferable across state lines; in fact, with the advent of teacher competency testing in the 1980s, many states now require teachers to pass state-written competency tests. As an interesting aside, it is revealing to note that nurses, who deal with life and death issues, can perform nursing duties in other states by merely applying for a license in a different state. Teachers, on the other hand, must prove their professional skills all over again on some level.

Q. What can be inferred from the passage?
(a) The U.S. school system is very open to many changes.
(b) Every state has its own requirements for teachers.
(c) High school teachers are required to have a general knowledge of all subjects.
(d) Almost all the teachers are required to pass state-written competency tests.

07. In 1741, the life of Native Americans was transformed with the arrival of Russian explorers and the subsequent establishment of trading stations; consequently, the Native Alaskans were exploited by Russian traders. Further exploitation at the hands of the Russians and Americans involved in the fur trade reduced the total population of these peoples dramatically. In 1867, Alaska was sold by Russia to the U.S. for $7.2 million and in 1883 the opening of the first canning factory which provided seasonal employment for Native Alaskans reduced dependency upon traditional lifestyle activities such as fishing and hunting. Many Native Alaskans converted either to Russian Orthodoxy or to Moravian Christianity after the encounter between Native Americans and Russians and U.S. settlers and explorers.

Q. What can be inferred from the passage?
(a) Almost all Native Americans adhered to their own lifestyles.
(b) Russian traders were friends rather than exploiters.
(c) The vast majority of Native Americans consist of Russian Orthodoxy.
(d) The newcomers had a profound effect on the life of Native Americans.

08. While there are many similarities between the career of a fine artist and a freelance commercial artist, there are also differences. The basic difference is that the fine artist's work is the development of that person's unique talent to its fullest potential in a life's work of expression of the artist's concepts; and the commercial artist's work always contributes to the advancement of other people's ideas, products, and businesses. Commercial artists tend to work in certain types of company, and the type of company also determines specifically what type of work the commercial artist produces. Advertising agencies are one such company.

Q. What can be inferred from the passage?
(a) The career of fine artists and commercial artists is not the same.
(b) The commercial artist's work has nothing to do with that person's talent.
(c) Commercial artists have autonomy to decide what type of work they produce.
(d) There are many contemporary artists wishing to work for advertising agencies.

09. Illegal immigration has a long and storied history in our nation. There are powerful arguments to be made that we can no longer afford to allow millions of people to enter the country illegally. The reasons for this are simple: illegal immigrants expose us to the threat of terrorism, they consume public services that they do not pay for such as Medicaid, our schools, and our hospitals. Even when illegal immigrants are not taking away American jobs, their presence in our communities is a net drain on public resources that must be curtailed. There are currently an estimated 8.7 million illegal immigrants living in the United States. In theory, these illegal aliens cannot get jobs or social welfare such as Medicaid or unemployment compensation. In reality, however, they have access to all of these things due to the thriving underground economy.

Q. What can be inferred from the passage?
(a) Legal immigration should be encouraged by the authorities.
(b) There is a heated debate on legalized immigration.
(c) In fact, illegal immigrants have access to some jobs.
(d) The government began cutting off public resources.

10. Though the last Mayan outpost was not taken by the Spaniards until 1697, Mayan high culture had ended centuries earlier. The Aztec civilization was of more recent origin and reached its height in only a few centuries. The Aztec decline was the direct result of the Spanish conquest. Mayans and Aztecs had many cultural similarities, but they differed in fundamental areas. The primary difference between them, however, is that the term Mayan refers to a large number of Maya-speaking peoples whose cultural cohesion "was quite extraordinary for any time or place." Despite the general cohesion of Mayan culture, however, scholars identify three specific eras and three distinct geographical areas which display great cultural differences. The Aztecs, on the other hand, were only one of a number of tribes who spoke the Nahua language, and their geographical range was far more limited than the Mayans.

Q. What can be inferred about the Aztecs from this passage?
(a) They achieved its height much earlier than the Mayans.
(b) They consisted of various tribes using various languages.
(c) Their territory was much more limited than the Mayan people.
(d) Their decline had nothing to do with the military attacks.

11. Migration has been more important than natural increase in fueling the population growth in Mexico City. Such growth was produced by policies that greatly favored the concentration of industrial production in Mexico City. The most important industrial activities shaping the city include the manufacture of clothing and furniture; publishing activities; the production of rubber, plastic, and metal goods; and the assembly and repair of electrical goods. The process of urbanization has had a serious negative effect on the ecosystem of Mexico City. While water supplies have increased to 300 liters per day per capita, the city lacks an efficient distribution system. Some 80 percent of the population has piped inside plumbing, but residents in the peripheral areas cannot gain access to the sewage network. This means that a great percentage of wastewater remains untreated.

Q. What can be inferred with regard to Mexico City according to the passage?
(a) Natural increase in population has been a leading cause.
(b) Government's involvement via policies was to blame for such growth.
(c) Urbanization has had a beneficial effect on the city and its surroundings.
(d) This city has been well-known for effective sewage treatments.

12. The advent of nuclear weapons changed the approach to foreign policy and diplomatic relations for many countries. During the period known as the Cold War, the fear of nuclear weapons helped prevent the outbreak of full-scale nuclear war. However, while nuclear weapons have prevented wars in which the mutual destruction of the combatants is assured, nuclear weapons have not prevented wars where nuclear weapons are not used. In fact, recent wars like the Iraq War were primarily undertaken because of the threat of nuclear weapons falling into enemy hands. As such, while nuclear weapons have influenced military and foreign policy and diplomatic relations among nations, they have seldom prevented wars from occurring that do not rely on them. In fact, over the past 34 years the Nuclear Non-Proliferation Treaty (NPT), enacted in 1970, has not been successful in putting an end to state development of nuclear weapons.

Q. What can be inferred from this passage?
(a) Nuclear weapons have proven to be a reliable measure to prevent all possible wars.
(b) During the Cold War nuclear weapons used to act as an effective deterrent against nuclear wars.
(c) Nowadays nuclear weapons are becoming a strong tool for deterring wars.
(d) The appearance of nuclear weapons has made little change in foreign policy.

13. While the families in the higher socioeconomic levels of society continue to assure the development of literacy in their children, illiteracy appears to be becoming a family tradition in the lowest socioeconomic in the United States. The trend toward functional illiteracy is not only a tragedy for those individuals who are coming of age illiterate, but is also a societal tragedy. For American society, the trend toward functional illiteracy eventually will be manifested in a less productive economy and a deterioration in the standard of living for all Americans. Thus, literate and economically well off Americans cannot afford to ignore this trend toward functional illiteracy on a national scale. Correcting the problem will require a comprehensive national effort, although a high level of local control and planning will be required to assure success.

Q. What can be inferred from this passage?
(a) The socioeconomic status has nothing to do with the level of literacy.
(b) Functional illiteracy should be addressed through economical development.
(c) The standard of living could be an important indicator of telling illiteracy.
(d) There has been a decline in the occurrence of functional illiteracy.

14. In 1984, Congress passed the Cable Communications Policy Act. This Act called for the deregulation of the cable television industry in America. However, instead of encouraging competition within the industry, deregulation enabled local cable companies to establish monopolies around the country. As a result of this lack of competition, cable rates went up and service quality went down. Recently, there have been arguments in favor of re-regulating the cable industry. These arguments call for laws which would reduce the ability of new cable companies to hold exclusive contracts with local governments. This would lead to increased competition as well as increased benefits to consumers. In contrast with consumer opinion, the cable industry is opposed to reregulation.

Q. What can be inferred from the passage?
(a) Deregulation has been supported by consumers.
(b) The cable industry is all for reregulation.
(c) Reregulation would lead to a better situation for consumers.
(d) Under current circumstance, it is easy for new competitions to arise.

15. Although cable TV did not become popular until the 1980's, the cable television industry actually has a long history which dates back to the late 1940's. The first experimental cable television system was developed in Astoria, Oregon, in 1949. At first, cable television was designed for the purpose of bringing broadcast transmissions to rural areas where signals could not be received clearly. Although cable TV was originally limited in this way, surprisingly, it soon proved to be in high demand among American consumers. The technology used in early cable systems was very simple by today's standards. With improvements in technology, the role of cable television changed. For example, the use of satellites has enabled cable companies to provide a broader variety of channels and programs. Because of this factor, cable TV became an alternative to regular broadcast television for all people, regardless of their location.

Q. What can be inferred from the passage?
(a) Cable TV became popular even before the 1980's.
(b) Cable television was initially intended for major cities.
(c) Consumers' huge demand for cable TV was unexpected.
(d) Cable TV did not match the might of regular broadcast television.

Unit 06

흐름상 어색한
문장 찾기 문제

38-40번

Reading Comprehension

06. 흐름상 어색한 문장 찾기 문제 38-40번

유형분석

리딩 문제의 마지막 3문제에 해당하는 문제로서 배점이 크기에 매우 중요한 문제라 할 수 있다. 따라서 실제 리딩 시험에서는 가장 먼저 풀어야 하는 문제이다. 출제의 유형은 하나의 문장이 제시되어 있으며 이 문장을 토대로 4개의 문장이 이어진다. 이 4개의 문장에서 흐름상 어색한 것을 찾는 것이 이 문제의 출제 의도이다. 일반적으로 주어지는 3개의 문제 중 2개는 평이한 편이며 한 문제가 약간 어렵게 출제되는 경향이 있다.

전략

1. 맨 앞에 주어진 제시문을 통해서 앞으로 전개될 내용을 예측해 본다.

2. 각각의 문장들에서 지시어 such, this, these, those, the나 연결어 also, however 등을 최대한 활용한다.

   만일 선택지 (b)에 such conditions '그러한 조건들'이라는 지시어가 있는데 앞 문장에는 그러한 지시어를 나타내는 부분이 없다면, 이 문장은 틀렸다는 것을 바로 알 수 있으므로 문제 풀이에 매우 효과적이다.

3. 주제문 단서를 이용하자!

   일반적으로 맨 앞에 제시되는 문장은 주제문이 제시되는 경우가 많다. 그런데 뒤에 제시되는 4개의 문장 중 주어진 주제문과 배치되는 또 다른 주제문이 있는 문장이라면 이 문장 역시 어색한 부분이므로 바로 정답임을 알 수 있다. 왜냐하면 논리적으로 하나의 주제문을 가지는 글에서 서로 다른 주제문을 갖는 것은 매우 어색하기 때문이다.

Ex Pattern 예시 ①

❶ 제시문을 통해서 뒤에는 의학 연구에 있어서 동물의 사용에 대한 찬성과 반대의 입장이 언급될 것임을 알 수 있다.

Strong arguments are made for and against the use of animals in medical research. (a) Both sides are quite persuasive on a number of points and it is extremely difficult to say that either side is entirely right or wrong. (b) Those against animal research make strong

❷ (a)에서는 양쪽의 입장이 모두 각각의 설득력이 있다면서 두 측면의 내용을 모두 설명했으며 (b)는 반대의 입장에 대한 내용이 언급되었다.

points about the excessive, pointlessly inhumane, and sometimes unnecessary use of animals, their terrible suffering, and the need to look for alternative methods. (✓) Over the years, animals have been regarded as family members in human history

❹ 따라서 정답은 (c)가 된다. 또한 (c)는 본문 내용의 흐름과는 아무런 연관성이 없는 역사 속에 동물과 인간의 관계가 언급되어 있으므로 흐름상 어색한 문장이라 할 수 있다.

(d) <u>On the other hand</u>, those who favor the use of animals in research point to a record of achievement that has benefited humanity. ❸ (d)에서는 찬성 측의 내용이 언급되어있다.

의학 연구에서 동물의 사용에 대한 찬성과 반대에 대한 강한 논쟁들이 있다. (a) 양 측은 많은 면에서 상당히 설득력이 있으며 어떤 쪽이 전적으로 옳거나 그르다고 말하는 것은 매우 어렵다. (b) 동물 연구를 반대하는 사람들은 지나친, 무의미하게 무자비한 그리고 때때로 동물의 불필요한 사용, 끔찍한 고통, 그리고 대체적인 방법들을 찾아야 하는 필요성에 관하여 강한 주장을 한다. (c) 오랜 시간 동안 인류 역사에서 동물들은 가족 구성원으로서 간주 되어 왔다. (d) 반면에, 연구에서 동물의 사용을 찬성하는 사람들은 인간들을 이롭게 해 왔던 업적들을 지적한다.

---

argument 논쟁 both sides(=either side) 양쪽 persuasive 설득력 있는 entirely 아주, 완전히 make points 강조하다, ~을 주장하다
excessive 과도한 pointlessly 무의미한 inhumane 무자비한 suffering 고통, 괴로움 favor 찬성하다 benefit 이익이 되다 humanity 인류

실전문제

01. A college education can provide advantages to individuals that move beyond the professional. (a) Because colleges require general education requirements in science, humanities and other subjects that may not be directly related to the person's major, those who attend college can become more well-rounded and able to analyze various situations better. (b) College also offers considerable learning outside the classroom, such as working with others, interacting with diverse cultures, and gaining other social skills that can be used to good purpose both in a work situation as well as personal situations. (c) The contacts and friendships that are made in college can last a lifetime, offering strong benefit to the individual. (d) Therefore, every student should be on good terms with other students.

02. In the face of growing disintegration of traditional institutions such as families and community networks, mentoring has emerged as an alternative and inexpensive solution for helping young students. (a) Mentors provide academic assistance and expose at-risk children to positive activities in order to motivate them to succeed at school. (b) Although the concept of mentoring seems appealing as a cost-efficient strategy, it also involves a labor-intensive and time-consuming process of recruiting, training, matching and supervision of the mentors and mentees. (c) Apart from the difficulty of recruiting committed mentors who have the stamina to persist with mentees, the absence of a standard criterion for training, matching and supervision leads to confusion and a lack of direction. (d) For example, Mentor programs have been created all over the United States in a bid to reduce school dropout rates and boost academic performance.

03. What makes Albert Einstein a hero? (a) Webster's Dictionary gives several definitions of a hero, most of which apply to Einstein. (b) According to Webster's a hero is a mythological or legendary figure endowed with great ability; a man admired for his achievements and noble qualities; the central figure in an event, period or movement. (c) Basically his theory denied simultaneous events, denied absolute time and proposed that time slows down for an object in motion, and energy and mass are essentially one and the same. (d) These definitions can be readily applied to Einstein who was indeed a hero of the world community.

04. India's demographic description is one of the most fascinating ones in the world. (a) The country has been growing rapidly over the past fifty years, largely due to sharp declines in the mortality rate. (b) The proportion of working-age adults declines and the population of elderly people rises. (c) The rapidly expanding Indian population has also become much more fluid over the past decades, with internal migration and mobility increasing significantly. (d) Unfortunately, this decreasing migration has been accompanied by a skyrocketing rate of HIV/AIDS infection.

05. There are few regions of the world that have experienced such rapid social, economic and political change as the North American Arctic. (a) As Richard Condon noted almost 15 years ago, this region of the world became strategically and economically significant during the prolonged decades of the Cold War, resulting in increased settlement by non-Natives and with an influx of programs and activities designed to benefit Native American peoples impacted by changing times. (b) The "encounter," so to speak, between Native Alaskans and other indigenous peoples of the region and the majority population of North America has resulted in many changes to traditional lifestyles and cultures. (c) According to archeological studies, the ancestors of the Eskimo-Inuit residents of the arctic crossed the Bering Straits between 8,000 and 10,000 years ago. (d) Such changes were widespread and apparent.

06. While genocide is, tragically, an all-too-common aspect of human history, it has received less scholarly attention than other forces of social conflict. (a) Academics are not necessarily in an ideal position to undertake such a task, and often the research on genocide takes place after the event, complicating analysis. (b) Alexander suggests that the seeming reluctance by some scholars to address issues related to genocide may be due in part to a poor understanding of what specifically defines a genocidal event or series of events. (c) If they had known the definition better, they would have addressed the issue. (d) Therefore, every effort should be done in order to prevent inhumane genocide.

07. According to the World Health Organization, alcohol is a selectively addictive drug that affects approximately 10 percent of the population. (a) Alcoholism is the dependence on, or addiction to, alcohol, and it is a chronic, progressive and sometimes fatal disease. (b) Researchers have examined many possible contributing factors of alcoholism, and there have been some theories. (c) According to one theory, people appear to have a genetic or biological tendency toward alcoholism. (d) Even so many alcoholics often cause many social problems and damage their neighbors.

08. There is no way to avoid stress and it takes a toll on the body. (a) The amount of damage it does varies from person to person, depending on how well they handle stressful situations, but often people don't realize their body is reacting to stress because it does not always cause overt symptoms immediately. (b) Also, stress can be minimized through working out on a daily basis. (c) Hormones produced during the reaction to stress can have negative effects on organs throughout the body. (d) Given its possible negative effects, people need to know what stressful things are and how to deal with them in their daily lives.

09. The number of nursing homes and nursing home beds in California has not risen in the last decade, in fact it has fallen slightly. (a) In fact, in 2002, 226 out of every 1,000 California residents lived in a nursing home. (b) With the aging baby boomer generation, these rates are going to rise steeply over the next few years. (c) Hospital beds in the area are also always full, which is likely indicative of a patient presence unable to be discharged because of a lack of nursing home beds in the area. (d) Thus, under no circumstances should the elderly be left alone in their home.

10. Advertising is an essential part of doing business, and it serves many functions beyond informing consumers that products and services exist. (a) Advertising has a number of known economic consequences: it may affect total demand in the economy and aggregate demand for products within an industry. (b) There is no fixed formula for advertising success. (c) Nowadays, many advertising companies are often forced to make massive job cuts in order to survive. (d) In some cases, sellers have exaggerated actual product attributes in ways that leave consumers with a perception of greater differences than actually exist.

11. Acupuncture is one of the most common alternative health therapies. (a) The practice consists of piercing the skin with needles at various points on the body, depending on the problem being treated. (b) The practice is based on a 5,000-year-old Chinese philosophy of internal energy known as 'chi' and its two components 'yin' and 'yang'. (c) When these two forces are disturbed by disease, acupuncture needles pierce specific points along energy lines through the body. (d) However, there is growing evidence that it may be useful for treating some forms of pain.

12. Anorexia nervosa is an eating disorder which mainly affects young women. (a) The problem is due to the ideals set up by modern society and promoted by the media of the super-thin model and fads touted by every woman's magazine on the market. (b) For the last 50 years, women have been encouraged at every turn to lose weight, to look thin, and taught to equate thinness with beauty. (c) There is no wonder that young adolescents grow up with a distorted body image. (d) Anorexia nervosa must be diagnosed and treated early before permanent damage is done to the major organ systems of the body.

13. The ancient Egyptians had an elaborate belief in the afterlife. (a) Much of Egyptian life appears to have been oriented toward preparing for the hereafter. (b) Egyptian culture during the Old Kingdom was to attempt to get ready for the afterlife. (c) In this way, the truth of this statement is demonstrated by the pyramids of the Old Kingdom. (d) Life in ancient Egypt was nearly completely focused on preparation for death and the afterlife as indicated by the royal burials that took place in pyramids during the Third through Sixth Dynasties, 2658 B.C. to 2135 B.C.

14. The globalists believe that the good will outweigh the bad in the globalistic world. (a) From the perspective of globalists who portray globalism as a key to peace and prosperity, clearly globalism is good. (b) However, do such globalists care about keeping human resources for the good of underdeveloped nations? (c) The richest, most powerful and most developed nation in the world, the United States, has shown a steady reluctance to join with other nations in fighting global pollution, particularly the greenhouse effect. (d) Also, globalism brought developing countries promised wealth and had its positive effects.

15. The main difference with this theory and traditional theories of bilingualism is the way second-language acquisition is viewed. (a) The traditional, or empiricist approach has long viewed second-language acquisition as being something whose processes would interfere with the processes that are used to develop and maintain the primary language. (b) In other words, the two different languages have stimuli which must compete for one set of connections. (c) This empiricist approach was used to justify the traditional theory and views of how second-language acquisition occurred in students. (d) Even though English is fast becoming the universal language, as French was in the 19th Century, it is still essential for children to learn about different cultures in order to have a more well-rounded education.

Actual Test

01

Reading Comprehension

Reading Comprehension

Part I   Question 1-16

Read the passage. Then choose the option that best completes the passage.

01. Europe during the Middle Ages was divided into many kingdoms. As most kings had little control over their kingdoms, feudalism developed as a system of governance in which a king divided his land among the noble class in exchange for loyalty and military services. By the thirteen century _____. As the European economy grew, paid soldiers replaced feudal knights, and as cities grew wealthier and more densely populated, the importance of the aristocracy lessened. The rise of an educated class paved the way for trained political leaders who eliminated the necessity of the vassals. Finally, with emergency of centralized governments, the system that had sustained the kingdoms of Europe for seven hundred years came to an end.

(a) loyalty and military services began to decline
(b) feudalism leads to many changes in society
(c) feudalism had begun its decline
(d) political leaders objected to strengthening feudalism

02. _____. Prior to that time, culture was associated with art, literature, and classical music. To have culture was to possess a certain taste for particular kinds of artistic endeavor. However, according to the new meaning, the way people behave while eating, talking with each other, becoming sexual partners, interacting at work, engaging in ritualized social behavior such as family gatherings, and the like constitute a culture. This broad definition of the term includes languages and the arts, but it also includes the regularities, procedures, and rituals of human life in communities. Since the advent of Marxism in the nineteenth century, people have come to think of culture as being political. Culture is both a means of domination, of assuring the rule of one class or group over another, and a means of resistance to such domination.

(a) Culture's influence had begun to wane by this time
(b) Culture began to permeate every aspect of life at that time
(c) Culture acquired a new meaning in the 1960s and 1970s
(d) A narrow definition was shaped by leading scholars

03. _____. Health professionals were involved at every stage in the development, implementation and legitimization of torture program. The so-called enhanced interrogation techniques represent clear violations of well-established medical ethics governing the behavior of health professionals. Health professionals were complicit in selecting and then rationalizing these abusive methods whose safety and efficacy in eliciting accurate information have no valid basis in science. The required presence of health professionals did not make interrogation methods safer, but sanitized their use. Those who back the interrogation techniques have maintained that the ends justified the means.

(a) Physicians and psychologists strongly objected to the use of torture in interrogation of terrorism suspects
(b) Physicians and psychologists played a larger role in the use of torture in interrogation of terrorism suspects
(c) Psychologists and Physicians were in favor of using torture in interrogation of usual suspects
(d) Specialists tend to make mistakes when asked to participate in the use of torture in interrogation of terrorism suspects

04. It would become the best known of all presidential debates, but nobody seemed to appreciate the impact that the first clash between candidates Richard Nixon and John Kennedy would have. Newspapers had barely mentioned it beforehand. Nixon didn't even prepare for it. But in one hour on Sept. 26, 1960, the new medium of television went from operating as a mere player to being the dominant force in political campaigns. Nixon should have known better. JFK took the debate day off and practiced with aides. Nixon, though, felt his experience was enough to spar with the younger Kennedy. He knew his policy, but _____. Against the handsome and charming Kennedy, Nixon looked downright haggard: His wan look was exaggerated by a too-large shirt collar and he refused makeup that might have covered his five o'clock shadow. He glanced at the clock while Kennedy spoke, not realizing he was on camera. There has been a perception that TV viewers preferred Kennedy because of his more handsome appearance.

(a) he was wrong to neglect the medium
(b) he couldn't use it effectively
(c) he was overwhelmed by Kennedy's look
(d) he didn't have enough time to research it

05. Before the evolution of lactase persistence, humans typically lost their ability to digest lactose around the age of five. Still today, most of the world's population can only tolerate milk for the first few years of life. But, _____. One of these, the earliest, is known to have originated in Europe. The genetic mutation conferring this advantage-shared by most lactose tolerant Europeans was commonly thought to have occurred first in the northern part of the continent, where the sun shines less and people may be in greater need of the vitamin D found in cow's milk. Sunlight is human's main source of vitamin D, which is necessary for the body's uptake of calcium.

(a) from the beginning of human history, human beings have had lactase persistence to date
(b) the only evolution of lactase persistence took place in the fifth century
(c) lactose persistence was denied by natural selection
(d) through some evolutions, years ago, lactose persistence spread throughout human populations

06. The global economic crisis has battered the free market's reputation, but _____. Nowhere is this truer than with the challenge of confronting and reversing climate change. Of all the market-based tools available for addressing this problem, the most potent are cap-and-trade systems for greenhouse gas emissions. In their most basic form, cap-and-trade systems work by making it expensive to emit greenhouse gases. As a result, the owners of an emissions source are motivated to replace it with something less damaging to the environment. If they are unable to, the trading provisions allow them to purchase permits to continue emitting until they are ready to invest in new technology. Over time, as the amount of carbon allowed into the atmosphere is reduced, the price of a permit is expected to increase.

(a) the market place is unable to survive due to the global economic slowdown
(b) free market is responsible for climate change
(c) the market is incompatible with the willingness to lessen climate change
(d) the market remains a powerful tool for effecting social change

07. Two drinks a day will reduce risk of heart attack in individuals by at least 25 percent, according to a report published this week. The authors found equal benefit for beer, wine, and spirits. By examining over 75 previous clinical studies in which alcohol was provided in experimental doses, the researchers have pinpointed two mechanisms by which alcohol reduces risk of coronary heart disease. Ethanol alcohol increases HDL-cholesterol (good cholesterol) and reduces clotting ability in the blood. The cholesterol and blood-clotting benefits are also applicable to women; although recommended guidelines for women are for a single drink a day because there is evidence that alcohol increases risk of breast cancer. However, _____.

(a) women should not drink over a single drink each day or get increased risk of breast cancer
(b) drinking damages one's health by way of increasing the risk of HDL cholesterol
(c) the recommended guidelines for women are needed for preventing breast cancer
(d) a few drinks will not substantially increase this risk and will provide some protection against the disease

08. _____. Economies rely on commercial energy to transport goods and people, to heat homes and offices, to power engines and appliances, and to run shops and factories. Energy services help to meet basic human needs such as the production of food, the provision of shelter and access to health services, while contributing to social development by enabling education. Lack of access to reliable and affordable modern energy is holding back economic and social development in many parts of the world today. An estimated 1.6 billion people in the world have no access to electricity, while more than two billion people rely on traditional fuels for cooking and heating.

(a) Energy is two sides of the same coin
(b) Energy is essential to all economic activities and to human well-being
(c) Energy conservation is incompatible with economic development
(d) Sustainable energy sources should be found as soon as possible

09. Energy use worldwide is expected to continue to grow steadily for the next two decades and, in the absence of radical intervention by governments, fossil fuels will remain the dominant energy sources. The latest World Energy Outlook of the International Energy Agency (IEA) projects global primary energy consumption to expand by 55% between 2005 and 2030 in a Reference Scenario, which assumes no new government policies. Fossil fuels account for 84 percent of the increase in energy use. As a result, _____. Most of the increase in energy demand and resulting emissions is projected to occur in developing countries, especially in the emerging economies of China and India.

(a) many NGOs make efforts to reduce carbon dioxide emissions
(b) energy use is expected to be prohibited by most governments' intervention
(c) energy sources are in a state of depletion all over the world
(d) energy-related emissions of carbon dioxide rise significantly

10. It has long been known that _____. However, researchers have been puzzled by breast cancer rate disparities between women in the US and those in Japan and China. Breast cancer rates are five times higher in the US than in Asia, even among women with similar estrogen levels. Now, researchers have discovered that a protein that recognizes estrogen and allows it to be absorbed by cells is found in significantly lower levels in Japanese women. The protein is called an estrogen receptor. The identification of estrogen receptors as a risk factor for breast cancer opens new possibilities for the prevention of breast cancer. If the findings hold true, then we may be able to prevent breast cancer by controlling the expression of estrogen receptors.

(a) the estrogen hormone has nothing to do with risk of breast cancer
(b) cultures have been a critical factor in risk of breast cancer
(c) presence of the estrogen hormone is related to risk of breast cancer
(d) working out on a daily basis is the best way to prevent certain cancers

11. Toward the end of the Middle Ages, _____. Most of the philosophy, art, and literature during the Middle Ages focused on man's devotion to God. Europeans generally believed that an individual's duty was to serve God and to redeem from the sins of society. Academic scholarship focused on theology, or study of God. Paintings served mainly religious purposes. However, a new change took place in the era. Scholars concentrated their studies on human accomplishments and cultures. They focused particularly on those of the ancient Greeks and Romans. Artists depicted the beauty and dignity of the human forms. Gradually, the Renaissance spread throughout Western Europe.

(a) many European scholars and artists began questioning the attitudes and ideas of medieval society
(b) many scientists began to study physics and astronomy at the end of the middle ages
(c) some people strongly objected to the idea of man's devotion to God
(d) religion and politics began to give way to science and cultures

12. To all Solution employees,

We deeply regret to notify you that owing to the new relationship with a well-known Japan company, we plan to shut our Seoul branch as of February 28 of this year. From that day, if a job replacement is not offered to you; _____. Solution will inform you of details with regard to benefits available to you involved in the termination of your employment. Meanwhile, if you have any questions, please feel free to call David Wills, a head employment officer in the Human Resources Department. He will be happy to answer questions you may have.

(a) your termination date will be changed
(b) you can resume your project in a new department
(c) you will take the place of other employees
(d) your employment contract will expire

13. In the early days of the Roman republic, the education of children was completely in the hands of their parents. In a society so centered on the family, this was the natural thing to do. If boys were largely taught by their fathers, _____, which was consistent with the different roles they would play in later life. But with the growth of the empire in the third century BC the wealthier households gradually began to send their children to schools which employed educated Greek slaves as teachers. Towards the end of the Roman republic, with the increased wealth of a part of Roman society education began to further improve, including also a form of higher education in subjects such as philosophy and oratory.

(a) then girls were taught by their mothers
(b) then girls were self-taught at home due to social customs
(c) then girls were educated by professional teachers
(d) then girls learned about the roles required to be a wise mother

14. Following Friedrich Nietzsche's belief, many thinkers are exploring the possibility that actual ethical truths simply may not be knowable. Other theorists have pointed out that concepts of right and wrong can shift dramatically across cultures and across time. Many argue that this proves that concepts like right and wrong are simply ideas used to validate current attitudes towards certain behaviors. In spite of its theoretical shortcomings, _____. In the last 25 years, medical ethic has been used in medical situations. In fact, to help aid with difficult situations, many hospitals have brought in ethicists to explore the theoretical aspects of various situations and it is valuable to consider the theoretical aspects of a situation when selecting the right course of action.

(a) ethics has proven useful when considering many current situations
(b) many alternative approaches have replaced ethics with complicated situations
(c) ethics has seemed to be unfit to current difficult situations
(d) medical specialists have made a stand to applying ethics to medical situations

15. The first recorded Africans arrived in 1619 as indentured servants who settled in Jamestown, Virginia. As English settlers died from harsh conditions, more and more Africans were brought to work as laborers. Africans could legally raise crops and cattle to purchase their freedom. By the 1640s and 1650s, several African families owned farms and some became wealthy by colonial standards. The popular conception of a race-based slave system did not fully develop until the 1700s. During the 1770s Africans helped rebellious English colonists secure American Independence by defeating the British in the American Revolution. African Americans have improved their social and economic standing significantly since the Civil Rights Movement. _____, due in part to the legacy of slavery, racism and discrimination, African Americans as a group remain at a pronounced economic, educational and social disadvantage in many areas relative to European Americans.

(a) Because
(b) Furthermore
(c) Nevertheless
(d) Consequently

16. As vaccine-makers gear up for the winter flu season, one biotech company is reporting success with an alternative method of developing a flu preventative that it could work more effectively and be produced more quickly than traditional inoculations prepared in fertilized chicken eggs. There are, _____, several drawbacks to this "chicken and egg" approach, which dates back more than 50 years. In order to produce 300 million doses of vaccine, egg-based production would require some 900 million eggs. An outbreak of avian flu in particular could put eggs in short supply, restricting the amount of vaccine that could be produced.

(a) likewise
(b) at the same time
(c) therefore
(d) however

Part II   Question 17-37

Read the passage and the question. Then choose the option that best answers the question.

17. A weak association between weight gain and breast cancer risk in previous studies probably occurred because postmenopausal hormone use very likely masked the actual influence of weight gain. Together, hormone use and adult weight gain account for about one-third of postmenopausal breast cancer in this population. The study found that there is a continuous increase in postmenopausal breast cancer risk with adult weight gain. Thus, maintaining lean body weight and avoiding adult weight gain is indicated. The researchers suggest that women wishing to reduce their risk of postmenopausal breast cancer should avoid gaining weight after age 18. This will also reduce the risk of diabetes, heart disease and many other conditions.

Q. What is the passage mainly about?
(a) Effective strategies people can lose weight
(b) The correlation between weight and postmenopausal breast cancer
(c) The tendency to contract breast cancer in postmenopausal women
(d) Disadvantages of getting obesity after age 18 in women

18. A new study that social capital or the extent to which there is trust among citizens, explains variations in mortality between U.S. states has been conducted. The study finds a direct association between the gap between rich and poor and the stock of social capital. This large ecological study is the first to examine the interrelationship between income disparity, social capital and certain diseases and death. The findings show that as income inequality increases, the level of social mistrust increases. This in turn is associated with increased mortality rates. This work shows that the growing gap between the rich and poor, and its potential impact on the social fabric of communities, have healthy effects.

Q. What is the best title for the passage mentioned above?
(a) The importance of the painstaking study on stock market
(b) The growing gap between the rich and poor in a developed society
(c) The remarkable association between mortality rate and social capital
(d) The need to minimize the increasing disparity in income

19. During the time of Civil Rights Movement in the late 1950s and through the 1960s, Louisville was affected, as it had maintained a segregated society. Civil rights groups had undertaken a variety of actions to challenge that. After national civil rights legislation had passed in 1964 and 1965, energy continued among African Americans to push for social changes. In Louisville, as in other cities, there was a political struggle between the NAACP and more militant activists associated with Black Power. The latter's attempt to organize people was one of the catalysts for the riot. The segregation order was lifted in 2000. In June The Supreme Court handed down a verdict in favor of the plaintiffs, saying that the school districts in Louisville violated constitutional guarantees of equal protection. Although the ramifications of this decision were not immediately clear, we should keep it in mind that it could affect hundreds of school districts across the country employing similar methods to achieve racial diversity.

Q. What is the main idea of the passage?
(a) The NAACP should have made efforts to prevent the political struggle.
(b) Civil rights have to be protected under any circumstances.
(c) The cooperation between NAACP and the militant activists was needed.
(d) The lifted order could importantly affect many practices of achieving racial diversity.

20. Historically, Japan has been subject to sudden invasions of new and alien ideas followed by long periods of minimal contact with the outside world. Over time the Japanese developed the ability to absorb, imitate, and finally assimilate those elements of foreign culture that complemented their aesthetic preferences. The earliest complex art in Japan was produced in the 7th and 8th centuries AD in connection with Buddhism. In the 9th century, as the Japanese began to turn away from China and develop indigenous forms of expression, the secular arts became increasingly important; until the late 15th century, both religious and secular arts flourished. Painting is the preferred artistic expression in Japan, practiced by amateur and professional alike.

Q. What is the title for the passage?
(a) A history of a secular art style in relation with Buddhism
(b) Features about Japanese art in 9th century
(c) A description on the development and decline of Japanese art
(d) The development of indigenous forms of expression in Japan

21. Historic forms of graffiti have helped gain understanding into the lifestyles and languages of past cultures. Errors in spelling and grammar in this graffiti offer insight into the degree of literacy in Roman times and provide clues on the pronunciation of spoken Latin. The 83 pieces of graffiti found at a historical site, are evidence of the ability to read and write at levels of society where literacy might not be expected. The graffiti appear on a peristyle which was being remodeled at the time of the eruption of Vesuvius by the architect Crescens. The graffiti was left by both the foreman and his workers.

Q. What is the main point of the passage?
(a) Historical graffiti varies from culture to culture.
(b) There is no evidence about illiteracy.
(c) Graffiti shed light on understanding historical facts.
(d) There is no point of studying graffiti.

22. As a result of an innovative school-based program, elementary school children in Baltimore public schools are eating healthier and getting more exercise. The program, called Eat Well & Keep Moving, was designed in reaction to research showing that the combination of poor diet and sedentary lifestyle is second to smoking as the leading cause of death in the United States. This program promotes healthy habits in children including low-fat diets, increased fruit and vegetable consumption, increased physical activity, and reduced television viewing. The researchers found that at the end of the two-year program students significantly increased their consumption of fruits and vegetables and decreased their intake of total and saturated fat. In addition, the students spent approximately 4 hours less time per week watching TV compared to students in control schools. Research has shown that this can have very positive health benefits.

Q. What is the passage mainly about?
(a) The newly devised program for school children promoted low-fat diets.
(b) Sedentary lifestyle and smoking bear no relation to death rate in America.
(c) A research program conducted by public school children.
(d) An original program led to improvement in children health.

23. Some things are easy to quit, but smoking is not one of them unless you use this anti-addiction cocktail that combines traditional methods with nontraditional ones. To control cravings, stop the addiction and provide motivation. Walk 30 minutes a day and call a friend to say you've finished. This helps establish discipline and instill confidence. Start taking Wellbutrin, a prescription antidepressant that controls cravings. Toss your cigarettes and slap on a nicotine patch. The first few days will be toughest, but if you can make it past 7, you're on the downhill side of the addiction mountain. Keep walking and calling your friend, and add some weight training to control weight gain. Among our patients, we've seen a 90% success rate with this plan. Get more details at rd.com/healthiq.

Q. What does this passage advertise?
(a) A program for weight loss
(b) Kitchen appliances for the disabled
(c) A new plan to stop smoking
(d) A well-known nicotine patch for smoking

24. Approximately six in ten Americans believe it is likely that there will be widespread cases of Influenza A with people getting very sick this coming fall or winter. Parents are more likely than people without children to believe this will occur, with roughly two thirds of parents saying it is very or somewhat likely compared to 56% of people without children. Despite this survey result, more than half of Americans are not concerned about their personal risk—that is, that they or their family members will get sick from influenza A in the next year. This level is unchanged since the previous poll. The current survey suggests that the pandemic alert level did not dramatically impact Americans' level of concern about their personal risk.

Q. Which of the following is correct according to this passage?
(a) Parents are more inclined to believe this pandemic will occur than parents without children.
(b) Most Americans are worried about their personal risk, that is, getting sick from influenza A.
(c) The level of concern about their personal risk has significantly changed.
(d) Many schools take many precautions to prevent influenza A next year.

25. The king had a beautiful girl locked in his castle. He lavished her with gifts, but dressed her in the most horrible rags. Every night, she would stare out the dungeon window, waiting for a brave knight to rescue her. But every knight who rode up would take one look at her and ride away in disgust. "How can they resist my beauty?" the girl complained. "The King was right," the guard said, laughing. No knight will rescue a damsel in this dress.

Q. How could readers feel after reading this passage?
(a) Horrible
(b) Embarrassed
(c) Enlightening
(d Hilarious

26. From today's point of view Cubism represents the most revolutionary innovation in art at the beginning of the 20th century. The bibliography of Cubism is more extensive than any other stylistic direction in modern art. It is easy to forget that cubist artists did not enjoy broad social acceptance among their contemporaries. Most of the reactions to exhibitions and to the few publications about Cubism were marked by violent criticism. Only a small circle of writers such as Guillaume Apollinaire, and collectors and dealers admitted their support for the new artistic directions. Despite the relatively low public acceptance of the Cubists the interest of other artists in their work was great.

Q. Which of following is true about Cubism?
(a) It is regarded as the most radical form of art in the modern world.
(b) Most works by Cubists were acclaimed by critics and the pubic.
(c) Modern people saw Cubism as an ideal way to express art.
(d) Almost all the collectors and dealers were all for Cubism.

27. Diabetes has been found to increase the risk of heart disease and stroke by six-fold in women and by three-to-four-fold in men, and is the leading cause of new cases of blindness in adults, kidney failure and nerve damage. Genetic risk, obesity and age have been associated with diabetes risk. Previous animal and metabolic studies had suggested a possible association. Because results are so strong and consistent with previous evidence about the protective benefits of a high fiber diet, this suggests that grains be consumed in a minimally refined form to reduce the risk of diabetes. These results suggest that the composition of our diet may play an important role as well.

Q. What are the people advised to do?
(a) To work out regularly and get adequate sleep
(b) To have a balanced diet with grains
(c) To be cautious about consuming grains
(d) To follow the strategies by Metabolic studies

28. Gaius Julius Caesar was a Roman military and political leader. He played a critical role in the transformation of the Roman Republic into the Roman Empire. As a politician, Caesar made use of popularist tactics. During the late 60s and into the 50s BC, he formed political alliances that led to the so-called "First Triumvirate," an extra-legal arrangement that was to dominate Roman politics for several years. The factional attempts to amass power were opposed within the Roman Senate. Caesar's conquest of Gaul extended the Roman world to the North Sea, and in 55BC he also conducted the first Roman invasion of Britain. These achievements granted him unmatched military power. After assuming control of government, he began extensive reforms of Roman society and government. He heavily centralized the bureaucracy of the Republic and was eventually proclaimed "dictator in perpetuity".

Q. Which of the following is correct according to the passage?
(a) He formed political alliances in order to invade Britain.
(b) Attempts to amass power were acclaimed by the Roman Senate.
(c) There had been no invasion of Britain before him in Roman history.
(d) Of all reforms he made, most were opposed by Roman citizens.

29. The brain's ability to learn and form memories of day-to-day facts and events depends on the hippocampus, a structure deep within the brain. The latest evidence suggests that as memories age, the hippocampus's participation wanes. In a recent study, neuroscientists studied patients who had hippocampal damage. These individuals did not remember details of newsworthy events that occurred in the five to 10 years prior to their injuries, but they did recall older events. They questioned 15 people in their 50s and 60s about events in the news over the past 30 years while scanning the participants' brains with functional MRI. To single out brain activity related to the date of the event, the researchers separately evaluated activity tied to learning and remembering the test questions.

Q. Which of the following is correct according to the passage?
(a) Recent research has significantly changed the previous notion of hippocampus.
(b) Hippocampus' function tends to strengthen as one ages.
(c) Anyone with brain damage is more likely to remember recent events than older ones.
(d) Hippocampus plays a significant role in recalling past events.

30. The livelihood strategies of the world's low-income households are generally not concentrated in one form of economic activity, since no single activity is likely to be sufficiently regular or well paid to cover all their needs. Women and men within these households engage in a diversity of activities, often migrating in search of new opportunities. While these activities are generally labor-intensive in nature, they do not fit neatly into conventional economic models of labor markets focused on waged labor. A variety of labor-intensive activities in the livelihood strategies of the poor include unpaid family labor, a myriad of informal small-scale trade, services and manufacturing enterprises. While these activities provide a living for a major proportion of the world's working poor, they are rarely visible in official statistics.

Q. Which of the following is correct according to the passage?
(a) Low-income households focus on one form of economic activity in general.
(b) Women are less likely to find a decent job in comparison with men.
(c) Economic activities engaged by low-income households tend to be labor-intensive in nature.
(d) All jobs related to the world's working poor are clearly calculated in official statistics.

31. Traumeel is natural pain relief that works with the body to facilitate the healing process naturally, providing true pain relief. Safe for all ages and trusted by consumers worldwide, Traumeel is a natural anti-inflammatory ointment that is an essential addition to home healthcare. Traumeel is scientifically proven to reduce the inflammation responsible for muscle and joint pain. This unique therapeutic action shortens recovery time and improves joint mobility. Traumeel is odor free and is available in ointment, gel and tablets. Recommended by doctors for over 60 years, traumeel is backed by clinical studies and used by athletes worldwide for treating muscle pain, joint pain and minor sports injuries.

Q. Which of the following is correct about Traumeel?
(a) Its use is limited to the elderly and athlete.
(b) It is effective for relieving muscle pain but ineffective for inflammation.
(c) It can only be taken in tablet and ointment types.
(d) It has been well known for its effectiveness for decades.

32. Early childhood care and education settings serve increasingly diverse groups of children. It is rapidly becoming common to find that children in the class speak more than one language and represent culturally diverse family backgrounds. The inclusion of children with disabilities for other special needs has also become rather typical. Children who are gifted and talented further widen the span of ability levels served in inclusive classrooms. The early childhood classrooms of the United States are not alone in these demographic transformations. Schools of other industrialized nations in our global society are also experiencing similar trends.

Q. Which of the following is correct according to the passage?
(a) It is rare to find that children represent culturally diverse family backgrounds.
(b) Disabled children are hard to enter early childhood classrooms in America.
(c) Only one teacher is assigned to deal with the need of children.
(d) It is not hard to find out that children in class represent culturally diverse family backgrounds.

33. An alarming trend in the United States is the escalating levels of violence. It is a particularly troublesome trend when that violence is experienced, the effects are extremely detrimental to young children and their families. As children reach school age, the threat of violence in the neighborhood streets makes the walk to the bus stop or schoolhouse door a frightening experience. Twelve percent of all school-aged children surveyed reported feeling afraid at times as they played outdoors. The numbers rose to 17% for children in urban areas when compared to suburban or rural scenarios. Moreover, girls reported fear in the neighborhood play settings at a higher rate compared to boys.

Q. Which of the following is true according to the passage?
(a) The level of violence is all-time low in the United States.
(b) Rural areas are more prone to violence especially in neighborhood play settings.
(c) Adults are more vulnerable to detrimental effects in relation with violence.
(d) In general, girls experience more fear than boys.

34. Experiences of racial discrimination and unfair treatment may be associated with differences in blood pressure depending on social class, according to a study. Black professionals who challenge racial discrimination appear to be at a lower risk of elevated blood pressure than working class black women and men. In doing this study, the team sought to understand how racial discrimination affects health in ways that may be modified by social class. The findings suggest that enhanced social and economic resources among black professionals may contribute to a greater willingness to challenge discriminatory treatment, thereby reducing risk of elevated blood pressure.

Q. Which of the following is true according to the passage?
(a) The effects of racial discrimination, especially on blood pressure, could be different by social class.
(b) Being professionals has nothing to do with changes in blood pressure.
(c) Racial discrimination should be eliminated for health.
(d) Men are liable to suffer from higher blood pressure than women.

35. The decline of civilization in the Indus Valley marked the beginning of the Shang Dynasty in the Valley of the Huang He. The Shang people developed a writing system using more than 3,000 characters which they scratched on animal bones and turtle shells. These bones and shells are known as oracle bones. Although they were primarily used in religious ceremonies to predict the future and solve worldly puzzles, the oracle bones also provided a record of the peoples of the Shang dynasty and events occurring during the Shang period. Shang cities were large and surrounded by high walls. The people cast bronze vessels, carved marble and jade, and wove silk.

Q. What can be inferred from the passage?
(a) The Shang Dynasty was established in the Indus Valley.
(b) Animal bones were sacred due to the scarcity at that time.
(c) The inscribed bones offer many records on the peoples.
(d) Religious ceremonies involved scratching on animal bones.

36. Nonsmoking women, regularly exposed to cigarette smoke at home or work, have twice the risk of developing coronary heart disease compared to women not exposed. The researchers found that the increase in risk associated with exposure at home is substantially the same as risk associated with exposure at work. To date, few studies had adequately explored whether heart disease or death resulting from heart attack could be related to exposure to passive smoking. The strong association we have found suggests that many deaths each year from coronary heart disease could be attributable to passive smoking. From the standpoint of alleviating risk, the good news is that certainly smoke free building policies would go a long way to changing this picture.

Q. What can be inferred from the passage?
(a) Prolonged exposure to cigarette smoke has something to do with the risk of heart disease.
(b) Many studies have been conducted on heart disease resulting from passive smoking.
(c) Cigarette smoking exposure at work is more harmful sources than any other place.
(d) Second-hand smoking is more devastating than direct smoking to health.

37. Malaria kills nearly a million people each year, mostly children under 5 and especially in Africa. In a daring experiment in Europe, scientists used mosquitoes as flying needles to deliver a vaccine of live malaria parasites through their bites. Infected mosquitoes inject immature malaria parasites into the skin when they bite; these travel to the liver where they mature and multiply. From there, they enter the bloodstream and attack red blood cells—the phase that makes people sick. People can develop immunity to malaria if exposed to it many times. This is not a vaccine as in a commercial product, but a way to show how whole parasites can be used like a vaccine to protect against disease.

Q. What can be inferred from this passage?
(a) It is common to use mosquitoes as flying needles to deliver a vaccine.
(b) Young children are especially vulnerable to Malaria than adults.
(c) Children over 5 don't need to develop immunity to malaria.
(d) A kind of vaccination through Malaria's bite is a commercial product.

Part III Question 38 - 40

Read the passage. Then identify the option that does NOT belong.

38. Confucianism could be regarded as the opposite of Taoism. (a) Developed by Confucius, the doctrine is a social ethic focused on human beings and their relationships. (b) Confucianism focuses on ritualistic living in virtually every aspect of life. (c) If Taoism strives toward a state of nature, then Confucianism could be said to aspire to a perfect civil state. (d) Taoism focuses on nature, men-cosmos correspondence, and spontaneity.

39. Poverty is still a major challenge, as 41% of the Sub-Sahara African population (or roughly 300 million people) was living on one dollar a day or less in 2004. (a) Many people on the continent are in a state of starving. (b) Besides, multiple armed conflicts, insufficient access to education and widespread pandemics, such as HIV and malaria, have undermined Africa's efforts to solve this problem. (c) HIV is becoming a worldwide threat for health. (d) The region is also challenged by serious environmental threats, including desertification, deforestation and climate change.

40. Raising their living standards and productivity depends on improving their access to modern energy services. (a) However, patterns of energy production and use around the world still threaten the stability of eco-systems and the health and well-being of current and future generations. (b) Rising consumption of fossil fuels—coal, oil and gas—in all regions is the leading cause of rising man-made emissions of carbon dioxide and other greenhouse gases that trap heat in the earth's atmosphere. (c) Many developed countries are not prepared for this dramatic change. (d) The resulting increase in atmospheric concentrations of these gases is threatening to cause catastrophic and irreversible damage to global climate.

This is the end of the Reading Comprehension section. Please remain seated until the proctor has instructed otherwise. You are NOT allowed to turn to any other section of the test.

Actual Test

02

Reading Comprehension

Reading Comprehension

Part I   Question 1-16

Read the passage. Then choose the option that best completes the passage.

01. During a trip to India, U.S. President Bush met with a group of talented Indian business students, and used the occasion to dispense advice to young Americans about pursuing an education to compete in the global marketplace. By now, everyone knows that because of lopsided wages, living costs and health care benefits across the globe, the students from India can work for less income than their U.S. counterparts. But the suggestion that a good education is the cure-all for problems associated with globalization may no longer be true, according to some economists. The president was candid with the students that outsourcing and competition are inevitable. Education is valuable, but _____, warns another analyst.

    (a) work experience should be accompanied before graduation
    (b) pushing that alone is not an effective global economic strategy
    (c) seeking service jobs overseas could be a good alternative
    (d) global economic crisis will take forever to recover to a stable state

02. The American Revolutionary War, also known as the American War of Independence, began as a civil war between the Kingdom of Great Britain and thirteen British colonies on the North American continent. Foreign nations allied with the revolutionaries, which later declared war on Britain, and the war became an international conflict. The war was the culmination of the political American Revolution, whereby the colonists overthrew British rule. Throughout the war, the British were able to use their naval superiority to capture and occupy coastal cities, but _____ due to their relatively small land army. In early 1778, shortly after an American victory at Saratoga resulting in the surrender of an entire British army, France signed treaties of alliance with the new nation, and declared war on Britain that summer.

(a) some coastal cities strongly resisted the British
(b) british army suffered from severe natural disasters
(c) control of the country areas largely eluded them
(d) British army had a special bond with France

03. _____. Over the last five decades, the child sex ratio has increased from 102 boys for every 100 girls in the 1950s to 108 today. Higher ratios are observed in urban areas, 111, and in the wealthier Indian states of Punjab and Haryana, 126 and 122, respectively. Moreover, child sex ratios vary considerably among the major religious groups in India, with Sikhs having a high of 127 boys for 100 girls and Christians a low of 104. Sex-selection abortion has lead to this situation in India.

(a) Sex-abortion should be banned for stable economy
(b) The practice of sex-abortion is evident in India
(c) Boys tend to have more confidence in math than girls
(d) Urban areas have severe gender inequality

04. Although educational equity has yet to be truly achieved, seeking equal rights and equal education has long been part of the American dream. _____. Brown v. Board of Education Topeka ushered in an era of concern for equal rights for racial minorities. This landmark case was a turning point in civil rights and the education of minority children because it ruled that schools could not be segregated by race. The Civil Rights Act followed in 1964: however, racial and ethnic groups continued to face challenges as they attempted to achieve equal opportunities and equal education.

(a) Educational equity has faced many obstacles
(b) Some activists have negatively responded to this move
(c) Equal opportunities for an education were improved
(d) Concern for equal education has diminished

05. The counting at the end of each decade of every man, woman, and child in the United States is _____. To facilitate counting, machines will be used invented by Mr. James Powers, a mechanical expert of the Census Bureau, for use in the thirteenth census, which were successfully tried in the recent Cuban Census and now in use in the Division of Vital Statistics. The mechanical method for counting the census requires two types of machines. The keynote of the system, however, is a punched card, which contains the data collected by the enumerators, who travel from house to house.

(a) a common activity having occurred in recorded history
(b) a dangerous task involving a high level of team work
(c) one of the biggest undertakings the government is called upon to assume
(d) done only by specialists in the Division of Vital Statistics

06. When society jumps on a bandwagon, even for a good cause, _____.
The unintended consequence of crop-based biofuels may be the loss of wildlife habitat, particularly that of the birds who call this country's grasslands home. Joseph and his colleagues analyze the impacts on wildlife of the burgeoning conversion of grasslands to corn. They conclude that the ongoing conversion of grasslands to corn for ethanol production is posing a very real threat to the wildlife whose habitat is being transformed. The rapidly growing demand for corn ethanol fueled by a government is causing a land-use change that is harmful to wildlife habitat.

(a) there may be unexpected positive outcomes
(b) there may be unintended consequences
(c) good cause may turn into bad cause for personal gains
(d) biofuels will replace fossil fuels without causing harmful side effects

07. As he has done for the past 42 years, in the fall of 2006 Hackenberg migrated with his family and his bees from their central Pennsylvania summer home to their winter locale in central Florida. The insects had just finished their pollination duties on blooming Pennsylvanian pumpkin fields. When Hackenberg checked on his pollinators, the colonies were "boiling over" with bees. But when he came back a month later, he was shocked. _____ and only the young workers and the queen remained. More than half of the 3,000 hives were completely devoid of bees. But no dead bees were in sight.

(a) Every colony was left with no bees
(b) Many bees were killed by dragonflies in search for food
(c) Bees tend to find a mate with traits similar to their own
(d) Many of the remaining colonies had lost large number of members

08. For decades after the disaster, _____. When the "unsinkable" ship, the largest, most luxurious ocean liner of its time, crashed into an iceberg on its maiden voyage in 1912, it took more than 1,500 of its 2,200 passengers to the bottom. As the ship slipped into the North Atlantic, so did the secret of how and why it sank. Two government investigations conducted immediately after the disaster agreed it was the iceberg, not any weakness in the ship itself, which caused the Titanic to sink. Both inquiries concluded the vessel had gone to the bottom intact without any questions. But lingering questions about what might have sunk the seemingly indestructible ship never completely disappeared.

(a) there has been much effort to reveal the reason why the Titanic sank
(b) many investigations have been done to explain the reason around the world
(c) there was little doubt about what sank the Titanic
(d) much tougher bans have been made to prevent similar disasters

09. Four hundred fifty years ago today, at age 25 and surrounded by enemies, Britain's Queen Elizabeth I ascended to the throne. From politics to art to religion, _____. It was Elizabeth's hand that re-established the Protestant church in England and it was in the Elizabethan "Golden Age" that poetry, plays, painting, and music flourished, leading many changes. Her reign also influenced lands far beyond Britain. She encouraged expansion, and permitted establishment of the first English colony in North America, along with the creation of the British East India Company—the joint-stock company that eventually would colonize India. To understand a bit more about this larger-than-life historical figure, many novels and history texts have been made by many scholars.

(a) the world has never been the same
(b) diverse reactions occurred against Queen Elizabeth I
(c) much progress coexisted with much decline during her reign
(d) neighboring countries were against the predominance by Queen Elizabeth I

10. The processes of state formation in Egypt and Ethiopia occurred in regions _____. Ancient Egypt was located in the lower Nile Valley, a long oasis formed by the Nile cutting across the eastern Sahara. In ancient Egypt the Nile greatly facilitated centralized control and communication, whereas the mountainous terrain of northern Ethiopia greatly hindered these. Agriculture in Egypt was practiced in a large river valley, where crops were sown annually on the flood-plain after the summer inundation. Fallow periods were not necessary, and the fertile silts of the floodplain were annually replenished.

(a) with severe climate conditions
(b) with the same natural surroundings
(c) with different environmental conditions
(d) using an high level of agriculture technology

11. The ultimate source of knowledge, in Aristotle's view, is perception. Aristotle was _____. First, he held that the notions or concepts are all ultimately derived from perception; and for that reason, if we did not perceive anything, we would not learn or understand anything, and whenever we think of anything we must at the same time think of an idea. Secondly, he thought that all science or knowledge is ultimately grounded on perceptual observations. This is perhaps hardly surprising: as a biologist, Aristotle's primary research tool was sense-perception. Aristotle's primary substances were ordinary perceptible objects.

(a) a very thorough deconstructive economist
(b) one of the greatest philosophers in two senses
(c) a thoroughgoing empiricist in two senses
(d) faced with severe criticism from his contemporaries

12. Dear Representative,

I took great pleasure to work with your real estate agency. Two weeks ago, as soon as I put my studio apartment on you website, _____. Trying to find a tenant suitable for the place took only two days. Your dedicated personnel did their best to fulfill my requirement. I can't express how happy I felt about it. Search.com is the only place to meet my needs and I give you my word that I'll get a hold of your company if I feel the need to find my new tenant. Thank you very much!
Kenneth Goh

(a) I promised to reach you without any delay
(b) I purchased the studio at a much lower price
(c) I was flooded with crank calls
(d) I was deluged with phone calls

13. _____ is critical for the achievement of gender equality and the empowerment of women and for equitable and sustainable economic growth and development. Economic resources refer to the direct factors of production such as immoveable assets, including land, housing, and infrastructure, as well as moveable assets, such as productive equipment, technology and livestock. Financial resources refer to money-based resources, including government expenditures, private financial flows and official development assistance, as well as income, credit, savings. Both economic and financial resources have important implications for women's economic roles in sustaining household livelihoods, in labor markets and in the wider economy.

(a) Women's equal access to education and job opportunities
(b) Women's political rights for better social positions
(c) Women's equal access to economic and financial resources
(d) Traditional women's obstacles to economic resources

14. _____, a recent research review shows. Sifting through 62 studies on breast cancer and exercise, researchers found that the most physically active women had the lowest risk of the disease. Exercise's effects on inflammation, insulin resistance, and certain sex hormones may all play a role in breast cancer prevention. For protection from all types of cancer, adults should aim for 30 minutes of moderate exercise such as walking, yoga, lawn-mowing, or dancing each day. As you get more fit, bump up your routine to 60 minutes daily, or switch to a half-four of vigorous exercise such as jogging, fast cycling, swimming. Increasing exercise levels may indeed help reduce breast cancer risk, but it's also important to cut back on sedentary behavior, like watching television.

(a) Older women are prone to develop breast cancer
(b) Women who work out may be less likely to develop breast cancer
(c) Sedentary behavior may be attributable to inflammation
(d) Staying fit is the best way to prevent certain cancers

15. Greenhouse gas emissions, primarily caused by fossil fuels, are the main drivers of climate change. International community agreed that global greenhouse gas emissions need to be halved relative to 1990 by 2050 to avoid irreversible and possibly catastrophic changes for millions of people. These impacts include endangered water and food security, widespread melting of glaciers and dramatic rises of sea-levels threatening entire populations. _____, many governments continue to subsidize the use of fossil fuels.

(a) In addition
(b) For instance
(c) Therefore
(d) Nevertheless

16. In recent years, some have even intensified their financial support for social reasons to compensate for the steep increase in international oil prices. _____, such subsidies often do not reach those that they are intended for. They are also very costly in economic terms, creating a large drain on government budgets and distorting national and international markets. On the other hand, energy subsidies can be beneficial, where they are aimed at promoting cleaner and more efficient technologies and at improving poor households' access to modern forms of energy.

(a) Therefore
(b) Furthermore
(c) At the same time
(d) However

Part Ⅱ   Question 17 - 37

Read the passage and the question. Then choose the option that best answers the question.

17. One obstacle to preventing attacks is the perception by parties in conflicts that education is not neutral. Experts agree that far greater attention should be paid to recognizing how education can be a factor in tension and conflict. In some situations compromises on these issues could ease wider tension. Emergency interventions have already shown how education can aid stabilization in post-conflict situations. The challenge now in conflict-affected countries is to create student-friendly, inclusive schools and universities, free of political interference. They can then become safe sanctuaries or zones of peace.

Q. What is the main idea of the passage mentioned above?
(a) All students should have equal access to quality education.
(b) Political factions tend to interfere with the process of stabilization.
(c) Interventions by governments are the only option left.
(d) Just education is a crucial factor for stabilization in post-conflict situations.

18. There are close relationships between publicly funded contemporary art organizations and the commercial sector. For instance, in Britain a handful of dealers represent the artists featured in leading publicly funded contemporary art museums. Individual collectors can wield considerable influence. The institutions of art have been criticized for regulating what is designated as contemporary art. Outsider art, for instance, is literally contemporary art, in that it is produced in the present day. However, it is not considered so because the artists are self-taught and assumed to be working outside of an art historical context. Craft activities, such as textile design, are also excluded from the realm of contemporary art, despite large audiences for exhibitions.

Q. What is the main point of the passage?
(a) There has been some need to be funded for contemporary art in the modern world.
(b) The institutions of contemporary art should be transparent and supported by the public.
(c) Funded contemporary art institutions and commercial sectors have made the close connection.
(d) Wielding power on individual artists could has a negative effect on the creativity of art.

19. The prevalence of recent marijuana use among U.S. college students rose from 12.9% to 15.7% between 1993 and 1999. While rates did not increase further in 1999, they did remain at the highest 1997 rate. These findings are in line with those reported elsewhere in studies of middle school and high school students. This should be a source of concern for those involved with the prevention and treatment of illicit drug use among young people. Although rates of drug use stabilized at the end of the decade, no significant decreases have yet been observed. Prevention efforts aimed at illicit drug use should be stepped up.

Q. What is the main point of the passage?
(a) The level of illicit drug use is not serious anymore in the U.S.
(b) A comprehensive research to deal with the drug abuse is required.
(c) There should be special attention for tackling illegal drug use among young people.
(d) A noticeable decrease in marijuana use is good news for school children.

20. There is more optimistic outlook in older men with a dramatically reduced risk of coronary heart disease. The study examined the effects of an optimistic versus pessimistic way of explaining events on the incidence of heart attack. Study participants with the highest levels of optimism accounted for less than half the number of cases of fatal heart attacks during the course of the study when compared to pessimistic participants. During the ten-year span of the study 162 out of 1,306 participants developed CHD. Of those, 34 of the cases were from optimists and 77 from pessimists; the remaining 51 cases were among participants ranked as having an explanatory style that was neither strongly optimistic nor pessimistic.

Q. What is the main point of the study mentioned above?
(a) The elderly tend to suffer from heart disease due to their pessimistic attitudes.
(b) Attitudes to life among the old are linked with the high incidence of coronary heart disease.
(c) This study should be continued and supported by governments for further details.
(d) people with optimistic outlook on life never have a fatal heart attack.

21. Ionizing radiation has always been with us and will be for all foreseeable time. Our genetic system is probably well adjusted by natural selection to normal background radiation. Added radiation will increase the frequency of mutations; most of these will be harmful. Exposure to radiation in large amounts will increase malignant disease; small amounts may possibly do the same. In view of these potentially harmful effects every reasonable effort should be made to reduce the levels of ionizing radiation to which man is exposed to the lowest levels that can reasonably be attained.

Q. What is the main idea of this passage?
(a) Small amount of radiation does not have an effect on our mutation.
(b) Lowering the level of radiation is required for our health.
(c) Making an effort to minimizing the level of radiation is a waste of time.
(d) Increased radiation must have caused mutations in human history.

22. World politics is entering a new phase, in which the great divisions among humankind and the dominating source of international conflict will be cultural. Civilizations—the highest cultural groupings of people—are differentiated from each other by religion, history, language and tradition. These divisions are deep and increasing in importance. From Yugoslavia to the Middle East to Central Asia, the lines of civilizations are the battle lines of the future. In this emerging era of cultural conflict the United States must forge alliances with similar cultures and spread its values wherever possible. With alien civilizations the West must be accommodating if possible, but confrontational if necessary. In the final analysis, however, all civilizations will have to learn to tolerate each other.

Q. What is the main idea of the passage?
(a) Culture conflict is a key factor in distinguishing other cultures.
(b) Forging alliances with similar cultures is the only option left.
(c) World politics is on the brink of disaster.
(d) Respect and tolerance for different cultures in modern politics are required.

23. Researchers from the Massachusetts General Hospital have identified a new gene mutation strongly associated with the risk of developing late-onset Alzheimer's disease, the most common form of the brain disorder. Most significantly, the protein coded for by this gene interacts with proteins coded by other Alzheimer's-associated genes, suggesting a process that could be the key in the disease's development. This finding leads us directly to a protein pathway that we think it drives the Alzheimer's disease process. It could be a powerful new target for the development of drugs to prevent or treat this disease. In addition to what it may tell us about the disease process, this finding, if replicated, will help us sort out the role of additional genetic and environment factors in future studies. In this regard, this research is highly significant.

Q. What is the passage mainly about?
(a) The development process of Alzheimer's disease
(b) The causes and effects of the common brain disorder
(c) The importance and implication of new research outcomes
(d) Genetic complexity of Alzheimer's disease and the development of drugs

24. A new study shows a significant relationship between weight at birth and future breast cancer risk. But this should not lead women to strive for lower birth weight while pregnant. The study reports that women who weighed 2,500 grams or less at birth had about half the risk of breast cancer than women who were 4,000 or more grams at birth. The team examined a variety of factors in early life that possibly play a role in the etiology of breast cancer. This study suggests that weight in relation to gestational age may be a critical factor in future breast cancer risk. The study found that prematurity by itself was not a predictor of breast cancer.

Q. Which of the following is correct according to the passage?
(a) Prematurity is solely responsible for developing future breast cancer.
(b) Pregnant women are recommended to lose weight for preventing the illness.
(c) Weight in relation to future breast cancer risk is likely to be a significant element in the risk.
(d) The study is well reviewed by most medical specialists of breast cancer.

25. This winter-term course will immerse students in the intensive practice of law before the United States Supreme Court. The course will consist of intensive work on actual cases before the Court, as well as a series of lectures and classroom discussions on Supreme Court practice. Students will be assigned to small teams, each working closely with an instructor. In addition, students will attend arguments at the Supreme Court, participate in moot courts, and meet with leading members of the Supreme Court bar. Transportation to and from Washington, as well as housing during the term, will be provided. Housing will not be provided for students' spouses or significant others. Students will be responsible for providing themselves meals and transportation within the city. Class will be limited to 10 students and applicants should submit a resume.

Q. Which of the following is correct with regard to this course?
(a) Participants are required to attend discussions and make a presentation.
(b) It is possible for students to participate in moot courts as well as to attend arguments.
(c) It will be held in a classroom nearby Supreme Court.
(d) Accommodation will be provided for participants' family.

26. About 30 to 40 percent of transmission will occur in households and about 20 percent in schools, the researchers estimate. Longini and his colleagues find that because children will experience the highest infection rates they should receive vaccines first. Vaccinating other at-risk groups, such as health care workers and those with compromised immune systems, is also important. Given the pattern of spread among connected people, the researchers suggest that vaccinating 70 percent of the U.S. population will contain the virus. Preliminary results based on three weeks of data from several vaccine trials suggest that one dose of the vaccine elicits a good antibody response in healthy young and middle-aged adults. Because children seem especially susceptible to the pandemic strain of H1N1, and because children generally have an inferior response to vaccines compared to adults, two doses may still be necessary for kids.

Q. Which of the following is true according to this passage?
(a) Vaccinating more than half of the U.S. population is a necessary step.
(b) One dose of the vaccine is sufficient for children and senior citizens.
(c) Ways other than the vaccination should be ready for health care workers.
(d) The supply of the vaccine is not easy due to economic reasons by the end of the year.

27. Herbert Hoover, the 31st president, elected on the eve of the Great Depression, came to the office with the skills of a consummate technocrat and manager. The Iowa native and Stanford-educated engineer ran massive relief operations in Europe both during and after World War I. Once the Depression set in, he lowered taxes and started public works projects to create jobs, but he steadfastly resisted outright relief. Hoover's rigid adherence to conservative principles may not have been his greatest problem. A poor communicator, he came across as mean-spirited and uncaring. The homeless dubbed their make-shift shanty towns Hoovervilles. Perhaps his single greatest policy blunder was supporting and signing into the law that fueled international trade wars and made the Depression even worse.

Q. Which of the following is correct about Herbert Hoover?
(a) He paid special attention to the homeless.
(b) His resistance to complete relief began to wane with time.
(c) He took a stand against lowering taxes and creating jobs.
(d) He was wrong to support a law in relation with international trades.

28. Office employees who work in areas that receive less fresh air from outside are more likely to call in sick than their colleagues who breathe higher levels of outside air, according to a new study. The researchers measured ventilation rates in buildings owned by the Polar Corporation with 115 independently ventilated work areas. They divided air supply into two categories: moderate and high. They then analyzed sick leave taken by 3,720 employees and noted in which areas the absent employees worked. After controlling for factors such as age, gender, and number of times employees took off when they were not ill—such as vacation days—the researchers found that office workers employed in moderately ventilated areas were 53 percent more likely to take time off due to illness than their colleagues in highly ventilated areas.

Q. Which of the following is true according to the passage?
(a) Many workplaces have difficult problems related with sick leave and absenteeism.
(b) Investing in ventilation systems is not effective for increasing productivity.
(c) Fresh air may play a significant role in maintaining high productivity levels.
(d) All employers have to put their money into ventilation systems.

29. One of the first traits that differentiated humans from our ancestors was upright gait. There are several hypotheses about the emergence of this trait, but it seems to have offered a way to move more efficiently in open environments such as the savanna. Although our earliest human ancestors were very apelike in terms of their brains, their upright gait had changed their pelvis to look much like our modern one. Meanwhile the new roaming grounds afforded advantages in acquiring resources. Over time, natural selection increased brain size in these early humans. But at some point, the selection for bigger and bigger brains collided head-on, so to speak, with the narrow pelvis.

Q. Which of the following is true about upright gait?
(a) The increased brain size was compatible with the narrow pelvis.
(b) Humans' increased mobility offered some advantages.
(c) This has waned with time by natural selection.
(d) The emergency of this trait was scientifically proven.

30. The first demonstration of a renewable method for hydrogen production from wastewater using a microbial electrolysis system is underway at the Napa Wine Company in Oakville. The refrigerator-sized hydrogen generator will take winery wastewater, and using bacteria and a small amount of electrical energy, convert the organic material into hydrogen. The hydrogen produced will be vented except for a small amount that will be used in a hydrogen fuel cell. Eventually, Napa Wine Company would like to use the hydrogen to run vehicles and power systems. The microbial electrolysis plant is a continuous flow system that will process about 1,000 liters of wastewater a day. Microbial electrolysis cells consist of two electrodes immersed in liquid.

Q. Which of the following is true according to this passage?
(a) The generator does not need any electrical energy.
(b) A renewable way for hydrogen production is completed.
(c) The more bacteria the generator has, the less hydrogen it produces.
(d) It is likely to be feasible to produce hydrogen out of wastewater.

31. Brian Abrahams is a jazz drummer and vocalist who started out working as a singer with local bands in South Africa. In the 1970s Abrahams participated in a gig in Swaziland as drummer for Sarah Vaughan and Nancy Wilson. In 1975 he moved to the United Kingdom, where he gained his recognition. Abrahams has worked with groups and artists such as Dudu Pukwana, Ronnie Scott, John Taylor, Johnny Dyani and Brotherhood of Breath, Jim Pepper, Dewey Redman, Mal Waldron, Archie Shepp, Courtney Pine and Annie Ross. During the 1980s Abrahams founded his own group, District Six. In 1988 he joined the band Ekaya, which was founded by Abdullah Ibrahim. More recently he has been working in projects led by Tony Haynes.

Q. Which of the following is correct about Brian Abrahams?
(a) He founded his own group, Ekaya.
(b) He have worked with many other artists throughout his career.
(c) He won his recognition as a singer in South Africa.
(d) He have ever had no his own group during his life.

32. Human Trafficking is a business involving abduction, fraud, deception, abuse of power as well as abuse of vulnerability of women and children for purposes of forced labor or prostitution. What are some of the causes behind this sudden explosion of human trafficking? Some advocates claim that because women are denied access to education and subsequent economic opportunities, they are vulnerable to exploitation. Women voluntarily seek to leave their homes either because they have been lured by the lifestyle of the developed world or because the absence of work drives them to seek a better life abroad, despite the risks. In many countries, migration is encouraged because governments are unable to provide jobs or basic care. Governments and NGOs around the world should respond to this modern form of slavery.

Q. What of the following is true concerning Human Trafficking?
(a) Human trafficking is most common in highly developed countries.
(b) Lack of education may be one of the main culprits that cause human trafficking.
(c) Being lured by the lifestyle of the developed world is irrelevant to exploitation.
(d) So much effort has put into this problem to deter human trafficking.

33. Cocoa, from which chocolate is created, is said to have originated in the Amazon at least 4,000 years ago. Chocolate, derived from the seed of the cocoa tree, was used by the Maya Culture, as early as the Sixth Century AD. Maya called the cocoa tree cacahuaquchtl "tree," and the word chocolate comes from the Maya word xocoatl which means bitter water. To the Mayans, cocoa pods symbolized life and fertility. Stones from their palaces and temples revealed many carved pictures of cocoa pods. Moving from Central America to the northern portions of South America, the Mayan territory stretched from the Yucatn Peninsula to the Pacific Coast of Guatemala. In the Yucatn, the Mayas cultivated the earliest know cocoa plantations. Aztecs believed that wisdom and power came from eating the fruit of the cocoa tree. The Aztec emperor, Montezuma drank thick chocolate dyed red.

Q. Which of the following is true according to the given passage?
(a) All Aztec emperors drank chocolate dyed red to show off their status as a ruler.
(b) Most of the Mayans lived in the Yucatan throughout their history.
(c) Cocoa was stored in their palaces and temples for religious rituals.
(d) The Mayans saw cocoa pods and fertility as linked.

34. While on a research trip to Japan, Hall returned to his hotel one day, went up in the elevator, put his key in the lock, opened the door, and found that although it was the room he had been living in, someone else's belongings were there. Hall took this in for a few moments, all the time feeling uncomfortable, indeed feeling that somehow he must be in the wrong place and that he would be accused of being in someone else's room. He then went down to the desk where he was told that his room and his belongings had been moved. He was given a new key, went up to his new room, and found that all of his possessions had been laid out for him in just about the same way he had left them in the first room. There was a marked resemblance to the room and the arrangement and yet, he could feel, much was different as well.

Q. Which of the following is true about Hall described in this passage?
(a) He often goes on a trip to Japan for research.
(b) He was at risk of being accused of breaking into the other's room.
(c) His room had been changed to a new room without notice.
(d) He always feels uncomfortable during his trip.

35. The first people to inhabit the Earth lived nearly two million years ago. They survived by gathering wild plants, hunting, and fishing. They were forced to move from place to place in the pursuit of food. The development of agriculture around 9000 BC ended this nomadic way of life and gave rise to the first civilizations. When people learned how to grow crops and domesticate animals, they were able to settle in one place. Settlements grew into villages and eventually into cities. People began to work specialized jobs, develop arts and crafts, and participate in other activities of civilized life. They formed governments and invented systems of writing.

Q. What can be inferred from this passage?
(a) They had to move about on account of lack of food supplies.
(b) The first civilization took place about two million years ago.
(c) Unfortunately some people were not allowed to tame wild animals.
(d) Established governments and writing systems are common in gathering societies.

36. One approach that has been used in the recent outbreak as a means to slow the spread of Influenza A is the closing of schools. In this survey, substantial numbers of parents who have children in school or daycare report that two-week closings in the fall would present serious financial problems for them. These parents report that they would likely lose pay or income and have money problems as a result of having to stay home in order to care for the children. The situation is likely to be worse for minority parents. The findings highlight the important role that employers would play during a future outbreak. Flexibility in their employee policies may help minimize some of the problems identified in this survey.

Q. What can be inferred about the parents with jobs from the passage?
(a) They are in favor of closing schools in an effort to slow the spread of the disease.
(b) Poor parents are more vulnerable to Influenza A than rich parents.
(c) Closing schools would place more burdens to parents with jobs compared to jobless ones.
(d) Flexible working hours is the best way of solving the problem.

37. The ancient Egyptians believed in afterlife and took tremendous care of their dead to ensure their enjoyment of the afterlife. To preserve the bodies of the deceased for use in the next life, they embalmed and dried the corpses in a process called mummification, which prevented the bodies from decaying. After doing this, the Egyptians then wrapped the corpse in layers of linen strips and sealed it in a coffin that placed in a tomb filled with clothing, food, and jewelry for use in the next world. Statues of servants were placed in the tombs of the wealthy. For their rulers, they built gigantic pyramids and buried the bodies in a secret chamber of the pyramid filled with gold and precious possessions. Many scholars speculate that the shape of the pyramid had religious significance to the ancient Egyptians.

Q. What can be inferred from this passage?
(a) The style of tombs is an indicator of the social status for the deceased.
(b) The ancient Egyptians knew various ways of preserving the bodies.
(c) Average people were not allowed to enter the pyramids.
(d) A coffin was primarily made of precious possessions.

Part III   Question 38-40

Read the passage. Then identify the option that does NOT belong.

38. The ancient Greeks were extraordinary painters, architects, and sculptors. (a) Greek architecture followed the ideals of beauty and harmony by way of the use of symmetry. (b) Many sculptors portrayed gods as well as humans with proportions. (c) The famous Greeks epics are the Iliad and the Odyssey, which told about the events and heroes of the legendary Trojan War. (d) Although few Greek paintings have survived from ancient times, they depicted scenes from mythology and daily life and evoked strong emotions and realistic images.

39. Despite considerable progress on many aspects of women's economic empowerment, deeply entrenched discrimination and inequality persist. (a) The pace of change has been slow and uneven. (b) The statistics show that male violence against women is widespread. (c) Increased participation in paid work has not translated into reduced burdens of unpaid work for women within home. (d) Lack of access to and control over economic resources such as land, personal property and wages can put women at a state of discrimination and inequality.

40. It is difficult to think of any legal artifact that is more familiar and commonplace than a contract. (a) Contracts reflect values and expectations of Gutenberg's revolution. (b) Tenants and landlords, consumers and merchants, employees and employers, business partners, even some husbands and wives, have rights and responsibilities that are defined by contracts. (c) Contracts touch us all and shape many relationships between ourselves, people we know well, and people we may not know at all. (d) They bring the law into our presence in a direct and tangible way and often establish a framework for what we own, how we work, and where we live.

This is the end of the Reading Comprehension section. Please remain seated until the proctor has instructed otherwise. You are NOT allowed to turn to any other section of the test.

대한민국 공식
TEPS UP
시리즈01

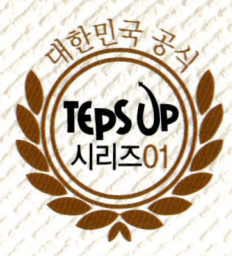

최신의 텝스 출제경향을 그대로 반영한

텝스 급상승

이정로 지음

이정로의 논리독해

전타임 최단기 마감강사의 현장강의처럼
자세하고 친절한 문제해결 방법과 해설 수록!

초·중급생을 위한
기본강의서

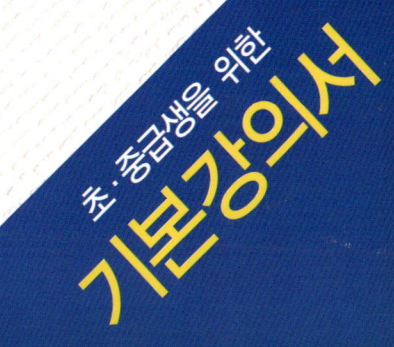

Bansok

해설집

목차

C·o·n·t·e·n·t·s

Unit 실전문제 해설

Actual Test 해설

Unit 실전문제

해설

Reading Comprehension

1. (d)

_____. 그 기반은 네덜란드 동인도회사와 영국 동인도회사가 인도와 무역을 시작했을 때인 오래 전으로 거슬러 올라간다. 역사상 아랍과 이집트 같은 다른 나라 간의 무역 관계가 있었고 지금 현대 시대에는 세계화 또는 자유무역으로 바뀌었다. 궁극적으로 모든 자유무역이 백인들에게 순향적으로 부담을 갖게 한 결과를 초래한 것이 사실이나, 그로 인해 세계화는 특히 개발도상국들 간에 더 많은 고용과 더 높은 생활 수준으로 이끌었다. 이론들은 세계화가 자원의 효율적인 이용을 낳을 것이며 세계화에 관련된 모든 이들을 이롭게 할 거라고 주장한다.

(a) 세계화는 그 자체의 장점과 단점들을 갖고 있다.
(b) 세계화는 세계 시장의 존재에 기인한다.
(c) 세계화는 남성에 비해서 여성에게 권한을 부여해 왔다.
(d) 세계화는 새로운 현상이 아니다.

○ 먼저 빈칸의 위치에 주목하자. 위치가 문장의 맨 앞인 경우는 일반적으로 주제문을 담는 경우이다. 주제문이란 앞으로 이 글이 말하고자 하는 내용을 담는 한 문장을 일컫는다. 이 문제의 결정적인 단서는 바로 뒤에 오는 문장 the base dated long back ~ '그 기반은 즉, 세계화의 기반은 오래 전으로 거슬러 올라간다'를 통해서 앞에서는 세계화가 역사가 길다, 또는 오래된 기반을 가지고 있다 등의 내용이 들어가야 한다는 것을 알 수 있다. 이러한 내용과 관련된 선택지는 (d)이다. 새로운 현상이 아니라는 의미는 오래 전에도 존재했다는 의미로 정답이 될 수 있다.

tip! 선택지를 분석할 때는 각각의 문장에서 핵심 단어들을 골라 단어끼리 비교하면 보다 명확하게 정답을 찾을 수 있다. 예를 들어 (a)는 advantages and disadvantages (b) be due to (c) empower women (d) not new

Dutch 네덜란드의 translate 고치다, 번역하다 ultimately 궁극적으로 proactively 순향의(먼저의 것이 다음에 영향을 주는) theory 학설, 이론 employment 고용 developing country 개발도상국 benefit 이익을 주다, 혜택을 주다 be due to ~때문이다, ~에 기인하다 empower 권력(권한)을 부여하다 relative to ~에 관하여, ~에 비하여 phenomena 현상(phenomenon의 복수형) date back (기원, 연대기 등이) 거슬러 올라가다

2. (b)

언어 장벽들이 결코 더 두드러진 적은 없었다. 현대 국가의 도시 지역에서든지 저개발 국가의 교외 지역에서든지 언어의 차이들은 교육적인 동기들이 성공을 가져다 주는 것을 더욱더 어렵게 만들고 있다. 케냐에서 핀란드로 또는 브라질에서 멕시코 혹은 베트남에서 캘리포니아로 가족들이 이동함에 따라 그들의 모국에서나 또는 모국어로 발간된 책들은 종종 _____. 그들의 새로운 고국에서는 그들의 문화와 그들의 모국어로 된 어린이 책을 찾는 것이 어려울지도 모른다. 많은 아동들이 그들의 가족의 유산과 모국어의 지식이 없이 자라야만 한다.

(a) 아마도 쓸모없게 될 것이다.
(b) 분명히 두고 왔을 것이다.
(c) 절판된 것이 분명하다.
(d) 아마도 그들과 함께 할지도 모른다.

○ 빈칸의 주어는 그들의 모국에서 출판된 책들이다. 문제를 풀 때 주체가 모국에서 모국어로 출판된 책이라는 사실을 숙지하면서 접근하면 매우 쉽게 해결할 수 있다. In their new homelands, it may be difficult to find children's books from their cultures and in their mother tongue.을 통해서 그 책들을 새로운 나라로 가져가지 않는다는 사실을 알 수 있다. 따라서 빈칸의 내용은 이러한 사실에 부합해야 하므로 정답은 (b)이다.

barrier 장벽, 장애 pronounced 명백한 whether ~인지 어떤지, ~이든지 아니든지 urban 도시의 rural 시골의, 교외의 initiative 시작, 주도 bring out 야기하다, 초래하다 homeland 본국, 조국 mother tongue 모국어 heritage 세습, 유산 out of print 절판되어

3. (a)

한 새로운 연구는 취학 전 아동이 _____ 교육 과정에서 더 빨리 읽고 쓰는 능력을 배운다는 것을 나타낸다. SRI 인터내셔널은 East Palo Alto의 한 학교에서 조사를 시행하였다. 읽고 쓰는 능력은 유치원에서 비디오와 게임을 이용할 때 향상되는가? 그 질문에 답하기 위해 그들은 뉴욕에서 타냐 세네갈이 4살 아동을 가르치는 East Palo Alto의 라벤스우드 어린이 발달 센터까지 80개의 학급을 연구하였다. 그녀는 "아이들은 듣는 일에 열정적이고 소리를 사랑합니다."라고 말한다. "그리고 나는 아이들이 일어날 수 있고 비디오에 열중할 수 있다는 사실이 좋습니다. 아이들이 단지 앉아 있을 필요는 없어요." 그 연구는 아동들이 같은 시간 동안 그 시스템을 사용하지 않은 아동보다 평균 7.5개 더 많은 글자를 배운다고 결론을 내렸다. 미디어의 강력한 장점 중 하나는 미디어가 아이들을 그 속으로 데려온다는것이다. 그리고 그것은 이러한 기초적이고 기본적인 읽고 쓰는 능력을 쌓기 위해 매우 중요한 것이다.

(a) 비디오와 온라인 기술을 사용한
(b) 능동적인 질의를 수반하는 방식을 사용한
(c) 그림책을 이용한
(d) 부모의 참여를 필요로 하는

○ 관계대명사 단서 문제! 이 문제 역시 become literate faster in a curriculum that을 통해서 우리에게 필요한 내용은 어떠한 교과과정 하에서 취학 전 아동이 글을 빨리 배우는지를 파악하면 되는 문제이다. 바로 뒤에 research가 나오는데 이 연구에서 바로 단서를 찾을 수가 있다. when preschool classrooms incorporate video and game를 통해서 비디오와 게임을 활용한 환경 하에서 더욱더 효과적으로 배운다는 사실을 알 수 있다. 따라서 정답은 (a)이다.

indicate 가리키다, 지적하다 **preschooler** 취학 전 아동 **literate** 글을 읽고 쓸 줄 아는, 교양 있는 **curriculum** 교육과정, 이수과정 **conduct** 행위, 경영; 행동하다 **literacy** 읽고 쓸 줄 앎, 교양 있음 **incorporate** 법인으로 만들다; 결합의 **be eager to** ~하기를 열망하다 **get up** 일어나다, 올리다 **engage** 약속하다, 예약하다 **conclude** 끝내다, 결말짓다 **average** 평균(의) **bring in** 들여오다, 제출하다 **foundational** 기본의, 기초적인 **inquiry** 연구, 조사 **involvement** 연루, 성가신 일

4. (c)

_____ 첫 번째 단계는 스스로에게 '내 안에 웨딩플래너가 되기 위한 자질이 있는가? 그것이 있는가?'하고 물어보는 것입니다. 웨딩플래너의 역할과 책무들은 기본적으로 서비스 산업의 직종과 유사하며 어떠한 서비스업이라도 그 첫째 규칙은 '고객은 왕입니다'이다. 이는 사람들을 시중들고 그들의 요구를 충족시키는데 있어서 엄청난 양의 인내와 이해를 필요로 합니다. 결혼을 계획하는 일의 전제를 배우기 위해 당신은 학교에 참석할 수도 있습니다. 그러나 고객들을 다루는 요령은 내부에서 나와야 합니다. 웨딩플래너의 임무가 무엇인지 더 배워 보시겠습니까?
(a) 전력 산업에서 고도로 훈련된 관리자가 되기 위한
(b) 요식 산업의 분야에서 직업을 얻기 위한
(c) 웨딩플래너가 되기 위한
(d) 서비스업계의 일원이 되기 위한

◎ 이러한 종류의 문제는 매우 쉬운 난이도에 속하므로 최대한 빨리 정확하게 푸는 것이 관건이다. 선택지를 보면 직업의 분야가 다 다르다는 것을 알 수 있다. 즉, 무슨 직업에 관한 글인지를 파악하면 끝난다는 것이다. 바로 다음 문장에서 to become a wedding planner를 통해서 정답이 (c)라는 것을 알 수 있다.

responsibility 책임, 책무 **basically** 기본적으로, 기초적으로 **tremendous** 거대한, 지독한 **when it comes to** ~의 경우 **serve** 섬기다, 접대하다, 응대하다 **cater** 조달하다, 요구를 채우다 **demand** 요구 **premise** 전제 **tactic** 전략, 방법

5. (b)

_____. 크리스토퍼 콜럼버스의 역사적인 1492년의 항해가 유럽 대륙 지도에 신세계를 그리기 수세기 전에, 구세계는 서쪽 수평선 너머 대륙의 이야기로 소란스러웠다. 이러한 전설들은 유럽 역사의 무거운 짐에서 자유로운 에덴동산 같은, 자원으로 풍요로운 미개발지로 묘사했다. 심지어 스페인 정복자들, 프랑스 사냥꾼들, 네덜란드 항해자들과 영국 정복자들이 16세기에 이 신세계 지형을 기록하기도 전에, 그곳은 개인과 전 인류 모두가 새롭게 삶을 다시 시작할 수도 있는 기회의 땅으로 간주되었었다. 첫 영국 정복자들의 다수는 풍요로움으로 축복된 삶을 찾아서 미국 대륙으로 왔고, 다른 이들은 축복이 가득한 삶을 찾아서 왔다.
(a) 구세계와 신세계는 많은 공통점을 갖고 있었다.
(b) 아메리칸 드림은 미국 대륙보다 더 오래되었다.
(c) 미국은 유럽과 멀리 떨어져 있다.
(d) 아메리칸 드림은 유럽에서는 인기가 없다.

◎ 빈칸이 맨 앞에 위치하는 문제들의 대다수가 바로 다음 문장에서 결정적인 단서들이 확인되는 경우가 일반적이다. 이 문제 역시 두 번째 문장에 보면 Centuries before를 통해서 수세기 이전부터 the Old World was buzzing with stories of lands beyond the western horizon.를 통해서 구세계 사람들이 신세계에 대해서 궁금해 했으며 동경해 왔다는 내용이 언급되어 있어 바로 빈칸의 내용을 알 수 있다. 즉, 빈칸에는 오래 전부터 신세계에 대한 동경이 있어 왔다는 내용을 담고 있는 선택지가 정답일 수밖에 없다. 따라서 정답은 (b)이다.

historic 역사적인, 역사의 **voyage** 항해 **buzz with** ~로 웅성이다, 소란스럽다 **horizon** 지평선, 수평선, 한계 **fable** 전설, 신화, 꾸며낸 이야기 **depict** 묘사하다, 표현하다 **wilderness** 황무지, 미개지 **realm** 왕국, 영역 **Edenic** 에덴의, 극락의 **conquistador** 정복자 **trapper** 덫을 놓는 사람 **colonist** 식민지 주민, 개척자 **chart** 계획을 세우다, 기록하다 **terrain** 지역, 지대 **in search of** ~을 찾아서 **sought** **seek**의 과거형, 과거분사형 **a lot in common** 많은 공통점 **far away from** ~로부터 멀리 떨어져

6. (b)

다음은 _____이다. 일반적인 심장전문의의 경우 학사나 석사 과정과 의과대학에서의 4년, 내과에서 3년의 레지던트 과정을 수료한 후에 그 직책을 획득할 수 있다. 여기에 심장학과에서의 3년간의 특별 연구원으로 생활이 따른다. 중재적 심장전문의는 중재적 심장전문의로서 수업과 훈련을 받기 위해 심장학과의 특별 연구원을 성공적으로 수료한 후에 또 1년을 보낸다. 위의 모든 심장전문의들은 공인 내과의가 되기 위한 주 시험을 통과해야 한다. 게다가, 성공적인 소아 심장의를 위해서는 지성적이고 물리적인 지구력뿐만 아니라 그들의 어린이 환자들과 의사소통을 할 수 있는 능력도 중요하다.
(a) 소아심장전문의 직업 설명
(b) 심장전문의 교육 요건
(c) 심장 질환을 위한 치료 계획
(d) 심장전문의가 되기 위한 선결 조건

◎ 다음에 따라오는 것들이 무엇에 대한 것인지를 파악하면 해결되는 문제이다. 뒤 문장에 보면 one can attain the position of a cardiologist라는 문장을 통해서 이후의 문장들은 심장전문의가 되기 위한 요건들이 설명이 되어있다는 것을 알 수 있다. 따라서 정답은 (b)이다. 실제 시험장에서는 (a) 같은 선택지에 빠지지 않도록 주의하자. 소아심장전문의에 대한 직업 설명이 되려면 이에 대한 내용이 주를 이루어야 하며 이 글은 일반적인 심장전문의에 대한 설명이 주이며 추가적으로 소아심장전문의를 언급한 내용의 구조이다.

attain 달성하다, 성취하다 **cardiologist** 심장전문의 **complete** 완성하다, 완료하다 **bachelor** 학사 **master** 석사 **residency** 전문의 실습 기간 **internal** 내부의 **interventional** 사이에 있는, 개입된

fellowship 특별 연구원 cardiology 심장학 certified 인증된, 검증된 in addition 게다가 intellectual 지적인, 지성의 stamina 지구력, 체력 patient 환자 pediatric 소아과의 description 기술, 설명 requirement 요구, 필수, 조건 ailment 병, 불쾌 prerequisite 미리 필요한, 전제의

7. (a)

＿＿＿＿＿＿＿＿. 소비된 알코올의 양과 함께 그 위험은 증가한다. 비음주자와 비교해서, 하루에 알코올 한 잔을 소비하는 여성은 매우 조금 위험이 증가한다. 2~5잔을 매일 마시는 여성은 술을 마시지 않는 여성의 위험에 비해 약 1.5배 증가한다. 과도한 알코올 섭취는 구강암, 후두암, 유방암, 간암을 발생시키는 위험을 증가시키는 것으로 또한 알려져 있다. 미국 암협회는 여성은 하루에 한 잔 이상이 되지 않도록 그들의 알코올 소비를 제한하라고 권고하고 있다.

(a) 알코올 소비는 특정한 암의 발생 위험의 증가와 관련이 있다.
(b) 소비된 알코올 종류는 유방암 발생 위험의 증가와 연관이 있다.
(c) 규칙적으로 운동하는 것은 유방암 발생을 예방하는 최고의 방법이 될 수 있다.
(d) 모든 여성은 어떤 환경 하에서도 음주하지 않아야 하는 것이 권장된다.

◉ 빈칸의 위치가 맨 앞이다. 주제문이 들어갈 자리임을 의미한다. 리딩 문제를 풀 때 이 문제처럼 뒤에 실험이나 리서치, 여론조사 등이 나오면 무엇을 연구했고 그 결과가 무엇인지를 파악하는 것이 무엇보다 중요하다. 이 문제 역시 The risk increases with the amount of alcohol consumed.를 보면 술의 양과 암 위험의 발생 정도의 가능성에 관한 내용이므로 정답은 (a)라는 것을 알 수 있다.

- -

work out 운동하다, 성취하다 amount 양 consumed 소비된, 낭비된 compare with ~와 견주다, ~와 비교하다 alcoholic 알코올 중독성의, 습관성의 times 배, 곱 throat 목구멍, 인후 recommend 추천하다, 권장하다 be linked with ~와 연관이 있다 be related with ~와 관련이 있다 on a daily basis 규칙적으로 circumstance 주위의 사정, 환경

8. (d)

＿＿＿＿＿＿＿＿. 자유무역과 연관이 있는 모든 국가들은 이익을 얻는다. 그 결과, 더 낮은 가격과 더 많은 고용 그리고 더 나은 수준의 삶이 개발도상국 국가들에게 있게 된다. 몇몇 개발도상국들이 다른 선진국들의 희생으로 발전하는 것으로 우려된다. 그러나 세계화는 전 세계에 걸쳐 기술들이 삶의 수준을 향상시키는 것을 가능하게 하는 긍정적인 합산의 기회이므로 그러한 의심은 헛된 것이다. 1981년부터 2001년까지 20년 동안 하루에 1달러나 그 미만으로 살아가는 사람들의 수는 15억에서 11억으로 줄어들었다.

(a) 세계화는 선진국에 경제적 기회들을 감소시킨다.

(b) 세계화는 산업화된 국가들의 경제적 번영을 증대시킨다.
(c) 세계화는 개발도상국의 경제적 번영을 증가시킨다.
(d) 세계화는 세계가 함께 가는 더 나은 길로 인도한다.

◉ 주제문이 들어갈 자리이다. 이러한 문제는 이 글이 말하고자 하는 요지를 파악하고 그에 부합하는 선택지를 고르면 바로 해결되는 문제이다. 이 글 역시 However, such doubts are futile as globalization is a positive-sum chance를 통해서 세계화가 선진국, 개발도상국 모두에게 좋은 기회가 되므로 세계화와 관련된 두려움은 근거가 없다는 내용을 통해서 이 글은 세계화의 긍정적인 면을 기술하는 글이라는 것을 알 수 있으며 따라서 정답은 (d)이다.

- -

involved in ~에 연관이 있는 trade 무역, 거래 as a result 그 결과, 마침내 employment 고용 developing 개발 중인, 개발도상국의 region 지역, 영역 progress 진행하다, 발달시키다 expense 지출, 비용 futile 헛된, 효과 없는 enable to ~을 가능하게 하다 throughout 도처에, 온통 decade 10년간 billion 10억 prosperity 번영, 부유

9. (c)

기사 마케팅에서 ＿＿＿＿＿＿＿＿ 마케터가 할 수 있는 가장 중요한 것 중 하나이다. 그것은 인터넷 마케터들이 그들의 고객들을 끌어들이기 위해 사용하는 주요 어구이다. 그 키워드나 주요 어구들은 우리가 검색 엔진에 입력되는 검색 단어와 일치시키기 위해 시도하는 어구들이다. 예를 들어 사용자가 검색엔진에 "기사 마케팅"을 치면, 그것은 주요 어구로 알려지고 이는 그 어구들이 결과 페이지에 표시되기 위해 기사 마케터가 그들의 기사로 엮을 필요가 있는 것이다. 문제는 더 흔한 주요 어구일수록 그 주요 어구가 되려고 하는 더 많은 경쟁이 있다는 것이다. 그래서 더 적은 고객을 충족시키지만 더 적은 경쟁을 하는 더 구체적인 검색 용어를 사용하는 것이 이치에 맞다. 이것이 꼬리가 긴 키워드로 알려진 것들을 사용함으로써 이루어지는 것이다.

(a) 다양한 키워드를 사용하는 것은
(b) 흔한 키워드를 사용하는 것은
(c) 길게 늘어진 키워드를 사용하는 것은
(d) 혼동하게 하는 키워드를 사용하는 것은

◉ 이 문제는 마케터들이 사용할 수 있는 가장 중요한 것 중의 하나가 무엇인지를 찾는 문제이다. Thus, it makes more sense to use more specific search terms that cater to a smaller audience but have less competition. This is done by using what is known as long-tail keywords. 이 두 문장을 통해서 핵심 방법이 바로 long-tail keywords를 사용하는 것이라는 사실을 알 수 있다. 따라서 정답은 (c)이다.

article 물품, 조항 keyphrase 주요 어구 in order to ~하기 위해 attract 매혹시키다, (마음을) 끌어당기다 match up with ~와 일치시키다, 조화시키다 term 기간, 조건 search engine 검색 엔진 weave 엮다, 만들어 내다 display 전시하다, 나타내다 competition 경쟁, 시합 make sense 이치에 맞다, 의미가 통하다

6

thus 그래서, 그러므로 cater 제공하다, 요구를 채우다 audience 관객, 청중 long-tailed 꼬리가 긴 misleading 오해시키는, 혼동케 하는

10. (b)

> 도서관에 대한 검열은 _____. 역사적으로 도서관은 고대 이래로 검열의 대상이 되어 왔다. 역사는 도서관 수집품에 대한 파괴와 기원전 221년 중국에서 기록된 고의적인 도서관 방화에 대한 것들로 어질러져 있다. 비록 기원적 47세기의 알렉산드리아 도서관의 400,000개의 기록들이 화재로 파괴된 것은 어디서 듣더라도 우발적이었음에도 불구하고, 1683년의 옥스포드 대학 도서관 전체 소장품에 대한 화재는 왕으로부터 직접 명령에 의한 것이었다. 심지어 20세기에도 도서관들에 대한 방화와 파괴는 사라예보와 코소보의 사건에서와 같이 위험인물들에 대한 경고와 이민족 언어를 제거하는 방법으로써 통치자들에 의해 널리 이용되어 왔다. 1991년 세르비아 정부는 모든 교육수준에서 알바니아어를 교육 언어로 사용하는 것을 금지했다.
> (a) 새로운 현상
> (b) 결코 최근의 관례는 아닌
> (c) 오늘날 매우 흔한
> (d) 많은 나라에서 흔한 관례

◎ 본문이 도서관 검열의 어떤 면을 기술하고 있는 지를 파악하면 되는 문제이다. 이 문제 역시 바로 다음 문장에서 직접적인 단서를 제공하고 있다. In history, libraries have been the targets of censorship since ancient times. 이 문장을 통해서 뒤에 오는 내용을 예측할 수 있다. 역사 속에서 도서관이 검열의 대상이었다는 것을 보여주는 내용들이 올 것이다. 이렇듯 독해에서 예측하면서 독해를 하는 것은 매우 중요한 기술이다. 따라서 평소에 문장을 읽으면서 앞으로의 내용 전개를 예측해 보는 것은 정확하고 빠른 독해를 위한 첩경이라 할 수 있다. 선택지 역시 쉬운 문제는 제시되는 문장 자체가 단순하지만 어려운 문제는 문장을 난해하게 재구성하는 경향이 강하다. 이 문제 역시 far from a recent practice '최근의 관행이 결코 아니다' 즉, 예전에도 존재했었다는 의미를 전달하고자 하는 것이다. 따라서 정답은 (b)이다.

----

censorship 검열 target 목표; 목표로 삼다 ancient 고대의, 옛날의 litter 잡동사니; 어질러 놓다, 흩뜨리다 destruction 파괴 collection 수집, 채집 flaming 불타는 pyre 장작더미 continent 대륙, 육지 deliberate 신중한; 고의 bibliotheca 장서, 서고 by all accounts 누구 말을 들어도 accidental 우연한 entire 전체의, 완전한 extensively 널리, 광범위하게 apply 적용하다, 지원하다 ruler 통치자, 주권자 subversive 파괴하는; 위험인물 ethnic (소수)인종의, 민족 특유의 purge 깨끗이 하다, 제거하다 government 정부, 정치(체제) instruction 교수, 교훈 ban 금지하다 phenomenon 현상 practice 습관, 실행 far from(= never) 결코 ~이 아니다 these days 요즘에, 최근에

11. (b)

> 건강 관련 기사들은 판매를 증대시키기 위해 많은 이들에 의해 사용되어 왔다. 이것은 건강 블로그만을 이용하여 행해질 수 있

다. 이미 많은 사람들이 건강 관련 주제들에 관심이 있기 때문에, 여기에 _____ 간단한 방법들이 있다. 인기 있는 화제에 대한 글을 많은 사람들은 자신이 항상 건강 관련 자료에 대해 최신의 내용을 찾는다는 것에 동의할 것이다. 만약 당신이 건강에 정말로 지식이 없다면 당신은 내과의사나 의사들에게 당신의 글 쓰는 노력을 맡겨야만 한다. 또한 인기 있는 건강 화제들을 따라잡기 위해 당신은 그들만의 건강 카테고리를 가진 소셜 북마킹 사이트들을 보아야 한다. 건강 블로그들에 의견을 표현하라. 다른 건강 블로그들에 의견을 표현하는 것은 당신의 판매를 정말로 끌어올릴 수 있다. 당신의 광고를 당신의 블로그 게시물에 위치시켜라. 만약 당신의 블로그 게시물에 당신의 건강 광고가 있다면, 대부분의 독자들은 그것들을 알아차리고 더 빨리 클릭할 것이다.
> (a) 인터넷을 통해 당신의 시장 점유율을 올리기 위한
> (b) 당신의 건강 블로그로 판매를 올리기 위한
> (c) 항상 판매를 높게 하기 위한
> (d) 최신 내용을 따라잡기 위한

◎ 빈칸 앞에는 건강 관련 기사들이 판매량 증대에 사용되어 왔다는 내용과 함께 수단으로 건강 블로그가 이용된다는 내용을 언급하고 있다. 따라서 빈칸의 내용은 구체적으로 어떻게 건강 블로그로 판매를 향상시키는 지에 대한 방법들이 언급되는 내용이 온다는 것을 알 수 있다. 따라서 정답은 (b)이다.

----

article 기사, 조항 look for ~을 찾다 up to date 최신의 catch up with ~을 따라잡다 when it comes to ~에 관하여 material 재료, 물질 knowledgeable 지식 있는, 아는 것이 많은 outsource 외부에서 조달하다 physician (내과)의사 keep up with ~를 따라잡다, ~을 유지하다 bookmark 북마크(인터넷 사이트를 브라우저에 등록해 두는 기능) comment 논평하다, 설명하다 boost 밀어 올리다, 증대시키다

12. (b)

> 마르크스는 _____. 첫 번째로 그는 유동적이고 적응할 수 있는 자본주의의 성격을 이해하는 데 실패하였다. 오래된 산업들이 사라지고 새로운 산업들이 등장한다. 1960년대의 어떤 이에게 빌 게이츠와 그 컴퓨터 소프트웨어 산업을 설명한다고 상상해 보라. 그들은 당신을 믿지 않을 것이다. 자본주의는 거의 한 단계에 머무르지 않고 끊임없이 변화하는 체제이다. 두 번째로 마르크스는 자본주의가 단지 하나의 시스템이 아니라는 것을 이해하는 데 실패하였다. 자본주의는 많다. 그것은 미국, 프랑스, 싱가포르, 일본의 자본주의들이 각각 서로 구별된다는 점에서 알 수 있다. 마르스크의 간명화된 자본주의 개념은 가설이 이데올로기의 부문으로 대체되었을 때 어떤 일이 벌어질 수 있는지를 설명하는 것이다.
> (a) 두 가지의 의미에서 공헌을 하였다.
> (b) 몇몇 방식에 있어 실수했다.
> (c) 자본주의의 미래를 예측하는 데에 있어 정확했다.
> (d) 자본주의에 반대하는 강력한 입장을 채택한다.

◎ 빈칸의 내용은 마르크스가 무엇을 했는지를 파악하는 것이 관건이다. 뒤 문장 First, he failed to understand에 보면 그가 이

해하는 데 실패했다는 내용이 언급되어 있다. 이를 통해서 빈칸에는 그가 실패한 것들과 관련된 내용이 들어가야 한다는 것을 알 수 있다. 이를 염두에 두고 선택지를 보면 (b)에서 언급한 몇몇 실수가 바로 본문에 언급된 내용이라는 사실을 확인할 수 있다. 따라서 정답은 (b)이다.

----

flexible 유연한 adaptive 적응하는 nature 성질, 성격 capitalism 자본주의 fade 약해지다, 사라지다 rarely 거의 ~않다 get stuck ~에 갇히다, 멈추다 constant 끊임없는, 지속적인 distinct 별개의, 뚜렷한 simplify 단순화하다 notion 개념 illustrate 설명하다, 명확히 하다 theory 가설 ideology 이데올로기, 이념 contribution 기부, 공헌 a couple of 두서너 개의, 몇몇의 accurate 정확한, 올바른 stance 태도, 입장 against ~에 반대하는

13. (b)

채용 과정에서 _____. 초반의 긴장감을 제거하고 서먹서먹한 상태를 타파하기 위해서 지원자를 편안하게 해 주는 것은 매우 중요하다. 지원자들에게 일반적인 질문들로 먼저 시작하는 것이 더 좋은데, 이는 지원자로 하여금 긴장을 풀게 해 준다. 질문들은 반드시 일과 관련되고 객관적이며 지원자들에게 이해 가능해야 한다. 보통 고용주의 면접 질문들의 몇몇은 다음과 같다. '자신에 대해 이야기해 보시겠습니까? 당신의 경력은 무엇이며 이 직업과 어떻게 연관되어 있습니까? 무엇이 당신을 이 직업에 지원하게 했습니까?' 채용할 수 있는 자리의 책임들을 설명할 때 모든 모호한 표현들은 없어야만 한다. 따라서 고용주는 채용 시 반드시 기초 면접 기술들과 무엇을 물어야 하는 것인가에 대해 더 많이 읽어야만 한다.
(a) 긴장감은 면접을 볼 때 더 나은 결과를 위해 필요하다.
(b) 비효율적인 면접 전략들은 훌륭한 직원들이 도망치도록 야기한다.
(c) 면접은 채용 과정에서 중요한 역할을 한다.
(d) 면접자들은 자신들의 직업윤리와 일치하는 임무를 수행해야 한다.

○ 빈칸의 다음 문장을 보면 it is very important ~ 라는 문장이 나온다. 실제 독해에서 어떤 것이 중요하다는 문장이 나오면 반드시 체크하자. 이는 실제 문제풀이에서도 중요하기 때문이다. 뒤의 내용들은 요약하면 효과적인 면접을 위해서 필요한 것들에 대한 설명이라 할 수 있다. 따라서 빈칸에는 '효과적인 면접은 매우 중요하다'와 관련된 내용이 들어가야 한다. 이를 중심으로 선택지를 보면 정답이 (b)라는 것을 알 수 있다.

----

recruitment 채용 at ease 편안하게 eliminate 제거하다 break the ice 긴장을 풀게 하다, 서먹서먹한 침묵을 깨다 candidate 후보자, 지원자 objective 객관적인 apply 지원하다, 적용하다 ambiguity 애매모호함 do away with ~을 없애다 describe 묘사하다, 설명하다 slot 위치, 지위 thus 그러므로 consonant with ~와 일치하는, ~와 조화하는

14. (b)

사무 관련 이메일 예절은 정보를 전달하거나 공식적인 요청을 하는 활동에 관해서는 _____ 것이다. 단 하나의 이메일이 당신의 성공적인 미래의 노력들을 위한 길을 만들 수 있거나 또는 수신인과의 어떠한 비즈니스의 영역을 배제할 수도 있다. 사업상 이메일에 보여진 전문성과 예의의 수준은 지속되는 인상을 남기고 비즈니스에 있어 긍정적인 효과를 갖는다. 자신감 있는 외향과 인상 깊은 바디 랭귀지의 혜택은 사업에 이메일 서비스를 이용할 때 적용 가능한 것이 물론 아니지만, 당신이 만들어 낼 수 있는 이익의 수준은 그럼에도 불구하고 같다. 그러기 위해서 다음의 사업상 이메일 예절은 항상 마음에 새겨져야 한다.
(a) 더 이상 필수적이지 않은
(b) 가장 중요한
(c) 비즈니스 활동에 널리 퍼져 있는
(d) 상업적인 비즈니스와 같은

○ 비즈니스 이메일 예절의 무엇에 관한 글인지를 파악하면 해결되는 문제이다. 뒤에 오는 내용을 보면 A single email can make way for your successful future.를 통해서 이메일의 중요성과 courtesy shown in the business emails leave a lasting impression, and have a positive effect on the business 을 통해서 사업에 있어서 예절이 중요하다는 내용을 언급하고 있는 구조이다. 따라서 정답은 이메일 예절의 중요성에 관한 글이라는 것을 알 수 있다. 따라서 정답은 (b)이다.

----

when it comes to ~에 관하여 convey 전달하다, 나르다 formal 공식적인, 격식을 차린 endeavor 노력, 시도 rule out 제외하다, ~의 가능성을 없애버리다 scope 범위, 영역 recipient 수령인, 수신인 professionalism 전문성 courtesy 예의바름, 공손 lasting 영속하는, 지속하는 confident 자신감 있는, 확신 있는 impressive 강한 인상을 주는, 감명 깊은 applicable 적용 가능한, 적절한 nevertheless 그럼에도 불구하고 utmost 최고로, 가장 widespread 널리 보급된, 광범위한 commercial 상업상의

15. (b)

최근 동아시아의 경제적 성장은 _____ 대한 문화적 설명을 가져왔다. 일본, 남한, 대만, 홍콩, 싱가포르는 천연자원은 없지만 열심히 일하고 돈을 저축하며 서로를 신뢰하는 규율이 잡힌 사람들이 있다. 또한 대부분은 민주주의로 전환하였다. 어떤 이들은 이러한 가치들을 장려하는 그들의 공통된 유교 유산을 지목한다. 반면에 중동은 서로를 신뢰하지 않는 완고한 이슬람 사람들을 가지고 있다. 그곳의 원유는 오직 표면적인 근대화를 가져왔을 뿐 민주주의는 없고 세계에서 가장 높은 실업을 가져왔다.
(a) 어떻게 경기 침체를 극복했는지에
(b) 왜 다른 국가들이 가난해지는 반면 몇몇 국가들은 부유해졌는지에
(c) 어떻게 빈부 사이의 불평등을 어떻게 대처하는 지에
(d) 왜 일부 국가들이 민주주의로 전환하지 않는가에

◐ 빈칸 뒤의 내용을 보면 아시아의 몇몇 국가들은 천연자원이 없음에도 불구하고 성장을 이룩했고, 중동의 몇몇 나라들은 원유라는 고부가 천연자원이 있음에도 불구하고 민주주의도 이룩하지 못했으며 가장 높은 실업률이라는 문제점을 가지고 있다. 이를 통해서 원인을 아시아의 유교 문화에서 찾으려는 노력이 있다는 내용을 통해서 빈칸에는 성장의 원인을 문화적으로 설명하려는 시도가 있었다는 것을 알 수 있다. 따라서 정답은 (b)이다.

- -

recent 최근에, 최근의 growth 성장, 발전 explanation 설명 discipline 훈련시키다, 단련하다 turn into ~로 전환하다, 변화하다 democracy 민주주의 confucian 유교의, 공자의 heritage 재산, 유산 promote 촉진하다, 장려하다 on the other hand 반면에 rigidly 완고한, 고정된 superficial 표면적인 modernization 현대화 unemployment 실직, 실업 depression 불황, 침체 cope with ~에 대처하다 inequality 불평등

16. (a)

매일 1,440분이 있다. 그 중 30분을 _____을 위해서 계획하라! 규칙적인 운동은 건강을 유지하는 데 매우 중요한 부분이다. 활동적인 사람들이 더 오래 살고 기분도 더 좋다. 운동은 당신이 건강한 몸무게를 유지하는 데 도움을 줄 수 있다. 그것은 당뇨와 몇몇의 암과 심장 질환들을 지연시키거나 예방할 수도 있다. 대부분의 성인은 30분의 적당한 신체적 활동을 한주에 적어도 5일을 해야 할 필요가 있다. 운동의 예로는 활발하게 걷기, 잔디 깎기, 춤추기, 기분 전환을 위한 수영이나 자전거 타기가 있다. 스트레칭과 웨이트 트레이닝 또한 당신의 신체를 강화시키고 건강상태를 개선시킬 수 있다. 중요한 것은 당신에게 맞는 적절한 운동을 찾는 것이다. 만약 그것이 재미있다면 당신은 동기가 부여된 상태를 더 유지할 수 있을 것이다.

(a) 신체적인 활동
(b) 일상적인 명상을 수행
(c) 체중 증가
(d) 격렬한 운동 프로그램

◐ 바로 뒤 문장을 통해서 정답의 근거를 찾을 수 있다. 규칙적인 운동의 중요성이 언급되고 있으므로 빈칸에는 규칙적인 운동과 연관성이 있는 내용이 들어가야 한다. 따라서 정답은 (a)이다.

- -

schedule 예정하다 physical 물리적인, 육체의 critical 비평의, 결정적인 maintain 지속하다, 유지하다 delay 미루다 prevent 막다, 예방하다 diabetes 당뇨병 at least 적어도 briskly 활발하게 mow 베다 lawn 잔디밭 recreation 휴양, 기분 전환 fitness 건강상태 motivated 자극 받은, 동기가 부여된 strenuous 불굴의, 활발한

17. (a)

대부분 대출 기관은 대출자가 좋은 신용 점수와 입증된 신용 기록을 갖고 있기를 기대하기 때문에 _____. 비록 신용도가 없는 학생들을 위한 대출은 가능하지 않아 보이지만, 신용이 없는 학생들을 위해 기꺼이 대출을 제공하려고 하는

선택된 몇몇이 있다. 연방주택관리국(FHA)은 학생이 입증된 신용 기록을 가지지 못한 후자의 경우에도 불구하고 대출을 허용한다. FHA의 Kiddie Condo Loan Program은 신용이 없는 가난한 학생들에게 알려져 왔다. 이러한 종류의 대출은 또한 학생들이 좋은 신용 기록과 만족할 만한 신용 평점을 확립하도록 도움으로써, 호의적인 이자율로 도움이 될 수 있는 미래의 대출을 위한 길을 마련한다.

(a) 신용도 없이 대출하는 것은 어려운 일이다.
(b) 은행으로부터 대출하는 것은 매우 쉬운 일이다.
(c) 무이자 대출 펀드가 학생들에게 이용 가능하다.
(d) 학생 대출은 그 개인의 신용 등급을 망칠 수 있다.

◐ 대부분의 대출 기관은 대출자가 좋은 신용을 가지고 있기를 기대한다는 since절의 내용을 통해서 신용 없이 대출하는 것이 어렵다는 사실을 알 수 있다. 따라서 정답은 (a)이다.

- -

lender 빌려주는 사람(기관) borrower 빌리는 사람 establish 확립하다, 설립하다 feasible 실행 가능한, 있음직한 be willing to ~하다 latter 후자의, 뒤쪽의 satisfactory 만족스러운 pave (길을) 포장하다, 준비하다 avail 쓸모가 있다, 이익이 되다 favorable 호의적인, 유리한 procure 획득하다, 조달하다 loan 대부(금) task 직무, 과제 take out 대출하다 interest 이자, 이율 ruin 망치다, 파멸시키다 a piece of cake 매우 쉬운 일 interest-free 무이자 rating 평가액, 신용도

18. (b)

다음의 사례는 단지 _____에 대한 하나의 예일 뿐이다. 몇십억 불의 돈이 걸린 만큼, 많은 회사들이 휴대전화 시장에서 서로 특허권 침해에 대한 소송을 제기하고 있는 것으로 보인다. 한 달도 채 되기 전에 노키아는 애플사를 상대로 애플이 그들의 유명한 아이폰에 저작권 기술을 사용하고 있다고 주장하면서 특허권 침해 소송을 제기하였다. 애플사가 그들이 재판에 관해서 강력하게 그 사건을 방어할 것이라고 말하는 동안 몇몇 전문가들은 노키아가 이 사건을 제기한 데는 다른 이유가 있을지도 모른다고 생각하고 있다.

(a) 얼마나 급격히 최근에 노동 윤리가 감소하고 있는지
(b) 얼마나 최근에 휴대전화 시장이 경쟁적이 되었는지
(c) 왜 휴대전화 시장이 거대한 변화를 겪고 있는지
(d) 얼마나 빠르게 휴대전화 시장이 최근에 점차 감소하고 있는지

◐ 문제풀이에 필요한 것은 다음의 예가 무엇에 대한 것인지를 파악하는 것이다. 여기서 중요한 점은 그냥 읽고 내려가는 방법보다는 빈칸 이외에 제시된 부분을 통해서 무엇을 파악해야 하는지를 알고 독해를 진행해야 한다는 것이다. 바로 뒤 문장의 with billions of dollars at stake, are suing each other를 통해서 이동통신 시장에서 큰 이익이 때문에 서로가 상대를 소송한다는 내용이 언급되고 있다. 이를 통해서 통신 시장의 수익 규모 및 경쟁이 치열한 것을 파악할 수 있으므로 이와 연관된 정답은 (b)라는 것을 알 수 있다.

tip! 이 문제 역시 선택지를 요약하면 훨씬 쉽게 문제를 풀 수 있

다. (a) work ethics 노동 윤리 (b) how competitive 얼마나 경쟁인지 (c) why ~ massive changes 왜, 거대한 변화들 (d) dwindle 축소해 왔는지

---

following 다음의, 뒤따르는 case 경우, 사건 at stake 걸린 sue 고소하다, 소송을 제기하다 patent 특허권 infringement 위배, 침해 file 제기하다, 제출하다 claim 주장하다 copyright 저작권, 판권 defend 방어하다, 막다 vigorously 활발한, 강력한 expert 전문가 sharply 급격하게, 심하게 undergo 겪다 massive 거대한, 막대한 dwindle 점차 감소하다, 저하되다

19. (a)

비록 정부에 의한 검열은 외형상으로는 19세와 20세기 동안에 대부분의 서양 국가들에서 폐지되었지만, _____ 그 후에 공립 도서관이 특별히 어린 독자들을 위한 도서에 관한 문학의 선의의 보호자로서 활동할 것이 예상되었다. 이것은 차례로 교사들과 사서들에게 도덕적으로 파괴적이고 불쾌한 문학으로부터 독자들을 보호한다는 구실 하에 도서관의 다양한 책들을 검열할 권한을 주었다. 놀랍게도 스웨덴이나 노르웨이 같이 언론의 자유에 관한 가장 빠른 법률을 자랑하는 자유로운 사고를 가진 국가들에서 공립 도서관과 학교 도서관에 대한 감독은 저자들과 출판업자들에게는 걱정으로 남아 있었다. 이처럼, 불쾌한 책들에 대한 대중의 관심은 결코 줄어들지 않았다.
(a) 불쾌한 문학에 대한 대중의 관심은 줄어들지 않았다.
(b) 어떤 규제들로 검열이 대체되었다.
(c) 많은 공동체 지도자들은 인터넷에 대한 검열을 요청해 왔다.
(d) 어떤 책들에 대한 규제들은 이전보다 더 강력해지고 있다.

○ 양보절 접속사 단서 문제이다. 양보절은 항상 중요한 내용이 주절에 위치한다. Although S V, S V. 첫 문장을 통해서 '정부가 주도하는 검열이 외형상 폐지되었지만'이라는 내용을 통해서 뒤에는 여전히 검열이 존재한다는 내용이 온다는 것을 알 수 있다. 또한 뒤의 내용에서 검열의 주체가 이제는 정부가 아닌 대중이라는 사실을 말하면서 마지막 문장에서 다시 한 번 진술한다. Like this, public concern for offensive books has never lessened.를 통해서 불쾌한 책들에 대한 대중의 관심이 결코 줄어들지 않았다는 내용을 통해서 빈칸에 들어갈 내용을 알 수 있다. 따라서 정답은 (a)이다.

---

institute 세우다, 설립하다 censorship 검열 apparently 외관상으로 abandon 버리다, 그만두다 subsequently 그 후에, 다음에 benevolent 자비로운, 인자한 guardian 보호자, 수호자 concerning ~에 관하여 in turn 차례로, 번갈아 librarian 사서, 도서관원 censor 검열관; 검열하다 range 열, 범위 pretext 구실, 핑계 morally 도덕적으로 destructive 파괴적인 offensive 불쾌한, 공격적인 minded 마음이 ~한 boast 자랑하다 surveillance 감시, 감독 publisher 출판사, 출판업자 concern 관심, 걱정 lessen 적게 하다, 감소시키다 subside 가라앉다 be replaced by ~에 의해 대체되다, 교환되다 regulations 규제 call for ~을 요청하다, 큰 소리로 부르다 tough 거친, 어려운

20. (c)

60퍼센트가 낮은 신용을 가진 소비자들에게 대출하는 것에 대한 인지된 위험성을 반영하여 신용 한도를 조정한 반면에 2009년에 20퍼센트의 은행들은 _____, 일반적으로 720점 미만의 신용점수를 가진 고객들은 감소된 신용 한도를 확인되었다. 사실 은행들은 더 많은 노력을 했고 오랜 기간 동안 사용되지 않고 있는 카드를 무효화시켜 왔다. 실업률은 9.8 퍼센트이며 2010년 2분기에는 정점에 달할 것으로 예상된다. 그러므로 신용카드회사가 완벽한 신용을 가진 사람들에게 조차 신용 한도를 올리거나 유지하는 데 신중한 것은 당연하다. 이러한 시나리오에서 높은 한도를 가진 신용카드는 거의 있음직하지 않다.
(a) 주요 대출자들을 위한 존재하는 신용카드들의 신용 한도를 증가시켰다.
(b) 빈곤층을 위한 존재하는 신용카드들의 신용 한도를 증가시켰다.
(c) 주요 대출자들을 위한 존재하는 신용카드들의 신용 한도를 감소시켰다.
(d) 빈곤층을 위한 존재하는 신용카드들의 신용 한도를 감소시켰다.

○ 빈칸의 위치가 본문의 맨 앞이므로 주제문일 경우가 높다. 본문의 하단부에 연결이 Hence를 통해서 결론문을 확인할 수 있다. 즉, Hence, It's only natural that ~을 통해서 이 글이 전달하고자 하는 중심내용을 파악할 수 있다. 따라서 이 내용에 부합한 정답이 (c)임을 알수 있다. 선택지(c)의 prime borrowers는 even for people with perfect credit임을 의미한다.

---

while 반면에 adjust 조정하다 credit line 신용 한도 lend 빌려주다, 대출해주다 prime 제1의, 으뜸의 borrower 빌리는 사람 witness 목격하다 reduced 감소된, 할인된 go the extra mile 더 한층 노력하다, 책임량 이상을 하다 void 무효로 하다 inactive 비활동적인, 정지하고 있는 peak 절정, 최고점 wary 조심성 있는, 방심하지 않는 unlikely 있음직하지 않은, 성공할 것 같지 않은 the poor 가난한 사람들

Unit 01-2

1. (c)

미국의 사법제도 중요성, 특히 연방대법원의 중요성을 알았기 때문에 NAACP는 인종차별에 대항한 싸움을 법원에 더욱 더 집중했었다. 그것은 성과를 거두었다. 훗날 미국연방대법원 재판관이 되는 대표 변호사인 서굿 마샬이 있던 NAACP의 법률자문위원들은 성공적으로 그 유명한 1945년의 브라운 판결에서 공립학교에서의 인종적 차별을 요구하는 모든 주 법률의 합헌성에 대해 도전했다. 그리고 나서 계속해서 협회는 대중교통, 식당, 숙박 그리고 다른 영역에서의 차별에 대한 주 법률들의 합법성에 대해 도전을 지속했다. 위에서 언급한 사례들처럼, 미국 시민권에 거대한 변화는 _____ 일어났다.

(a) 법원을 통해서라기보다는 오히려 입법을 통해서만
(b) 전국 도처의 폭력적 활동의 방법에 의해
(c) 입법을 통하기보다는 법원을 통해 더
(d) 매우 짧은 기간에 지배 엘리트층에 의해

◉ 먼저 첫 번째 문장에서 법원의 중요성을 알고 법원에 집중한 전략이 성공적이었다는 언급과 함께 빈칸 바로 앞의 Like the cases mentioned above를 알 수 있는 내용은 모두가 공통적으로 법원을 통해서 문제를 해결하려고 시도했다는 점이다. 또한 선택지를 간단화시켜 보면 (a) legislation (b) violent activities (c) the court (d) ruling elite 이렇게 요약할 수 있다. 이를 통해서도 알 수 있듯이 정답은 법원을 이용했다는 이 글의 핵심을 언급하는 선택지인 (c)가 정답임을 알 수 있다.

----

be aware of ~을 알아차리다, 깨닫다 judicial 사법의 Supreme Court 대법원 association 협회, 연합 advancement 전진, 진보 colored 착색된, 유색의 racial 인종의, 종족의 segregation 분리, 차별 대우 pay off 전액을 지불하다, 성과를 거두다 chief 수장; 최고의 attorney 대리인, 변호사 justice 정의, 법관 constitutionality 합헌성 legality 적법, 합법 transportation 수송, 운송 lodging 숙박 vast 광대한, 막대한 legislation 법률 제정, 법령 throughout 도처에, 두루두루

2. (b)

여기 낙관주의자와 비관주의자의 이야기가 있다. 그 둘 모두 통계학에 매료된 훌륭한 수학자였다. 낙관주의자는 프랑스의 귀족으로 1734년에 태어났고 모든 급진주의를 받아들인 마르퀴 드 콩도르셰였다. 비관주의자는 영국 성직자인 1766년에 태어났고 인구가 늘어날수록 그에 대한 회의가 깊어진 토마스 맬서스였다. 콩도르셰는 인류가 완벽을 향해 가고 있다고 믿었다. 그의 사후 얼마지 않아 1794년에 출간된 '인간 정신의 진보'에서 콩도르셰에게 진전의 증거들 중 하나는 인구 증가. 이와 반대로 맬서스는 ＿＿＿＿＿＿＿＿＿ 믿었다. 맬서스는 억제되지 않은 인구 증가는 생존 수단의 증가를 초과한다는 그의 가설을 단정했다. 실제 인구 증가는 사망률을 증가시키는 기아나 질병 등과 같은 양성 제어에 의해 식량공급의 증가와 일치하여 유지된다는 것이다.
(a) 인류는 안정된 상태를 향해 가고 있었다고
(b) 인류는 멸종을 향해 가고 있었다고
(c) 인류는 더 높은 생활 수준을 요구했다고
(d) 인류는 천성적으로 너무 비관적이라고

◉ 빈칸에 들어갈 내용은 맬서스가 무엇을 믿었냐는 것이다. 바로 뒤 문장에서 단서가 제시되어 있다. The pessimist와 unchecked population growth always exceeds the growth of means of subsistence를 통해서 빈칸에는 비관적인 견해에 입각해 인구 증가가 생존 수단의 증가를 초과한다는 내용을 통해서 이와 부합하는 선택지는 (b)라는 것을 알 수 있다.

----

optimist 낙관론자 pessimist 비관론자 brilliant 빛나는, 훌륭한 mathematician 수학자 fascinated 매혹된, 마음을 뺏긴

statistics 통계치 nobleman 귀족 adopt 채택하다 radical 급격한 clergyman 성직자 skepticism 회의론, 무신론 deepen 깊어지다 population 인구, 주민 humankind 인류, 인간 head for ~을 향하다 posit 두다 hypothesis 가설, 가정 exceed 초과하다 subsistence 생존, in line with ~와 일치하여 starvation 기아, 아사 elevate 올리다, 들어 올리다 check 저지, 견제 stable 안정된 extinction 멸종 demand 요구하다 by nature 날 때부터, 본래

3. (b)

15세기 후반에 세계에서 가장 빨리 성장하던 제국은 잉카 제국이었다. 아마도 15세기의 이른 후반기에 잉카 제국의 설립자들은 고지대에서 비옥한 땅을 찾기 위해 내려왔다. 그들은 그들의 가장 큰 도시가 된 오늘날 페루인 쿠스코를 점령하고 그들의 주변국들이 복종하도록 만들기 시작했다. 그들은 많은 다양한 환경들을 교환을 원활히 하기 위해 하나의 지역에 결집시켰다. 잉카 왕국은 연안의 저지대와 우림의 언저리를 둘러싸고 있었다. 배당제는 재앙에 대비하는 일종의 보호 수단으로 상반되는 지역 간의 생산품 교환에 기반하고 있었다. 예를 들면, 저지대에서 작물 재배가 실패했을 때 ＿＿＿＿＿＿＿＿＿.
(a) 그들은 식량을 찾아 다른 지역으로 이동해야만 했다.
(b) 고지대로부터 오는 수확물이 여전히 풍성했을 것이다.
(c) 그들은 배당제를 폐지하였다.
(d) 그들은 고지대를 침략하지 않을 수 없었다.

◉ 연결어 단서 문제. 빈칸 문장에 for instance를 통해서 전 문장에 대한 예를 들고 있다는 사실을 알 수 있다. 즉 단서는 전 문장에 제시되어 있다는 것이다. The tribute system was based on the exchange of products between contrasting zones, as a form of insurance against disaster.의 뒤에 오는 작물의 수확량이 실패했다는 사례는 disaster의 경우를 보여주는 것이므로 정답은 일종의 보호 수단과 연관성이 있는 선택지가 정답이 될 수있다. 따라서 정답은 (b)이다.

----

empire 제국 founder 창건자, 설립자 descend 내려오다, 전해지다 fertile 비옥한, 기름진 occupy 차지하다, 점령하다 diverse 다양한 facilitate 용이하게 하다, 쉽게 하다 range 범위, 구역 realm 왕국, 영역 encompass 둘러싸다, 포위하다 coastal 해안의 lowland 저지대의 fringe 언저리, 주변 tribute system 배당제 contrast 대비, 대조 insurance 보험, 대비 for instance 예를 들면 highland 고지대의 abundant 풍부한 do away with ~을 폐지하다, 없애다 can't help ~ing ~하지 않을 수 없다 raid 습격하다, 침입하다

4. (b)

현재 예술 수집 세계에서는 두 가지 주목할 만한 새로운 사실들이 있다. 회사들이 예술의 힘을 깨달아 눈에 띌 정도로 수집가들이 되었다. 두 번째 변화는 미국 수집가들의 100년의 패권이 침식당하고 있다는 것이다. 처음 80년대에 서양 예술의 열성적인 수집가로서 등장한 사람은 일본인이었고 지금은 중국이나 인도, 러시아와 중동의 국가들과 같은 강력한 경제력을 갖춘 다른 아시아 국가들이 출현하기 시작했다는 것이다. 오늘날 예술 후원자로서 기업들의 역할이 미국 문화의 경제에 너무 중요해서 비영리적

문화적 기구와 영리적 사업을 구분하는 것은 거의 불가능하다. 따라서 _____ 거대한 전시를 여는 현대의 박물관을 상상하는 것은 거의 불가능할 것이다.
(a) 정부의 재정적 지원이 없이
(b) 거대 기업에 의한 주요한 자금 조달 없이
(c) 대중의 충분한 참여가 없이
(d) 잘 알려진 명작들이 없이

◎ 연결어 단서 문제. Thus(따라서)를 통해서 결론 문장임을 알 수 있다. 바로 전 문장을 보면 Today the role of the corporation as arts patron is so integral to the economy of American culture that it is nearly impossible to draw the line between not for profit cultural institution and for profit business.를 통해서 예술 후원자로서 기업의 역할이 너무 중요하다는 빈칸의 내용을 알 수 있다. 따라서 정답은 (b)이다.

----

current 현재의 noticeable 눈에 띄는 corporation 회사 significant 중요한 supremacy 최고, 주권 erode 침식하다, 부식시키다 initially 처음의 emerge 나타나다 voracious 열성적인, 게걸스레 먹는 assert 단언하다, 주장하다 presence 존재, 출석 patron 후원자, 단골손님 integral 없어서는 안 될 institution 시설, 학회 hardly 거의 ~않다 contemporary 같은 시대의, 현시대의 exhibition 전시회 financial 재정적인, 금융의 assistance 원조 fund 기금(을 제공하다) participation 참가, 참여 masterpiece 걸작, 대표작

5. (a)

무시 못 할 정도로 유통되고 있는 예술의 순환 과정에서 내용과 스타일, 질을 조정하는 현대 예술 후원에는 힘의 정치가 있다. 이것은 후원자나 스폰서가 예술에 영향을 미치기 위해 예술을 사용하고 그러고 나면 그는 더 이상 예술을 촉진시키지 않는다고 주장하는 학설에 신용을 부여하고 있다. 예술은 상실되었다. 이 동전의 이면은 예술이 돈을 향해 자연히 끌린다는 것이다. 중간 지대는 예술과 후원이 공생 관계를 가지는 것과 예술적 노력과 후원자의 지지 사이의 이 유대감이 세계에 많은 걸작들을 탄생시켰다는 것이다. 이 상호 작용적인 과정 사이의 양자를 동시에 만족시키는 행동은 _____ 교차로에 있다.
(a) 예술적인 이상과 재정적인 필요가 만나는
(b) 급격한 예술 시도들이 사라지고 있는
(c) 미학적 노력이 대중에 의해 지지 받는
(d) 힘의 정치가 도덕적 반감을 만나는

◎ 빈칸의 단서가 바로 전 문장에 제시되어 있다. The balancing act=the middle ground로 볼 수 있으며 crossroads=this bonding between aesthetic endeavor and patron support 로 볼 수 있다. 따라서 정답은 (a)이다.

----

politic 정치적인 contemporary 같은 시대의, 현시대의 patronage 단골, 후원 manipulate 교묘하게 다루다, 조종하다 circulation 순환 considerable 상당한 extent 정도 lend 빌려주다 credence 신용 theory 이론 claim 주장하다 patron 단골손님,

후원자 sponsor 후원자 influence 영향을 미치다 promote 촉진하다, 승진시키다 flip side 이면, 뒷면 gravitate (중력에 끌려) 내려앉다, 자연히 끌리다 symbiotic 공생 bond 속박, 유대 esthetic 미의, 미학의 endeavor 노력하다 masterpiece 명작, 대표작 interactive 서로 작동하는, 영향을 미치는 crossroad 교차로 ideal 이상(적인) financial 재정적인 necessity 필요성 radical 과격한 attempt 시도하다 diminish 사라지다, 없어지다 moral 도덕상의 objection 반대

6. (c)

'폼페이와 헤르쿨라네움의 벽에 새겨진 비문에 대한 소개'에서 렉스 E 왈라스는 독자들에게 어떻게 라틴어로 된 벽에 새겨진 글씨를 해독하는지를 보여주고 폼페이와 헤르쿨라네움에서 나온 많은 비문의 예들을 제공하고 있다. 왈라스가 다루는 비문들은 오늘날 정치적 슬로건과 읽기 힘든 낙서와 같이 공공장소를 망치는 것들처럼 비공식적인 것들이다. 왈라스는 벽에 새겨진 글자들을 디핀티와 그래피티의 두 형태로 구별하고 있다. 그래피티는 철필이나 다른 날카로운 도구로 벽에 새겨졌고 디핀티는 위에 그려진 것이다. 디핀티는 표준 형식을 따르는 계획된 공고문들인 반면 _____ 디핀티가 여러 면에서 표준이었기 때문에 상당수 디핀티는 예측 가능한 요소들이 있다. 왈라스는 약어들의 리스트를 제공하고 어떻게 그들을 해석하는지를 설명한다.
(a) 그래피티는 계획되고 조직화되었다.
(b) 그래피티는 유명한 작가들에 의해 만들어졌다.
(c) 그래피티는 계획되지 않은 경향이 있었다.
(d) 그래피티는 예측가능한 요소들을 갖고 있었다.

◎ 연결어 단서 문제. 양보절 while을 통해서 해결할 수 있는 문제이다. While dipinti were planned announcements following standard formats를 통해 'dipiniti는 기준 양식을 따르는 계획된 공고문들인 반면에'를 통해서 graffiti는 기준 양식을 따르지 않거나 계획된 게 아니라는 상반된 내용이 온다는 것을 알 수 있다. 따라서 정답은 (c)이다.

----

introduction 소개 inscription 비문, 새긴 글씨 decode 암호를 해독하다 preserve 보호하다, 보존하다 erupt 분출하다, 폭발하다 informal 비격식의, 형식을 따지지 않는 spoil 망쳐 놓다, 손상시키다 illegible 읽기 어려운 scrawl 갈겨쓰다, 아무렇게나 쓰다 distinguish 구별하다 impose 강요하다 by means of ~에 의하여, ~으로 stylus 철필 instrument 기계, 도구 be painted on ~ 위에 그려지다 while 반면에 announcement 공고, 발표 following ~을 따르는 predictable 예측할 수 있는 element 요소, 성분 abbreviation 생략, 약어 organize 조직하다, 계획하다

7. (b)

인터넷은 전통적인 미디어가 건드리지 않은 채 남겨둔 이야기들을 다룰 수 있다. 온라인 잡지인 'Salon'은 Rev. Moon의 미국 국회의사당에서의 구세주로서의 대관식 이야기를 터뜨렸다. 이것은 전통적인 미디어들을 놀라게 하여 몇 개월 후에 이 당혹스러운 사건을 다루게 하였다. 웹이 전반적으로 박식한 시민들을

만들게 될 것인가? 아마도 아닐 것이다. 대부분의 인터넷의 정규 뉴스는 TV와 신문을 가볍게 소화한 것이고 깊이나 견해가 없는 요약된 이야기들이다. _____. 그것은 저렴하기 때문에 모든 종류의 이상하고 건강하지 못한 견해들이 네트워크 상에 그것들의 독을 퍼뜨릴 수 있다. 포르노, 인종차별주의, 폭탄 제조들은 보통의 것이면서 제어하기 불가능한 것이다.

(a) 이것이 항상 저렴한 것은 아니다.
(b) 이것이 항상 긍정적인 것은 아니다.
(c) 이것은 정치적 영향을 주는 경향이 있다.
(d) 이것은 변화에 민감하지 않다.

◑ 빈칸의 문장이 일부분이 아닌 문장 전체인 경우는 글의 중심내용을 파악하고 빈칸 전후 문장 속에서 해결의 실마리를 찾아야 한다. 이 문제의 경우 Will the Web overall make well-informed citizens? Likely not.을 통해서 뒤에는 인터넷의 부정적인 면이 기술될 것을 알려주고 있다. 빈칸 뒤 문장 역시 부정적인 면이 언급되고 있으므로 정답은 (b)이다.

- -

conventional 전통에 따른, 상투적인 untouched 옛날 그대로의, 영향 받지 않는 coronation 대관식 capitol 미국 국회의사당 messiah 구세주 stun 놀라게 하다 embarrassing 당황하게 하는, 당혹스럽게 하는 incident 사건, 부수적인 일 overall 전반적으로 well-informed 박식한 digest 소화하다 depth 깊이, 깊음 sight 견해, 시야 all manner of 모든 종류의 viewpoint 견지, 관점 inexpensive 저렴한, 비싸지 않은 be prone to ~하기 쉽다, ~하는 경향이 있다

8. (b)

1912년에 와이오밍의 작은 마을에서 태어난 잭슨 폴락은 국가가 사라져가는 19세기를 대체하면서 국가가 현대 시대의 현실성들에 직면했던 것을 발견하면서 아메리칸 드림을 구체화시켰다. 폴락은 뉴욕 시티에서의 명성과 부를 찾아 고향을 떠났다. 연방 예술 프로젝트 덕분에 그는 빠르게 환호를 얻었고, 2차 대전 후에는 미국의 가장 유명한 예술 인사가 되었다. 그리고 폴락은 the American School의 교장 지위의 적법한 후보자이기도 했다. 1950년과 60년대의 뉴욕에서 그의 삶에서 일어난 수많은 대변동 동안, 폴락은 그의 결실들을 잃었다. 즉, 성공이 너무 빠르고 쉽게 왔기 때문이었다. 이 기간 동안 _____.

(a) 그는 그의 재정적인 후원자들에게 의존하였다.
(b) 그는 술에 의지했고 그의 결혼을 붕괴시켰다.
(c) 그는 심장 관련 합병증으로 고통 받았다.
(d) 그는 결코 그의 예술적 견해를 표현하기 위한 시도를 멈추지 않았다.

◑ during this period을 통해서 단서를 전 문장에서 찾을 수 있고 Pollock lost his bearings를 통해서 그가 얻어 왔던 것들을 잃었다는 내용이 뒤에 이어질 것을 알 수 있기 때문에 이와 상응하는 (b)가 정답이다. (c)같은 선택지에 주의하자. 본문에 언급된 단어를 선택지에 등장시키거나 상상력을 자극하는 선택지에 주의해야 한다.

- -

embody 구체화하다, 구현하다 confront 직면하다, 대항하다

fading 쇠퇴, 퇴색 in search of ~을 찾아서 fame 명성 acclaim 환호하여 맞이하다; 갈채 celebrity 유명 인사 fellow 동료 legitimate 합법의, 이치에 맞는 candidate 후보자 status 지위, 상태 upheaval 대변동 bearing 결실, 얻은 것 success 성공 depended on ~에 의존하다 disintegrate 분해하다, 붕괴하다 suffer from ~로 고통 받다 complications 합병증 viewpoint 견해, 관점

9. (b)

통합 마케팅 커뮤니케이션과의 저의 연관은 제가 이 성장하는 새로운 영역에 입문하였던 시카고 대학의 광고와 홍보부서에서 M.A 업무로 거슬러 올라갑니다. 십년 전 IMC와의 처음 경험 이후로 그 분야는 극적으로 발전해 왔고 많이 변화해 왔습니다. 그럼에도 불구하고 불행하게도 IMC의 두 가지 요소가 변화하지 않고 남아 있습니다. 그것은 의사소통에 대한 전체론적 접근과 전략적 마케팅 관리에 있어서 의사소통의 역할에 대한 강조입니다. IMC는 이제 비즈니스 세계와 또한 몇몇 정부의 환경의 곳곳에서 시행되고 있기 때문에 저는 _____ 믿고 있습니다.

(a) IMC는 전과 동일해야 한다고
(b) 이렇게 변화하지 않은 두 요소가 변화를 필요로 한다고
(c) 더 많은 연구가 학문적 훈련을 위해 필요하다고
(d) 더 많은 통합적 접근이 요구된다고

◑ 독해를 할 때 키워드를 찾는 것은 매우 중요한 기술이다. 리딩에 등장하는 흔한 키워드 중 하나가 바로 주관적인 단어(감정을 담고 있는)들이다. 앞으로 독해할 때 주관적인 단어가 나오면 체크하는 것을 습관화하자. 글의 이해와 내용 전개 구조 파악에 매우 유용하다. 이 문제에서는 unfortunately, two elements of IMC remained unchanged에서 unfortunately(불행하게도)라는 키워드가 사용되었다. 글쓴이 입장에서 unfortunately는 중요할 수밖에 없다. 이러한 경우 거의 대부분 주관적인 부분이 언급되거나 재 진술 되는 부분에 빈칸이 위치하는 경우가 많다. 따라서 정답은 (b). 그러한 변하지 않는 두 가지는 바로 글쓴이가 안타깝게 생각하는 두 가지이며 개선되기를 바라는 것이다.

- -

involvement 관련, 연루 integrated 평등한, 통합된 date back 거슬러 올라가다 department 부서 public relations 홍보, 선전 emerging 태어난, 신생의 initial 처음의, 최초의 decade 10년 evolve 발전시키다, 진화하다 dramatically 극적으로, 드라마틱하게 to a large extent 많이 nonetheless 그럼에도 불구하고 fortunately 다행히 holistic 총체적인, 전체론의 emphasis 강조 strategic 전략적인, 전술의 implement 실행, 수행 throughout 전반적으로 comprehensive 이해가 되는, 광범위한

10. (a)

1863년 태어난 에드바드 뭉크는 노르웨이의 최고 유명한 예술 가였다. 그의 개인적 고뇌와 집착을 기초로 하는 비통한 그림들은 표현주의의 발전에 유용한 것이었다. 그의 어린 시절 동안, 그

의 부모와 형제자매의 죽음과 다른 누이의 정신 질환은 그의 예술에 대단한 영향을 미쳤다. 그의 작품에서 뭉크는 병과 죽음, 비통의 기억들로 다시금 자꾸 돌아갔다. 그가 화가로 활동하는 동안 뭉크는 그의 작풍을 여러 번 바꾸었다. 처음에는 인상주의와 후기 인상주의에 영향을 받았고, 그는 몹시 개인적인 스타일과 내용으로 돌아섰고 점차 병과 죽음의 이미지들과 관계되었다. 1890년대 동안 그의 작품은 종종 _____.
(a) 비참한 질병과 죽음과 같은 상징적인 묘사를 포함했다.
(b) 당시의 인간과 사회 사이의 관계를 포함했다.
(c) 대부분 인상주의자들에 의해 사용된 몇몇 예술적 기술들을 배제하였다.
(d) 당시 시대의 사회적 이슈들과 정치적 의제들을 표현하였다.

◐ 빈칸의 주어가 그의 작품들이다. 따라서 작품에 대한 내용이 빈칸에 들어가야 한다. the death of his parents ~ were of great influence in his art를 통해서 알 수 있듯이 가족들의 죽음은 그의 예술에 대단한 영향을 미쳤다. 따라서 그의 작품 역시 죽음이나 고통과 연관이 있다는 것을 알 수 있다. 따라서 정답은 (a)이다.

tip! Key words는 일반적으로 강조와 함께 등장하는 경우가 많다. 예를 들어 문장 속에 far stronger 훨씬 더 강력한, the best 최고의, of great value 매우 귀중한, of great influence 매우 영향을 주었다 등은 중요한 키워드이므로 독해할 때 이런 부분이 나오면 반드시 체크하도록 하자.

- -

anguished 괴로움을 느끼는, 괴로운 grief 슬픔 obsession 집념, 강박 관념 instrumental 수단이 되는, 유익한 expressionism 표현주의 influence 영향(을 미치다) increasingly 점차 concerned with ~와 관계있는 symbolic 상징하는 portrayal 묘사(하기), 기술 misery 비참, 불행 impressionist 인상주의자, 인상파의 사람 agenda 의제(議題), 비망록

11. (a)

렘브란트의 작품이 잘 알려지고 레이덴에 있는 그의 작업실이 번영했던 1631년에 그는 암스테르담으로 이사했다. 그는 네덜란드에서 손꼽히는 초상화 화가가 되었고 종교적인 주제를 그린 작품들뿐만 아니라 초상화들에 대해 많은 커미션을 받았다. 그는 부유하고 존경받는 시민으로서의 삶을 살았고 아름다운 사스키아 오이렌부르흐를 만나 1634년에 결혼하였다. 그녀는 그의 많은 그림과 데생의 모델이 되었다. 이 시기의 렘브란트의 작업은 강렬한 빛의 효과로 특징 지워진다. 초상화 이외에 풍경화에서도 명성을 얻었다. 다른 모델이 없을 때, _____. 그가 50~60대의 자화상들을 그린 것으로 추정된다.
(a) 그는 자신의 이미지를 그렸다.
(b) 그는 당분간 그림을 그만두었다.
(c) 화가로서의 그의 일을 마침내 그만두었다.
(d) 그의 작품의 대부분은 전원의 풍경을 그린 것이다.

◐ 이 문제의 단서는 빈칸 앞의 when he had no other model 과 he painted between 50 and 60 self-portraits를 통해서 정

답을 알 수 있다. 즉, 스스로를 그렸다는 내용이 들어가야 하므로 정답은 (a)이다.

- -

flourish 번영하다 portrait 초상화 commission 위임, 수수료 religious 종교적인 subject 주제 in addition to 게다가 attain 달성하다, 얻다 fame 명성 landscape 풍경, 경관 estimate 추정하다 resign 그만두다, 사임하다 for the time being 당분간은 rural 시골의, 전원의

12. (b)

수년간 가장 흥미진진한 고고학적 발견 중 하나는 최근 남미에서 발표되었다. 파타고니아의 과학자들은 쥐라기 동안 살았고, 1억 7천 년이라는 나이가 될 수도 있는 포유류의 화석을 발견하였다. 만약 이 날짜가 정확하다면, 그것은 _____ 을 의미한다. 이것은 거의 모든 현대 포유류들이 북반구에 살았던 포유류의 자손이었을 것으로 생각되기 때문에 대단한 뉴스이다. 이러한 포유류 중 몇몇은 여전히 호주에서 오늘날에도 발견된다. 이 화석은 아르헨티나의 부에노스아이레스 남쪽으로 약 950마일쯤에 위치한 추부트와 파타고니아에서 발견되었다.
(a) 포유류는 북반구에서 진화하였다는 것
(b) 포유류는 남반구에서 진화하였다는 것
(c) 양서류는 북반구에서 진화하였다는 것
(d) 남미에서 발견된 모든 화석이 같은 시대에 속한다는 것

◐ 빈칸 바로 뒤 문장에 big news라는 키워드를 통해서 문제를 해결할 수 있다. big news because nearly all modern mammals are thought to be descendants of mammals who lived in the Northern Hemisphere를 통해서 그동안은 거의 모든 포유류가 북반구에 존재했던 포유류들의 후손일 거라 생각했었기 때문에 언급된 시기가 정확하다면 그 이전에 남반구에 포유류가 독자적으로 존재했다는 증거가 되기에 놀라운 소식일 수밖에 없다. 따라서 정답은 (b)이다.

tip! 이 문제에서 배운 키워드를 다른 문제에 적용하기 위해서 몇 개의 키워드를 추가적으로 학습해 두자. important, surprising, big 등의 주관적인 단어가 사용된 부분은 항상 중요한 부분이므로 체크하면서 독해하는 것을 연습하면 독해에 많은 도움이 될 수 있다.

- -

archaeological 고고학적인, 고고학상의 recently 요즈음, 근래(최근)에 fossil 화석의, 시대에 뒤진; 화석 mammal 포유동물 nearly 거의, 대부분 descendant 후손, 자손 belong to 속하다 amphibian 양서류의 era 기원, 시대

13. (b)

마침내 유럽의 이주민들의 풍습이 미국과 미국계 인디안 풍습과 결합되었다. 비록 매년 가을 축제는 흔한 것이었지만, 바로 첫 번째 미국 할로윈 축제는 play parties로 불렸다. 이러한 공적 행사에서 사람들은 추수를 축하하고 죽은 자들의 이야기를 공유하고 각자의 행운에 대해 이야기하며 춤추고 노래하고, 유령 이야기를 하였다. 시간이 지나면서 _____. 19세기 후

반기 동안 1846년 아일랜드의 감자 기근을 피해 도망 온 수백만의 이주민들이 미국에 왔다. 이것은 복잡한 할로윈 전통들을 창조했었고 사람들은 복장을 갖춰 입고 집들을 방문하기 시작하였다. 1800년대에는 할로윈을 공동체 기반의 이벤트에 다 가깝게 만들려는 추진이 있어서 무섭거나 받아들이기 힘든 것은 금지되었다. 20세기에는 1950년대의 베이비붐 덕분에 많은 아이들이 있게 되었다.

(a) 할로윈 축제는 간소화된 전통들을 가지고 있다.
(b) 할로윈 축제는 많은 변화들을 겪어 왔다.
(c) 유럽 이민자들은 할로윈에 대해 적대적인 태도를 유지하고 있다.
(d) 유럽 이민자들은 그들 자신의 전통들을 만들어 왔다.

○ 연결어 단서 문제. over time이라는 연결어를 통해서 시간이 흐름에 따라 일어난 것에 대한 내용이 빈칸에 들어갈 내용임을 알 수 있다. 빈칸 뒤의 문장들을 간단히켜 보면 시간이 흐르면서 변화들이 생겼다는 것을 알 수 있으므로 정답은 (b)이다.

- -
eventually 마침내 custom 고객, 풍습 immigrant 이민자 be combined with ~와 결합하여 annual 매년의 autumnal 가을의 harvest 수확, 추수 fortune 운, 행운 flood 홍수 flee 도망하다, ~에서 도망하다 famine 기근 complicated 복잡한 dress up ~을 정장시키다 costume 의상, 복장 unacceptable 받아들이기 어려운 forbidden 금지된 tradition 전통 hostile 적대적인

14. (C)

현대사회는 수평적으로 수입 또는 부에 따라 정의되는 축척된 계급, 즉 상위층, 중산층, 노동자층으로 나뉜다. 그러나 16세기와 17세기에 _____. 수직적인 구조들, 즉 이해집단, 전문직, 귀족들과 관료들의 고객들, 그리고 귀족이나 농민, 종파, 일족과 같은 사회적 질서들이다. 귀족과 성직자는 현대 시장 조사자나 여론 조사자들이 인식할 수 있는 어떤 측면의 계급도 아니었다. 그들은 거대하게 정도의 차이가 있는 부로 결합된 특권의 공동체였고, 그 세금의 특권과 법적 혜택은 그들을 구별지었다.

(a) 구조들은 거의 같았다.
(b) 사회들은 매우 수평적이었다.
(c) 구조들이 같지 않았다.
(d) 구조들은 매우 간단했다.

○ 연결어 단서 문제. 글이 취하는 흔한 구조들 중 하나가 바로 대칭구조이다. 이 글도 보면 먼저 현대사회와 16-17세기 사회를 비교하는데 있어서 현대사회는 horizontally stacked classes로서 수평적인 개념을 이용하였다. 그러면 16-17세기는 수직적인 구조인 vertical structure가 사용되었다. 결국 but를 전후로 현대와 그 당시의 사회구조가 달랐다는 내용이 이 글이 전달하고자 하는 주요 내용이므로 정답은 (c)이다.

- -
be divided into ~로 나누어진 horizontally 수평으로 stacked 쌓인 define 정의를 내리다 according to ~에 따라서 income 수입 vertical 수직의 structure 구조 profession 직업 client 소송의 뢰인, 고객 official 직무상의 nobility 귀족 계급, 귀족 peasantry 소

작인 계급, 소농 계급 sect 교파, 당파 clan 일족, 일문 clergy 성직자들 pollster 여론 조사자 recognize 인정하다, 인지하다 privilege 특권 unit 한 개, (구성)단위 hugely 크게, 매우 mark out 구획하다, 구별하다

15. (c)

최근 연구는 오직 한 가지 기호가 한 가지 소리만을 상징하는 알파벳의 개념이 기원전 약 1900년 경 이집트에서 처음으로 사용되었다는 것을 말해 주고 있다. 이집트와 거래하거나 전쟁을 했던 문명들은 이 알파벳에 노출되었고 이 개념은 확산되었다. 고대 그리스는 이 알파벳을 차용해서 그들만의 것을 창조해 내었다. 고대 로마는 이것을 우리의 현대 알파벳과 거의 유사한 상태로 다듬었다. 어쨌든 이것은 서양세계의 경우이다. _____. 중국에서 기원 후 2세기 초에 종이가 발명되었다. 그 이전에 문서에 의한 전달은 서양에서 그랬던 것과 같은 방법으로 바위나 조개껍질 위에 적는 것으로 이루어졌다. 그리고 고대 중국은 마침내 알파벳이 되는 자신들만의 기호체계를 발명했다. 이 중 많은 것은 여전히 오늘날까지 쓰이고 있다.

(a) 다른 일이 동양에서 일어났다.
(b) 새로운 일이 서양에서 발생하였다.
(c) 비슷한 일이 동양에서 일어났다.
(d) 동양에서 깜짝 놀랄만한 사건이 일어났다.

○ 빈칸 앞 문장 This was the case in the Western world.을 통해서 전 문장은 서구 세계의 사례를 언급했다는 것을 알 수 있다. 그리고 선택지를 보면 (a)는 다른 일, (b)는 새로운 일, (c)는 비슷한 일, (d)는 놀라운 일로 간단화할 수 있다. 빈칸 뒤를 보면 in the same way it was done in the West를 통해서도 알 수 있듯이 동서양의 비슷한 경우를 언급하는 구조라는 것을 알 수 있다. 따라서 정답은 (c)이다.

- -
stand for ~을 상징하다 civilization 문명 trade with ~와 거래하다 fought fight의 과거, 과거분사형 expose 노출시키다, 드러내다 ancient 고대의 adapt 채택하다, 적응하다 refine 세련되게 하다 invent 발명하다 eventually 마침내, 결국 astonishing 놀라게 하는 take place 일어나다, 발생하다

16. (a)

모든 세계의 유명한 예술 박물관 중에서 런던의 국립 박물관은 1200년에서 1900년대 진짜로 숨이 막히게 하는 유럽 회화영역을 볼 수 있는 유일한 장소이다. 1824년에 건립된 국립 미술관은 사람들의 박물관으로서 지정되었다. 홀 내부에는 서양 문명의 최고의 거장들에 의해 그려진 2500여 점이 넘는 유럽 회화들이 있다. 오늘날 국립 박물관은 _____. 매년마다 5백만이 넘는 사람들이 이탈리아 르네상스 예술과 17세기 네덜란드와 플랑드르파 회화에서 유명하고 존경 받는 작품들을 포함한 박물관의 인상적인 수집품들을 탐험한다. 방문객들의 숫자는 증가 추세에 있으며 이 박물관은 관광 명소가 되고 있다.

(a) 영국에서 가장 유명한 관광명소 중 하나이다.

(b) 더 이상 다른 나라에서 오는 많은 여행객을 끌어들이지 못한다.
(c) 인기의 급격한 하락을 경험하고 있다.
(d) 특히 17세기 네덜란드 회화들로 유명하다.

⊙ today, now는 새로운 변화를 보여주는 대표적인 키워드들이다. 오늘날 이 예술 박물관에 새로운 변화가 일고 있다는 내용이 빈칸에 들어가야 한다. 빈칸의 단서는 뒤에서 확인할 수 있는데 more than 5 million people visit and explore ~와 The number of visitors is on the rise and this institution is becoming a tourist spot을 통해서 이 예술 박물관이 방문객이 늘고 있으며 관광 명소가 되고 있다는 내용이 주를 이루는 것을 통해서 정답이 (a)라는 것을 알 수 있다.

grasp 쥐다, 이해하다 breathtaking 깜짝 놀랄만한, 흥분시키는 scope 범위 established in ~에 설립되다 commission 위임(하다) institution 기관, 협회 reflect 반사하다, 반영하다 legacy 유산 civilization 문명 including ~을 포함하여 explore 개척하다, 탐험하다 impressive 인상적인 renowned 유명한 attraction 매력, 관광명소 tourist spot 관광명소 on the rise 증가추세에 있는 decline 기울다, 쇠하다 popularity 인기, 대중성 designate ~으로 지정하다

17. (a)

폴 고갱은 처음에는 선원이었지만 나중에 파리의 성공적인 주식 중매인이 되었다. 1874년 그는 일요 화가로서 주말에 그림을 그리기 시작했다. 주식시장의 붕괴 후인 9년 후 그는 그림으로서 그들의 가족을 위한 생계비를 벌 수 있는 자신의 능력에 자신감을 느껴 그의 직책을 사임하고 _____. 세잔의 본을 따서 고갱은 그의 예술가적 경력의 아주 초기부터 정물화들을 그렸다. 1891년은 고갱에게 아주 중요한 해였다. 그 해에 그는 타히티를 향해 프랑스를 떠났고 그곳에서 1893년까지 머물렀다. 타히티에서의 거주는 그의 미래 삶과 직업을 결정하였고 1895년 프랑스에서의 일시적인 체류 후에 그는 영구히 그곳으로 돌아왔다. 타히티에서 고갱은 평편한 형식과 과격한 색감을 가지고 있는 원시예술을 발견했다.
(a) 완전히 화필을 집어 들었다.
(b) 파리에서 주식 중매인으로서 그의 경력을 다시 시작하였다.
(c) 마리 갤러리에서 유급 화가로서 일자리를 얻었다.
(d) 화가가 되기 위해 다시 선원으로서 그의 삶을 시작하였다.

⊙ began to paint at weekends as a Sunday painter를 통해서 초기에는 파트타임으로 주말에만 그림을 그렸다는 내용이 언급되고 있다. he felt confident ~ by painting을 통해서 화가로서의 일에만 전념할 것이라는 것을 알 수 있다. 그리고 빈칸 뒤에는 모두 화가로서의 활동과 관련이 주를 이룬다. 따라서 정답은 (a)이다. 이 선택지 역시 Sunday painter와 full time painter가 대칭을 이루고 있는 구조이다.

sailor 선원 successful 성공한 stockbroker 주식 중매인, 브로커 stock-market 주식시장 crash 붕괴(하다) confident 자신을 가진;

막역한 벗 earn 벌다 resign 사임하다 painted 그린, 색칠한 still-life 정물화 crucial 결정적인, 주요한 determine 결정하다 sojourn (일시적인) 체류 for good 영원히 primitive 원시의, 근본의 flat 균일한, 평편한 violent 폭력적인, 난폭한 resume 개시하다, 다시 시작하다 take up 시작하다, 착수하다

18. (b)

1485년에서 1714의 229년 동안, 영국은 그 자신을 소수의 봉건 국가에서 '최초의 현대 사회'라고 불리는 것으로 변형시켰고 세계에서 가장 부유하고 강력한 국가로서 부상하였다. 그 시대는 거대한 이야기를 가지고 있다. 영국 사람들은 반복되는 유행병과 기근에서 살아남았고, 한 번의 실패한 침략, 두 번의 성공적인 침략, 두 번의 내전, 일련의 과격한 종교개혁과 반(反)개혁 그리고 지구상에서 가장 강력한 두 군주인 프랑스의 루이 14세와 스페인의 필립 2세와의 조우 등을 경험했다. 그러나 _____. 그들은 존 로크의 철학과 셰익스피어의 연극과 아이작 뉴턴의 과학 등을 세상에 주는 놀라운 문화를 만들어냈다.
(a) 그들은 간신히 그러한 과거의 경험을 벗어났다.
(b) 그들은 생존보다 더 많은 것을 해냈다.
(c) 그들은 충분히 살아남을 만큼 조직화되지 않았다.
(d) 그들은 경제적 이유들에 의해서 쇠퇴하기 시작하였다.

⊙ 연결어 단서 문제. but을 통해서 문제를 해결할 수 있다. 빈칸 앞의 내용은 The English people survived repeated epidemics and famines ~을 통해서 영국이 겪은 어려움 등이 열거되어 있다. 따라서 but 뒤에는 이러한 역경에 상반되는 내용이 와야 한다는 것을 알 수 있다. 그리고 빈칸 뒤에는 영국이 이룬 놀라운 업적들이 열거가 되어 있으므로 정답은 그러한 역경을 견뎌냈으며 위대한 유물을 일구었다는 내용이 필요하다. 따라서 정답은 (b)이다.

transform 변형시키다 minor 소수의 feudal 봉건의 emerge 떠오르다, 출현하다 epidemics 유행성인, 전염병 famine 기근 invasion 침입 a series of 일련의 religious 종교의 reformation 개혁 counter-reformation 반(反)개혁 confrontation 대결 monarch 군주 marvelous 놀라운 enough to ~하기에 충분한 wane 쇠퇴하다, 약해지다

19. (b)

1789년 펜실베니아 필라델피아에서 비준되었던 미국 헌법은 거의 오늘날까지 변화하지 않은 채 남아있기 때문에 세계에서 가장 성공적인 헌법 중 하나로 여겨진다. 그러나 오랜 시간에 걸쳐 그 헌법에 대한 심각한 몇몇 비판이 있어 왔다. 비판가들은 헌법이 대통령 간접선거와 다른 정부 부처 간의 권력에 대한 많은 견제와 균형들처럼 민주주의에 많은 제한을 두고 있다고 주장한다. 비록 그 비판이 부분적으로 옳지만 그들은 공화정의 초기시절에서의 헌법에 대한 해석과 헌법의 실제적인 내용을 혼동하는 경향이 있다. 헌법의 실제적 내용은 _____.

(a) 선거와 민주주의에 훨씬 더 많은 제한을 두고 있다.
(b) 선거와 민주주의에 주요한 제한을 두고 있지 않다.
(c) 선거와 민주주의에 주요한 제약을 두고 있다.
(d) 비민주적인 선거들과 과정들을 초래하는 경향이 있다.

○ 이 문제는 the actual text of the constitution에서 단서를 찾을 수 있다. 빈칸에 필요한 내용은 헌법의 실제 내용이므로 빈칸 앞에서는 실제와 다른 언급이 있다는 것을 알 수 있다. 그것은 Critics argue the constitution places a lot of limits on democracy를 통해서 알 수 있듯이 많은 제한을 두고 있다는 내용이다. 따라서 정답으로는 실제 헌법은 많은 제약을 두고 있지 않다는 내용이 필요하므로 정답은 (b)이다.

- -

constitution 구조, 설립 ratify 승인하다, 비준하다 successful 성공한, 출세한 criticism 평론, 비평 argue 주장하다, 논쟁하다 election 선거, 당선 branch 부서 tend to ~하는 경향이 있다 confuse 혼동하다 interpretation 해석 republic 공화국, 공화정 trigger 자극하다

20. (c)

수년 전 내가 9학년 영어를 한 반에 가르치고 있었을 때 나는 윌리엄 사로얀의 놀라운 단편 소설 "파슬리 정원"을 숙제로 내주었다. 요약하자면 그 이야기는 가게에서 물건을 훔치고 잡힌 한 소년에 대한 이야기였다. 내가 나의 반 아이들에게 한 질문은 "그 소년이 도둑이었을까?"였다. 25명의 학생 중 15명은 그는 도둑이 아니고 그 소년은 긴 15분 동안이나 매니저의 사무실에 앉아 있어야 하는 일을 강요당하지 말았어야 했다고 느꼈다. 그 다음 나는 왜 소년이 도둑이 아니라고 생각했는지 아이들에게 물었다. 이 학생들은 그 소년이 16세가 넘지 않았고 그가 훔친 물건이 _____ 도둑이 아니라고 판단했다. 나는 도둑질을 구성하는 것에 관해서 토론을 지시했다. 많은 이들이 만약 그 훔친 물건이 25달러나 그 이상의 가치가 있는 것이었다면 그것은 도둑질이 된다고 느꼈다. 그 기억은 오늘날에도 남아 있고 교사가 '감히' 사막의 모래보다 더 빨리 변화하고 있는 오늘날 사회의 가치를 가르칠 수 있는 것인지에 대해 나는 궁금하다.
(a) 대단한 가치였으므로
(b) 가장 중요한 것이었으므로
(c) 어떠한 대단한 가치가 없었으므로
(d) 그 주인에게 결코 돌려주지 않았으므로

○ 빈칸의 주어는 훔친 물건이다. 따라서 빈칸에는 앞뒤 내용을 보고 훔친 물건과 관련된 내용이 들어가야 한다는 것을 알 수 있다. 뒤 문장을 보면 '만약 훔친 물건이 25달러 이상의 가치가 있었다면' 이라고 가정하는 것을 보면 실제로는 그 이하였다는 것을 알 수 있다. 따라서 정답은 (c)이다.

- -

several 몇몇의 assign 할당하다 briefly 요약해서, 일시적으로 stole steal의 과거형 thief 도둑, 절도 force 힘; 강요하다 direct 지시하다 discussion 토론 constitute 구성하다 thievery 도둑질 worth ~의 가치가 있는 linger 꾸물거리다, 근근이 이어가다 dare to

감히 ~하다 shifting 이동하는, 바뀌는 desert 사막(의) of imfortance 중요한

1. (d)

Cisco WPR은 모든 직원들에게 그들의 일을 하기 위한 근무 장소와 기술적 도구들에 대한 폭 넓은 선택을 줌으로써 직함에 기반 한 것이 아닌 오히려 개인의 요구에 기반 한 근무 환경을 조성하는 일을 해결하였다. Cisco 작업공간 전략가인 돌리 우는 "대학에서 교수는 '이 프로젝트를 오전 9시에서 오후 5시까지 도서관에서 끝내라.' 라고 말하지 않습니다."라고 말한다. _____, 여러분에게 업무와 마감 시한이 주어지면 여러분이 어떻게 그 업무를 끝낼지는 여러분에게 달려 있습니다. 직원들은 그들의 현재 업무에 대한 요구들에 기반 한 그들의 환경을 선택할 권리를 가질 수 있습니다." 연결된 작업공간을 조성함으로써 WPR은 향상된 생산성과 직원 만족도와 더불어 부동산 비용의 감소와 같은 예측 가능한 사업 이득을 달성하기를 기대했다.
(a) 그럼에도 불구하고
(b) 반면에
(c) 당연히
(d) 오히려

○ 연결어 문제의 해결 전략은 빈칸 기준으로 전의 내용과 후의 내용을 최대한 간단화시킨 다음 두 내용 사이의 관계를 파악하면 된다. 따라서 정답은(d).

- -

resolve 결심하다, 해결하다 title 표제, 직함 by ~ing ~함으로써 tool 도구 be up to ~에게 달려 있다 real estate 부동산 environment 환경, 주변 rather 오히려, 차라리 broad 폭이 넓은, 광대한 workspace 작업 공간 strategist 전략가, 책사 task 직무, 과제 deadline 마감기한 complete 완료하다; 완전한 vision 시력, 환상 based ~에 근거를 둔 requirement 요구, 필요 current 현재의 achieve 달성하다, 성취하다 measurable 측정할 수 있는 productivity 생산성

2. (a)

위대한 과학자의 특징은 무엇인가? 훌륭한 과학자들은 새로운 정보를 발견하고 그것을 이해하고 그것을 다른 자료들과 연관시킨다. 그들은 아마도 즉시가 아닐 수도 있지만 다른 과학자들이 옳은 설명으로서 받아들이는 이 연관된 자료들에 대한 설명을 함으로써 더욱 나아갈 수도 있다. _____, 뛰어난 과학자는 확인될 수 있는 그의 아이디어들에 대한 결과들을 예측하면서 더 나아간다. 만약 그 예측들이 후세에 올바른 정확한 것으로 밝혀진다면 이 대담함은 위대한 과학자의 신원을 확인하는 것이다. 이러한 사람 중 하나가 러시아의 화학자인 디미트리 멘데레예브였다. 비록 그가 종종 주기율표의 아버지로 여겨지지만,

말이 나서 하는 말인데 멘데레예브는 그 스스로를 그의 표 또는 행렬인 주기계로 불렀다.
(a) 실제로
(b) 그렇긴 하지만
(c) 반면에
(d) 그러나

◯ 이 문제 역시 연결어가 위치할 앞의 내용은 They may go further ~이고 뒤의 내용은 outstanding scientist goes further ~이다. 이를 통해서 빈칸 뒤의 내용은 실제로 훌륭한 과학자들은 한 단계 더 나아간다는 실제 예를 보여주고 있으므로 정답은 (a)이다.
- -
make sense 이해하다, 이치에 맞다 go further 더 나아가다 by ing ~함으로써 outstanding 현저한, 걸출한 furthermore 더욱이, 게다가 further 더 멀리, 게다가 explanation 설명 immediately 곧, 즉각 accept 받아들이다, 수락하다 predict 예측하다 consequence 결과, 중요함 boldness 용감, 대담 prediction 예측, accurate 정확한 chemist 화학자 incidentally 우연히 be regarded as ~로 간주되다, 여겨지다 periodic 주기적인 matrix 행렬, 모체

3. (a)

건강보험 개혁에 대한 토론에서, 캐나다의 시스템은 종종 미국에 가능한 모델로서 제시 된다. 두 나라의 건강보험 시스템은 매우 다르다. 캐나다는 단독 지불자가 있고 대부분 국가에 의해 지원되는 체제인 반면에 미국은 다수 지불자가 있고 매우 개인부담 체제이지만, 두 나라는 문화적으로 유사한 것처럼 보여서 미국이 캐나다의 시스템을 채택하는 것이 가능한 것 같다고 말한다. 캐나다의 시스템의 장점 중 많은 부분은 더 적게 지출하는 데 더 많은 것을 하는 것처럼 보인다는 것이다. 캐나다는 자국의 시민들을 위해 건강보험에 대한 보편적인 접근을 제공하는데, _____, 비중장년층 거의 5명 중 한 명의 미국인은 보험에 들지 않은 상태이다. 캐나다는 건강보험에 나라의 GDP의 훨씬 적은 양을 쓴다.
(a) 반면에
(b) 그러므로
(c) 그럼에도 불구하고
(d) 예를 들면

◯ 이 문제의 경우 매우 평이한 수준의 문제이다. 어떤 분야의 글이든지 비교하거나 대조하는 글들은 독해하는 데 매우 평이하게 느껴진다. 이 지문 역시 캐나다와 미국의 건강보험에 대해서 대조하는 내용이므로 '반면에'를 의미하는 (a)가 정답이다.
- -
health care 건강보험 reform 개정하다 hold up 제시하다, (예로) 들다 elderly 나이가 지긋한 discussion 토론 mostly 대부분은, 주로 publicly-funded 국가에 의해 지원되는 heavily 몹시, 심하게 appear 나타나다, ~인 것처럼 보이다 adopt 채택하다, 입양하다 appeal 애원(하다), 호소(하다) universal 보편적인 access 접근 nearly 거의 uninsured 보험에 들지 않은

4. (d)

그 나라는 그 초기 역사에서 거의 세금을 매기지 않았다. 1791년부터 1802년까지 미국 정부는 운송과 정제 설탕, 담배, 경매에서 팔린 물건, 회사채와 노예에 대한 내국세에 의해 유지되었다. 1812년의 독립전쟁에 대한 높은 비용은 국가에게 금, 은 식기류, 보석과 시계들에 대한 첫 번째 판매세를 초래하였다. _____, 1817년에 의회는 모든 종류의 내국세를 폐지하고, 정부를 운영하기 위해 충분한 자금을 제공하기 위해 수입품에 대한 관세에 의존하였다. 1862년 남북전쟁에 대한 노력을 지지하기 위해서, 의회는 국가의 첫 번째 소득세법을 제정하였다. 그것은 등급을 매기거나 누진에 따른 세금과 원천 소득을 징수하는 원리에 기반을 두었다는 점에서 오늘날 현대 소득세의 선구자 역할을 하였다.
(a) 그럼에도 불구하고
(b) 그러므로
(c) 사실은
(d) 그러나

◯ 이 문제의 경우 빈칸 앞뒤의 내용 정리를 통해서 쉽게 해결할 수 있다. 빈칸 앞에는 From 1791 to 1802, ~ was supported by internal taxes 빈칸 뒤에는 did away with all internal taxes가 있으므로 빈칸에는 역접을 나타내는 말이 필요하다. 따라서 정답은 (d)이다.
- -
few 거의 없는 be supported by ~에 의해 지원되다, 지지받다 internal 내부의, 내면적인 carriage 탈 것, 운송 refined 정제된, 세련된 property 재산 auction 경매 corporate bond 회사채 do away with 없애다, 폐지하다 silverware 은 그릇 rely on 의존하다, 의지하다 imported 수입된 sufficient 충분한 congress 국회, 연방의회 tariff 관세(를 부과하다) enact 제정하다 in order to ~하기 위해서 income 수입 principle 원리, 원칙 graduated 등급을 매긴, 누진적인 progressive 급진적인, 누진적인 taxation 과세, 징세 withhold 억누르다, 보류하다 forerunner 선구자, 선각자 bring about 야기하다, 초래하다

5. (d)

주목할 만한 생물의 다양성의 가치가 위태로움에 처해 있다. 라틴아메리카의 열대림들은 경제적으로 식량과 의약, 산업 생산품들을 위한 다방면의 적용들이 가능한 세포질의 저장소일 뿐만 아니라 대기역학, 수질과 야생종들의 보호 목적에 있어 생태적으로 중요하다. 이 지역의 위협받는 자연 유산들은 국경선들을 초월한다. _____, 북 라틴 아메리카에서 겨울을 보내는 신열대구의 철새들은 미국 동부와 캐나다 전역의 숲에 거주하는 조류의 60에서 80퍼센트를 구성한다. 신열대구의 철새들은 또한 태평양 북서쪽의 숲들에 있는 조류 종의 거대한 부분을 구성하고 있다.
(a) 비슷하게
(b) 동시에
(c) 결과적으로
(d) 예를 들면

이 문제의 경우 역시 빈칸을 기준으로 전후의 내용이 매우 간단한 구조이다. 앞에는 The region's threatened natural heritage transcends national boundaries.와 뒤에는 inhabit forests throughout the eastern U.S. and Canada라고 실제 예를 보여주고 있다. 따라서 정답은 (d)이다.

remarkable 주목할 만한 biodiversity 다양성 at stake 위태로워 tropical 열대의 critical 비평의, 결정적인 ecologically 생태적으로 protection 보호 reservoir 저수지, 저장 germplasm 세포질 multiple 복합적인; 배수 application 적용, 적응 threaten 위협하다 heritage 유산 transcend 초월하다, 능가하다 boundary 경계, 한도 neotropical 신열대구의(북회귀선 이남의 신대륙) migratory 이주하는 constitute 구성하다 inhabit 살다, 거주하다 fraction 파편, 조금

6. (d)

그 나라들이 다른 건강 성과 지표들을 어떻게 수행하는지를 비교하기 위해서, 몇몇 연구가들은 2002~2003년에 그 두 나라들의 약 9,000명을 연구한 조사인 the Joint Canada/U.S. Survey of Health를 사용한다. 그들은 자기 스스로 보고한 건강 상태를 비교함으로써 시작한다. 이러한 지표들이 주관적이고 건강 보험 제도 외의 요소에 영향 받을 수 있는 _____, 대부분의 연구가들에 의해 광범위하게 사용된다. 그들은 스스로 기록한 건강 상태가 그 두 나라들 사이에서 유사하다는 것을 알아냈다. 어느 편인가 하면, 미국에서 더 많은 사람들이 아주 좋은 건강 상태에 있다고 그들 스스로에게 보고했다.
(a) 게다가
(b) 그럼에도 불구하고
(c) 그것에 의하여
(d) 반면에

빈칸의 앞에서는 이 방법이 주관적이고 외부의 요소에 의해 영향을 받기 쉽다는 단점을 언급하고 있지만 주절에서는 널리 그러한 단점에도 불구하고 사용되고 있다는 것을 보여주고 있다. 따라서 (b)와 (d)에서 답을 찾아야 하지만 접속사가 필요한 문장이므로 정답은 (d)이다.

tip! 문장에서 동사의 수는 곧 문장의 수를 의미한다. 따라서 문장이 두 개라면 접속사가 필요한 자리라는 것을 기억하자!

to compare 비교하기 위해서 measure 기준, 척도 survey 조사, 검사 resident 거주자 by ~ing ~함으로써 status 상태 subjective 주관적인 influence 영향을 미치다 factor 요인 similar 유사한 if anything 만약 있다 하더라도

7. (c)

지방은 혈당에 아무런 영향이 없기 때문에, 만약 당신이 절제하면서 아보카도를 먹는다면 그것은 저당 식단에 매우 좋은 추가물이다. 하지만 아마도 당신은 모든 그 속의 지방은 어떻게 되는가?에 대해서 궁금해 할지도 모른다. 연구는 이러한 타입의 지방

이 풍부한 식단은 혈당을 억제하는 것을 유지하는 데 도움을 줄 수도 있다고 말한다. 샌드위치나 빵과 함께 먹는 다른 것들에 조금의 아보카도를 더하면 지방은 식사의 소화를 천천히 하여 당신의 혈당을 억제하는 것을 더 용이하게 한다. 버터와 고기의 포화지방 _____, 불포화지방은 혈당 조정을 더 어렵게 하는 조건인 인슐린 저항을 증가시키지 않을 것이고, 사실 올리브유와 견과류뿐만 아니라 아보카도의 좋은 지방은 신체가 그것의 혈당수치를 꾸준하게 하도록 도와 실제로 인슐린 저항을 역전시킬 수도 있다.
(a) 실제로
(b) 요약하자면
(c) ~와 다르게
(d) 그럼에도 불구하고

빈칸 뒤에는 포화지방이 언급되어 있으며, 뒤에는 불포화지방에 대한 내용이 나온다. 구조는 이 두 가지 지방의 차이를 말하는 구조로 '포화지방과 달리 불포화 지방은 ~이다' 라는 구조이다. 따라서 정답은 (c)이다.

impact 충돌(하다); 충격 addition 추가 moderation 절제, 알맞음 wonder 이상하게 여기다, 궁금해 하다 diet 식이요법을 하다 digestion 소화, 이해 saturated fat 포화지방 monounsaturated fat 불포화지방

8. (c)

어머니의 특징들은 잊혀 지지 않는 인상을 남기고 우리는 영원히 그녀의 얼굴의 특징과 성격, 심지어는 유머 감각까지 가진 사람들에게 끌린다. 어머니는 그녀의 아들들에게 영향을 미치는데, 그들이 배우자로서 매력적인 점이라고 느끼게 되는 것에 단서를 줄 뿐만 아니라, 일반적으로 여성들에 대해 그들이 어떻게 느끼는지에도 영향을 미친다. 그래서 만약 어머니가 따뜻하고 좋은 성격이라면 그녀의 아들들은 여성은 그런 것이라고 생각하게 된다. _____, 우울한 성격을 가지고 때때로는 친절하나 갑자기 차가워지거나 쌀쌀맞은 어머니는 적당한 거리를 유지하는 무심한 성격의 남성으로 아들을 양육시킬 수도 있다. 그의 어머니로부터의 사랑을 극히 두려워하기 때문에 그는 구속을 두려워하고 이러한 이유에서 여자 친구로부터 멀리 떨어지려고 할 수도 있다.
(a) 전체적으로
(b) 이러한 이유 때문에
(c) 반대로
(d) 예를 들면

빈칸을 기준으로 앞과 뒤는 상반되는 두 가지의 경우를 설명하고 있다. 앞에는 if she is warm and nice, her sons are going to think that's the way women are 뒤에는 a mother who has a depressive personality ~ may raise a man who becomes a dance-away lover 따라서 정답은 (c)이다.

leave 떠나다, 남겨두다 indelible 지울 수 없는, 잊혀 지지 않는 personality 성격 have influence on ~에 영향을 미치다 not only A but also B A뿐만 아니라 B또한 **mate** 동료, 배우자 **affect** 영향을 미치다, 감동시키다 **depressive** 낙담시키는, 우울하게 하는 **friendly** 친절한 **turn cold** 차가워지다 **dance-away lover** 구속 받기 싫어하는 성격의 유형 중 하나 **scared** 겁에 질린 **be afraid of** ~을 두려워하다 **commitment** 헌신 **pull away** 몸을 떼다, 떠나기 시작하다

9. (c)

> 지난해의 국민투표에서의 패배에도 _____, 엘 대통령은 국가 내의 모든 기관에 증가하는 통제력을 행사하고 있다. 오일 달러가 쏟아져 나오면서 챠베스는 과격하게 반미 태도를 취하고 현재 이란과 중국과 긴밀한 관계를 갖고 있다. 러시아는 그에게 4조 달러가 넘는 무기를 팔고 있다. 미주 기구 전 미국 대사 로저 노리에가는 챠베스가 "거창하게 카스트로의 후임이 되었다"고 말한다. 그는 "챠베스가 카스트로가 했던 것을 하지 않고 있는 유일한 것은 다른 국가에 그 자신의 군대를 보내는 것이다."라고 한다.
> (a) 실제로
> (b) 비슷하게
> (c) 불구하고
> (d) 더욱이

◎ 내용을 간단화시켜 보면 패배에도 불구하고 증가하는 통제력을 행사했다. _____ defeat, he exercises growing control ~ 여기서 알 수 있듯이 정답은 (c)이다.

- -

defeat 패배(시키다) **referendum** 국민투표 **expand** 넓히다, 확장하다 **control over** ~를 통제하다 **institution** 시설, 제도 **flush** 상기하다, (물이) 쏟아져 나오다 **petro-dollar** 오일달러 **rapidly** 급속히, 급격히 **tie** 묶다, 속박하다; 끈 **step into a person's shoes** ~의 후임이 되다 **in a big way** 열광적으로, 거창하게 **former** 전의 **ambassador** 대사, 영사 **troop** 군대

10. (d)

> 전통적인 쉐이드 그로우 커피 재배 시스템의 전형적으로 산업적 농장들보다 훨씬 더 낮은 화학적 약물 투입에 의존하고 있다는 점이다. 이것은 자연 식생 중에서나 그늘이나 과일 또는 목재를 위해 심어진 나무들 사이에서 커피를 심는 것이 병충해로부터 민감함을 감소시킬 수 있기 때문이다. _____, 많은 전통적 방법들이 종합 살충제와 비료들이 농업에 널리 사용되기 이전 세대를 통해 오늘날 농부들에게 전해져 내려오고 있기 때문에, 인간이 땅을 사용하는 평형상태는 커피 생산에서 시간이 지남에 따라 발전해 왔다.
> (a) 그럼에도 불구하고
> (b) 다시 말하면
> (c) 대조적으로
> (d) 그러므로

◎ 빈칸 앞에는 typically rely on much lower chemical

inputs를 통해서 훨씬 적은 화학제품을 사용해 왔으며 그에 대한 이유가 나와 있다. 빈칸 뒤에는 그에 대한 결과로서 땅과의 평형 관계가 발전해 왔다는 결론문이 들어가는 게 적절하다. 따라서 정답은 (d)이다.

- -

shade 그늘, 응달 **typically** 전형적으로 **rely on** 의존하다, 의지하다 **input** 투입(하다) **plantation** 농원, 재배지 **vegetation** 초목 **timber** 재목 **susceptibility** 민감, 감수성 **pest** 해충, 성가신 것 **pass down** ~을 전하다, 물려주다 **previous** 이전의 **synthetic** 합성의 **pesticide** 살충제 **fertilizer** 비료 **agriculture** 농업 **equilibrium** 평형 상태 **evolve** 진화하다, 발전시키다 **over time** 시간이 지남에 따라

11. (c)

> 토마스 홉스의 Leviathan은 인류에 대한 비관적인 관점을 제공한다. 그의 자연적 상태의 인간은 그의 자신의 욕망을 만족시키기 위해 모든 다른 인간과 더불어 끊임없이 투쟁 상태에 있는 자기만을 위한 이기주의자이다. 인간에게 있어 자연의 상태에서 삶은 험악하고 야만적이며 짧다. _____, 인간의 이기적 본성은 인간이 다른 모든 이들과 투쟁 상태에 있는 곳에서의 모든 사회적 갈등의 원인이다. 행복하고 평화로운 삶을 위한 불쾌하고 위험한 자연상태 때문에, 홉스는 인간이 기꺼이 그들 상호간의 보호를 위한 사회계약에 들어갔다고 논쟁한다. 이렇게 함으로써, 그들은 그들 스스로와 서로로부터 자신들을 보호하기 위한 보편적이고 절대적인 권력을 받아들여야만 한다는 것이다.
> (a) 대조적으로
> (b) 더욱이
> (c) 따라서
> (d) 그럼에도 불구하고

◎ 빈칸 앞에는 human behavior is thus egoism or self-interest라는 문장을 통해서 인간의 자기 ~만을 위한 이기주의가 언급이 되어 있으며, 빈칸 뒤에는 이러한 이기주의가 모든 갈등의 원인이라는 내용이 나온다. 그러므로 빈칸에는 (c)가 정답이다.

- -

pessimistic 비관적인 **unveil** 베일을 벗다, 밝히다 **absolute** 절대적인 **contract** 계약(하다) **self-serving** 자기 이익만을 도모하는, 이기적인 **egoist** 이기주의자 **constantly** 끊임없이 **in order to** ~하기 위해서 **desire** 열망(하다), 바라다 **principle** 원리, 원칙 **behavior** 행동 **egoism** 이기주의 **self-interest** 이기심, 사리사욕 **nasty** 더러운, 불쾌한 **brutish** 짐승 같은 **conflict** 갈등(하다) **unpleasant** 불쾌한 **contend** 싸우다, 논쟁하다 **willingly** 기꺼이 **mutual** 서로의, 공통의 **each other** 서로

12. (d)

> 군주가 백성을 사회의 모든 구성원의 이익을 보호하기 위해 사람들을 전쟁과 같은 생존을 위협하는 상황에 처하도록 명령할 때가 있을 수도 있다. 그러나 어떠한 합리적 이기주의자도 그 자신의 생명이 위험에 처하게 되는 상황과 같은 곳으로 기꺼이 들어가기

를 선택하지는 않을 것이다. 딜레마는 이것이다. 만약 어떠한 합리적 이기주의자도 그러한 상황에 들어가지 않는다면, 전쟁과 같은 경우 모든 이들의 이익을 보호할 방법이 없게 된다. 만약 국가가 보존되기 위한 것이라면 명백하게 몇몇 합리적 이기주의자들은 반드시 전쟁에 기꺼이 참가해야 하고, _____ 사회는 자연의 상태로 되돌아 갈 것이다.

(a) 그러므로
(b) 무엇보다도
(c) 다시 말하자면
(d) 그렇지 않으면

💠 이 문제의 경우 빈칸 앞에는 Obviously some rational egotists must be willing to go to war을 통해서 기꺼이 전쟁터에 나가야만 한다는 내용이 언급되어 있고 뒤에는 전쟁에 나가지 않을 경우가 제시되어 있으므로 (d)가 정답이다.

- -

sovereign 군주, 주권 order 명령 life-threatening 생존을 위협하는 rational 합리적인, 이성적인 egoist 이기주의자, 자부심이 강한 사람 willingly 기꺼이 jeopardy 위험 obviously 명백히, 분명히 be willing to 기꺼이 ~하다 preserve 보존하다, 보호하다 resolve 결심하다, 해결하다

13. (d)

많은 학생들이 고등학교 화학을 어려워 한다. 비록 그들이 좋은 성적을 받는 데 성공했다 하더라도, 그들은 여전히 종종 혼란스러움과 자신 없음을 느낀다. 왜 그런가? 베테랑 화학 교사 프랭크 칼둘라 교수에 따르면 화학에서 성공하기 위해서는 어떠한 특별한 지적 재능이나 소질 또는 고급 수리적 기술이 필요 없다고 한다. 화학이 요구하는 모든 것은 고등학교 화학 교실에서 학생들이 우연히 맞닥뜨리는 개념들에 대한 진정한 이해이다. 만약 학생들이 진짜 그들이 배우고 있는 것을 이해한다면, 그들은 고등학교 화학에서 단지 성공 이상의 것을 하게 될 것이다. _____, 학생들이 그들이 맞닥뜨리는 문제들에서 벌어지고 있는 것에 대해 기계적인 암기가 아닌 진정한 이해로 대체했을 때, 그들은 문제 이면의 개념들을 파악하는 즐거움과 자신감을 경험한다.

(a) 게다가
(b) 그렇지 않으면
(c) 그럼에도 불구하고
(d) 그러므로

💠 빈칸 앞의 내용은 그들이 배우고 있는 것을 정말로 이해한다면 ~ If students truly understand what they are learning, they will do more than 빈칸 뒤의 내용은 replace rote memorization with a real understanding으로 같은 맥락에서 이야기를 하고 있다. 그러므로 정답은 (d)이다.

- -

struggle 투쟁하다, 저항하다 even if 비록 ~할지라도 succeed in ~에 성공하다 confused 혼란스러운, 당황한 unconfident 자신 없는 vitally 치명적으로, 극히 중요하게 according to ~를 따라서 veteran 베테랑; 노련한 intellectual 지적인 gift 선물, 재능 mathematical 수리적인 genuine 진짜의, 참의 encounter 우연

히 만나다; 마주침 replace A with B A를 B로 대체하다, 바꾸다 rote memorization 기계적 암기 grasp 붙잡다; 움켜잡기 confidence 자신감

14. (a)

국민개보험이 더 높은 세금을 만들어내지 않을 것이라는 것에 대해 믿는 사람은 거의 없다. _____, 우리는 이미 우리의 붕괴된 시스템에 대해 비용을 지불하고 있다. 만약 이러한 비용들의 어떤 부분이 없어진다면, 우리는 우리의 주머니에 더 많은 돈을 집어넣을 수 있을지도 모른다. 이제 응급 의료 서비스를 필요로 하는 사람은 거의 확실히 그 또는 그녀가 치료를 위해 지불할 수단을 가졌든지 아니든지 치료를 받을 수 있을 것이다. 당신과 나는 의료 서비스들을 위해 비용을 지불한다. 의료 서비스 제공자는 가격을 높여야만 한다. 의료 서비스 제공자는 비용을 지불하지 않는 사람들에 대한 비용을 보충하기 위해 보험에 든 고객들에게 그 비용을 청구한다. 동시에 서비스의 가격에 수표를 끊을 수 없는 환자들의 신용을 망치게 된다.

(a) 실제로
(b) 그러나
(c) 특히
(d) 그래서

💠 이 문제의 경우 빈칸 앞에는 Few people believe that Universal healthcare will not create higher taxes.를 통해서 더 높은 세금을 낳을 것이라고 믿는다는 내용이 나와 있으며, 빈칸 뒤에는 we are paying for our broken system already를 통해서 실제로 우리는 이미 돈을 지불하고 있다는 내용이 이어지므로 정답은 (a)이다.

- -

few 거의 ~없는 certain 확실한, 어떤 go away 가다; 갖고 도망가다 wind up with 결국 ~로 끝나다 emergency 비상사태, 위급 certainly 확실히, 어떤 whether or not ~인지 아닌지 insured 보험에 가입한 make up for 보충하다, 보상하다 ruin 망치다, 파괴하다 patient 환자 side effect 부작용 drain 배수하다, 고갈시키다 suppose 가정하다, 생각하다 available 이용할 수 있는, 유효한 ambitious 야망 있는 be unable to ~할 수 없다 lazy 게으른

15. (d)

사람들은 다양한 이유들로 대학에 간다. 몇몇 사람들은 대학이 예술 관련 학위를 수여할 때 축적되는 종류의 개인적인 성취에 관심이 있다. 한때 대학교육에서 강조하는 것은 구체적인 기술을 가르치기보다는 '어떻게 생각하는지'를 가르치는 것이었다. _____ 점차적으로 대학교육은 고용주들이 요구하는 실용적인 주제들에 집중하고 있다. 이 때문에 많은 학생들은 직장에서 그들을 이롭게 할 전문적인 기술들을 계발하기 위해서 대학에 간다. 많은 사례들에서, 고용주들은 대학이 그들의 직업 수행 능력과 관련이 있을 때는 그들이 직원들이 대학에 가도록 돈을 지불하기도 한다.

(a) 그러므로

(b) 그럼에도 불구하고
(c) 실제로
(d) 그러나

◯ 빈칸 앞의 내용은 At one time, the emphasis of a college education was to teach people "how to think" rather than to teach a specific skill을 통해서 알 수 있듯이 예전에는 대학이 구체적인 기술보다는 어떻게 사고하는지를 가르쳤다는 내용이 언급되었으며, 빈칸 뒤에는 focused on practical subjects를 통해서 알 수 있듯이 이제는 실용적인 것을 가르친다는 내용이 있으므로 정답은 (d)가 적절하다.

- -

a variety of 다양한 enrichment 성취 accrue 축적하다 Liberal arts 인문과학, 교양 과목 at one time 한때 emphasis 중요성, 강조 practical 실용적인, 실제적인 focus on ~에 초점을 맞추다 benefit 이득을 보다, 혜택을 얻다 workplace 직장, 일터 performance 일

Unit 03

1. (a)

전 세계의 수십만 명의 아동들이 매년 HIV에 감염되고 치료책 없이 에이즈로 인해 사망한다. 게다가 HIV에 감염되지 않은 수백만 명이 넘는 아이들은 그 전염병 때문에 간접적으로 영향을 받고 있으며 그 질병은 부정적으로 그들 가족들과 지역사회에 영향을 미치고 있다. 아동들이 감염되는 것을 예방하고 HIV와 에이즈의 영향을 완화시키는 것은 직접적이어야 한다. 적절한 테스트와 예방 프로그램을 포함하는 필수적인 투자와 재원들의 부족을 고려하면, 더 많은 예방의 노력들이 가능한 빨리 행해져야 한다.
Q. 이 글의 주제는 무엇인가?
(a) 에이즈의 예방을 위해 더 많은 노력이 행해져야만 한다.
(b) 다른 종류의 접근법들이 필요하다.
(c) 예방 프로그램들은 지역사회에 의해 접근 되어져야만 한다.
(d) 아이들은 특별히 에이즈 전염성에 취약하다.

◯ main idea 문제를 접근할 때는 이 글이 전달하고자 하는 내용이 무엇인지, 즉 주장하고자 하는 것이 무엇인지를 파악하는 것이 관건이다. 그러기 위해서는 기본적인 키워드인 당위의 조동사 '~해야만 한다'의 should(=must, have to)를 눈여겨 봐야 한다. 이 글은 마지막 문장인 more prevention efforts should be made as soon as possible을 통해서 더 많은 예방 노력들이 가능한 빨리 행해져야만 한다고 주장하고 있으므로 이 부분에서 중심 내용을 찾을 수 있다. 따라서 정답은 (a)이다.

tip! main idea 문제는 반드시 주장하고자 하는 바를 찾는 것이 관건이다. 즉 글쓴이가 말하고자 하는 바가 노출되는 부분은 체크하면서 여기에 부합하는 선택지를 고르면 된다.

- -

infected 감염된 treatment 치료, 대우 die of(from) ~로 인해 죽다 in addition 게다가, 더구나 indirectly 간접적으로 affect 영향

을 미치다 epidemic 유행병, 유행성 전염병 cause ~을 야기하다 prevent(=stop) A from B A가 B하는 걸 막다 mitigate 완화하다, 누그러뜨리다 impact 충돌(하다), 충격 straightforward 간단한, 쉬운, 솔직한 given(=considering) ~을 고려하면 investment 투자 adequate 적합한, 적절한 fund 기금(을 대다), 지원하다 be vulnerable to ~에 취약하다 pandemic 전국적으로 퍼지는, 일반적인

2. (c)

10명 중 약 9명이 HIV를 가지고 사는 대부분의 아이들은 에이즈로 인한 가장 큰 희생을 겪고 있는 지역인 사하라 사막 이남 아프리카에 거주하고 있다. HIV를 가지고 살고 있는 모든 아이들의 약 90퍼센트는 임신 기간, 출생 또는 모유 수유 기간 동안 그들의 어머니로부터 감염되게 된다. 예전에 개선된 의료복지의 결과로 아동 생존율이 증가하는 것을 보였던 많은 국가들은 이제 이러한 비율이 다시 떨어지고 있음을 보여 주고 있다. 에이즈가 없다면 보츠와나의 5세 이하의 사망률은 에이즈가 있던 경우 107명인 것과 비교하여 2002년 100,000명 당 31명이 될 수도 있다고 추산되고 있다. 2010년까지 이 국가의 5세 이하 사망은 에이즈의 결과 100,000명당 100까지 증가하게 될 것으로 예측되고 있다. 나의 견해로는 개선된 의료가 있다면 저소득 국가들의 많은 아이들의 죽음도 쉽게 피할 수 있을 것이다.
Q. 이 편지의 주제는 무엇인가?
(a) 아이들은 그들의 어머니로부터의 모유 수유 때문에 가장 에이즈 유행성에 취약하다.
(b) 선진국들은 전 세계가 하나 되도록 더 많은 책임을 져야 한다.
(c) 개선된 의료는 에이즈로 인한 사망의 숫자에 상당한 감소를 낳을 수 있었다.
(d) 모유 수유는 아이들이 병을 얻게 되는 것을 막기 위해 반드시 금지되어야 한다.

◯ 이 문제의 경우 main idea 문제이므로 본문 중에서 당위의 조동사나 글쓴이의 주관성이 노출되는 주관적인 문장이 있는지를 반드시 파악해야 한다. 이 글의 경우 마지막 문장의 From my perspective ~부분을 통해서 글쓴이의 주관적인 관점이라는 것을 알 수 있으며, 여기에서 이 글이 전달하고자 하는 것을 파악할 수 있다. 따라서 이 부분에 부합하는 (c)가 정답이다.

- -

region 지역, 영역 toll(=bade) 희생, 대가 effect 영향, 결과를 가져오다) acquire 얻다, 취득하다 infection 감염 pregnancy 임신 breastfeed 모유를 먹이다 previously 전에 as a result 그 결과 estimate 추정(하다), 추산(하다) mortality rate 사망률 compared to ~에 비교하여 preventive 예방의, 예방을 위한 ensure 안전하게 하다, 보증하다 transmission 전염, 전달 relatively 비교적 rare 드문, 희귀한 be vulnerable to ~에 취약하다 epidemic 유행병 due to ~때문에 responsibility 책임, 책무 significant 중요한, 의미 있는 decrease 줄어들다, 감소하다 ban 금지(하다)

3. (c)

우리는 기분에 기복을 겪는다. 슬픔은 삶에서의 투쟁, 차질과 실망들에 대한 정상적인 반응이다. 많은 사람들이 '우울증'이라는 단어를 이러한 종류의 기분들을 설명하기 위해 사용하는데, '우

울증'은 단순한 슬픔보다 훨씬 더한 것이다. 어떤 사람들은 우울증은 블랙홀에서 사는 것과 같다고 묘사한다. 그러나 몇몇 우울한 사람들은 슬픔을 전혀 느끼지 못하고 대신에 생기 없고 공허하며 무관심함을 느낀다. 증상이 뭐든지 간에, 우울증은 정상적인 것과는 다르다. 우울증은 사람마다 다양하지만 몇몇 공통된 징후와 증상이 있다. 이러한 증상들이 삶의 정상적인 여정들의 부분이 될 수도 있다는 것을 기억하는 것이 중요하다. 그러나 당신이 더 많은 증상들을 가질수록 당신은 더욱더 우울증을 겪을 수도 있다. 따라서 많은 관심이 주어져야만 한다.

Q. 이 글의 주제는 무엇인가?
(a) 많은 이들이 오랫동안 심각한 우울증으로 고통 받고 있다.
(b) 무관심한 성격의 사람들은 우울증에 대해 걱정할 필요가 없다.
(c) 우울 자체는 문제가 아니지만 많은 관심이 필요하다.
(d) 대부분의 우울증은 사람들을 불편한 기분을 갖게 하고 사라져버린다.

◎ main point 문제로서 이 글이 말하고자 하는 요점을 묻는 문제이며, 접근 방법은 main idea와 같다. 즉, 본문에서 주장하는 당위의 조동사가 있는지 또는 강조하는 부분이 있는지를 찾고 이에 부합하는 선택지를 찾으면 된다. 이 글의 경우 It's important to remember ~ 이 문장과 much attention should be given을 통해서 중심 내용을 파악할 수 있다. 이 문제에서처럼 앞으로 글을 볼 때 important가 사용되면 내용에서 중요한 부분이므로 체크하면서 보는 것을 습관화하자. 따라서 정답은 (c)이다.

go through(=experience) 겪다, 경험하다 ups and downs 기복, 오르내림 setback 차질 disappointment 실망, 낙심 depression 우울증 describe 서술하다, 묘사하다 not ~ at all 결코 ~않다 apathetic 무관심한 symptom 증상 vary from ~와 다르다 suffer from ~로 고통 받다, 괴로워하다 overwhelming 압도적인, 저항하기 힘든 disabling 견딜 수 없는, 장애를 입히는 fade away 사라져 버리다

4. (b)

그 밖에 어떤 것보다도 아이들은 보호 받고 사랑 받고 있다고 느끼기를 원한다. 이혼 소송 전반에 걸쳐 모든 과정의 단계마다 당신의 아이들을 안심시키고 사랑을 주어야 한다. 우리 모두는 특별히 아이들은 회복력이 있고 우리가 필요로 하는 지원을 받으면 치유하는 뛰어난 능력을 갖고 있다. 비록 가족이라는 물리적인 환경이 변할지라도 부모들과 계속해서 건강하고 사랑스러운 관계를 가질 수 있다는 것을 당신의 아이가 알도록 해라. 가족의 모든 이가 이를 극복할 것임을 아이들에게 안심시켜 주어라. 결국 모든 일이 잘될 것임을 아는 것은 당신의 아이들이 새로운 상황에 기회를 줄 수 있는 동기를 제공할 수 있다. 당신의 지원은 아이들이 그들의 상실감을 슬퍼할 수 있도록 하고, 결국 그들의 새로운 환경들에 적응할 수 있도록 할 것이다.

Q. 이 글의 주제는 무엇인가?
(a) 어떤 상황에서도 아이들을 위해서 이혼은 허용되어서는 안 된다.
(b) 이혼 소송 동안에 부모는 그들의 아이들에게 안심과 사랑을 주어야만 한다.
(c) 이혼은 아이들에게 잊을 수 없는 파괴적인 영향을 주고, 오랜 기간 지속될 것이다.

(d) 많은 부모들은 항상 다투지만 그들이 결국 헤어질 것이라는 생각은 하지 않는다.

◎ 이 글의 중심 내용은 Throughout the trials of divorce, provide reassurance and love to your kids every step of the way.를 통해서 알 수 있다. 즉, 이혼 소송을 진행하는 내내 아이들에게 사랑과 안심을 심어 주라는 것이 이 글의 중심 내용이라 할 수 있다. 따라서 정답은 (b)이다.

tip! 독해할 때 동사원형으로 시작하는 문장이 있거나 또는 if가 보이면 체크하면서 보도록 하자. 이 들의 경우 명령문이라기보다는 어떤 상황에 대한 조언이나 충고를 주는 경우이며 이러한 내용은 그 글이 전달하고자 하는 것이므로 매우 중요하다.

- -

throughout 도처에 trial 재판, 공판 divorce 이혼(하다) reassurance 안심시키기 especially 특히, 특별히 resilient 회복력이 있는, 탄력 있는 remarkable 놀랄 만한, 주목할 만한 ability 능력, 재능 heal 치유하다, 고치다 physical 육체의, 물질의 circumstance 상황, 환경 reassure 안심시키다 get through 겪다, 극복하다 eventually 결국, 마침내 incentive 장려책, 우대책 remain 남다 stability 안정성 upset 화나게 하다; 속상한; 곤경 apart 떨어져, 따로 grieve 비통해 하다, 대단히 슬프게 하다 loss 분실, 상실 adjust to ~에 맞추다, 조정하다 devastate 완전히 파괴하다, 비탄에 빠뜨리다 split up 분열시키다, 분할하다

5. (b)

민족주의에 대한 비평가들은 무엇이 민족을 구성하는지 또는 왜 민족이 정치적 지배의 유일한 합법적 단위로서 존재해야만 하는지가 종종 불분명하다고 주장해 왔다. 민족은 문화적인 존재이고 반드시 하나의 정치적 연합은 아니며 비록 민족주의자들은 민족과 국가의 경계는 일치해야만 한다고 주장하지만 반드시 특정 영토와 연관되어 있는 것도 아니다. 불행하게도 민족주의는 민족들 사이의 차이점을 강조하기 때문에 본격적으로 분쟁을 야기하는 습성을 가지고 있다. 이 개념은 또한 개인적 정체성을 민족적 전체 안에 잠기게 하고 엘리트나 정치적 지도자들에게 잠재적 다수를 교묘하게 조종하고 통제할 기회를 주기 때문에 잠재적으로 억압적이라고 할 수 있다.

Q. 위에서 언급한 이 글의 주제는 무엇인가?
(a) 민족주의는 많은 비판을 직면해 왔고 많이 변해 왔다.
(b) 민족주의는 몇몇 분열을 초래하고 억압적인 측면을 가지고 있다.
(c) 민족주의는 그 자신의 지위가 가장 강력한 힘임을 증명해 왔다.
(d) 민족주의는 가장 강력한 반대자들이 인종 집단들임을 발견해 왔다.

◎ 텝스 리딩에 자주 등장하는 주관적인 단어인 '불행하게도'라는 뜻의 Unfortunately는 Unfortunately, nationalism is inherently divisive ~에서 보듯이 글쓴이의 주관적인 견해가 노출될 때 같이 등장하는 감정부사이므로 항상 체크해야 한다. ~ also potentially oppressive 이렇게 두 개의 주관성이 드러나는 문장을 가지고 선택지를 분석하면 된다. 따라서 정답은 (b)이다.

critic 비평가, 평론가 nationalism 민족주의, 국가주의 constitute 구성하다 legitimate 정당한, 합법적인 entity 독립체 association 협회 nor V S ~도 아니다 territorial 영토의, 세력의 boundary 경계선 coincide 일치하다 unfortunately 불행하게도, 유감스럽게도 inherently 내재적으로 divisive 나누어지는, 분열을 초래하는 highlight 강조하다 emphasize 강조하다 identification 신원 확인, 식별 potentially 잠재적으로 oppressive 억압하는 submerge ~을 물에 잠기게 하다 elite 엘리트 manipulate 교묘하게 다루다, 조정하다 mass 무리, 집단 multi-ethnic 다종족(의) empire 제국, 왕국 criticism 비판, 비난 aspect 측면, 양상 status 지위, 신분 potent 강한, 강력한 opponent 상대, 반대자 ethnic 민족의, 종족의

6. (a)

> Cicso 시스템의 직원들은 그들이 몇 년 전 일했던 것과는 다르게 일하고 있다. 점차 국제적 인력과 소비자 기반이 직원들이 다른 시간대에 그들의 사무실을 비워두고 아침 6시나 저녁 10시와 같은 비전통적인 시간에 일할 필요가 있도록 만들고 있는 것 같다. 더 복잡해진 비즈니스와 기술 적인 문제들은 같은 건물 안이나 세계적으로 다양한 장소에 있는 팀 구성원 간의 협력의 필요성을 증가시켰다. 직원들은 종종 미팅이나 작업 그룹 토론에서 그들의 책상을 떠나 있는다. 심지어 현장에 있는 Cisco의 직원들도 건물 내에서 이동하는 것 같다고 Cisco 그룹의 부동산을 맡고 있는 Cisco 작업장 자산을 위한 작업장 효율성 팀의 매니저인 크리스틴 로스는 말한다.
> Q. 이 글의 주제는 무엇인가?
> (a) 일하는 방식이 과거의 방식에서 다르게 변해 왔다.
> (b) 점점 더 첨단 기술 직업이 인기를 더해가고 있다.
> (c) 현재의 소비자들은 만족도를 향상시키기를 요구하는 경향이 있다.
> (d) 거의 모든 회사들은 그들의 작업장에서의 새로운 변화들에 적응해야만 한다.

○ mainly about 문제이다. 즉, 문제풀이에 필요한 것은 세부적인 사항들이 아닌 이글의 내용에 대한 큰 그림이 필요한 것이다. 이런 경우 주제문이나 키워드를 찾는 경우 바로 해결되는 경우가 대부분이다. 이 문제의 경우도 첫 번째 문장을 통해서 Cisco Systems employees work differently than they did a few years ago. 뒤에는 예전과는 다르게 일하는 내용이 언급될 것임을 충분히 예상할 수 있다. 따라서 실제 시험장이라면 모든 문장들을 다 읽을 필요 없이 파악되는 순간 바로 문제풀이에 들어가야 한다는 것이다. 따라서 이 문제 역시 본문을 다 보지 않아도 내용을 파악했기에 바로 해결할 수 있다는 것이다. 따라서 정답은 (a)이다.

employee 종업원, 고용인 differently 다르게 increasingly 점차 workforce 노동자, 노동력 more likely 더 ~할 것 같은 nontraditional 비전통적인, 비관습적인 vacant 비어 있는, 결원의 complex 복잡한 collaboration 공동 작업, 연구 discussion 토론, 의논 on site 현장의 effectiveness 효율성 in charge of ~을 맡고 있는, 담당의 real estate 부동산 high-tech career 첨단 기술 직업 popularity 인기, 평판 current 현재의 tend to ~하는 경향이

있다 corporation 법인, 회사 adjust to ~에 적응하다, ~에 맞추다

7. (c)

> 규제 하에 있는 살충제의 사용은 일터나 수원지의 독성 물질에 노출된 농부들과 다른 시골 지역의 주민들을 위협한다. 예를 들면 심각한 공중 보건과 수질의 영향은 멕시코에서 살충제의 사용과 연관되어 있다. 1987년에 문헌상의 한 사건에서 200명도 더 되는 사람들이 Jalisco의 서 멕시칸 주에서 농경용 살충제와 비료로 오염된 식수를 마시고 아프게 되었다. 최근에 콜롬비아에서 독성이 높은 살충제인 엔도설판 사용의 확장과 연관된 사람들의 건강과 환경의 영향들에 대한 걱정들이 제기되어 왔다. 공식적 통계에 따르면 1994년에는 100명이 넘게 중독되고 3명이 사망했음이 보고되었다. 그러므로 살충제는 해로운 영향을 예방하기 위해 완전히 규제되어야만 한다.
> Q. 이 글의 주제는 무엇인가?
> (a) 많은 살충제 제조업자들은 그들 자신의 살충제를 스스로 규제할 의무를 갖고 있다.
> (b) 모든 관련 회사들은 반드시 새롭게 고안된 규제를 따라야만 한다.
> (c) 살충제들은 해로운 영향으로부터 사람들을 안전하게 지키기 위해 통제되어야만 한다.
> (d) 거의 모든 심각한 공중 보건 문제들은 규제 하에 있는 살충제 사용 때문이다.

○ 문제의 유형이 main idea이므로 주제문을 찾으면 바로 해결할 수 있는 문제이다. 마지막 문장 pesticide should be thoroughly regulated to prevent harmful effects를 통해서 이 글이 전달하고자 하는 내용은 살충제는 해로운 영향들을 막기 위해서 철저히 규제되어야만 한다는 것임을 알 수 있다. 이처럼 당위의 should는 항상 중요한 부분이므로 체크해야만 한다. 따라서 정답은 (c)이다.

pesticide 살충제 threaten 위협하다 link 관련성; 연결하다 document 서류; 기록하다 sick from ~로 아픈 die of(from) ~로 인해 죽다 contaminate 오염시키다, 타락시키다 drinking water 식수 fertilizer 비료 associated with ~와 관련된 be attributed to ~에 기인하다, ~의 책임이 되다 thoroughly 완전히, 철저하게 regulate 규제하다 manufacturer 제조업자 comply with ~을 준수하다 devised 고안된, 제안된 hazardous 위험한 be to blame for ~에 책임이 있다

8. (d)

> 미국인의 대다수에 의해 남북전쟁의 주요 원인이 전형적으로 노예 제도라고 간주되고 있음에도 불구하고, 남북전쟁의 원인들은 다양했다. 가장 큰 차이점 중 하나는 점점 산업화되는 북부와 농업 중심인 남부 사이의 성장하는 경제적 차이였다. 비록 북부가 생산을 위해서 남부의 면직물에 의존하고 있었지만, 남부 사회의 농장 조직은 노예의 노동력에 의존하고 있었고 도시화를 약화시키면서 오래된 계급분화를 유지하고 있었다. 남북전쟁의 또 다른 원인은 여전히 주들과 연방 정부 사이의 권력 관계의 본질을 결정하고 있던 비교적 새로운 국가의 발달에서 기인했다. 남북전쟁

을 유발한 또 다른 주요 논쟁은 대통령직에 아브라함 링컨이 선출된 것이었다.

Q. 이 글의 주제는 무엇인가?

(a) 남북전쟁의 원인들은 완전히 설명되지 않았다.

(b) 미국인의 대다수는 남북전쟁의 정확한 원인을 알아야 할 필요가 있다.

(c) 미국은 남북전쟁을 통해 더 강해졌다.

(d) 일반적 생각들과는 다르게 남북전쟁에는 다양한 원인들이 있었다.

◎ 이 문제의 경우 주제문이 첫 문장에 제시되는 비교적 쉬운 문제이다. The causes of the Civil War were diverse, despite ~ 이 문장을 통해서 남북전쟁에 대한 원인들이 다양했다는 사실이 이 글이 전달하고자 하는 내용임을 알 수 있다. 뒤에는 다양한 원인들이 언급될 것을 예측할 수 있다. 따라서 정답은 (d)이다.

- -

civil war 내전, 미국 남북전쟁 diverse 다른 종류의, 다른 institution 제도, 시설 typically 전형적으로, 일반적으로 view A as B A를 B로 간주하다, 생각하다 majority 대부분, 다수 agrarian 농지의, 농민의 rely on(=depend on, turn to) 의존하다, 의지하다 plantation 농원, 재배지 undermine 약화시키다, 밑을 파다 maintain 유지하다, 지속하다 antiquated 고풍스런, 오래된 stem from ~에서 생기다, 유래하다 evolution 발달, 진화 lead to ~의 원인이 되다, ~에 이르다 unlike ~와 달리

9. (a)

심장은 신체의 다른 부분처럼 근육으로 되어 있다. 심장은 심장이 작동하도록 하는 산소를 공급하기 위해 혈류를 필요로 한다. 충분한 산소가 없을 때 그 근육은 고통 받기 시작하고 산소가 없을 때 근육은 죽기 시작한다. 시간이 지나면 콜레스테롤 강화가 치석과 같은 형태로 이 혈관들에 발생한다. 이것은 동맥을 좁게 하고 그것을 통해 흐를 수 있는 피의 양을 제한할 수 있다. 동맥이 너무 좁아지게 되면 동맥이 수축될 때 심장 근육에 충분한 양의 혈액을 공급할 수 없다. 만약 당신이 너무 과도한 양을 들어 올리면 손상을 입기 시작하는 팔 근육처럼 심장 근육은 알맞은 혈액 공급을 얻지 못하면 아플 수 있다. 만약 치석이 파열되면, 혈관 내에 작은 응고된 혈액이 형성될 수 있고 격렬하게 혈류를 막을 수 있다. 심장의 그 부분이 혈액 공급을 완전히 잃어버린 경우, 그 근육은 죽게 된다. 이것이 심장마비라고 불리는 것이다.

Q. 이 글의 주제는 무엇인가?

(a) 어떻게 심장 마비가 발생하는가?

(b) 어떻게 심장 마비가 치료될 수 있는가?

(c) 심장 마비의 최고의 치료책은 무엇인가?

(d) 언제 심장 마비가 대부분 갑자기 발생할 수 있는가?

◎ 문제 유형이 주로 무엇에 관한 글인지를 묻는 전형적인 큰 그림 독해 유형의 문제이다. 이런 문제는 평이하기에 빠르고 정확하게 푸는 것이 관건이다. 또한 이러한 문제는 선택지를 비교하면서 보는 것도 좋은 방법 중의 하나이다. 예를 들어 정답이 (c)가 되려면 본문에 어떠한 내용이 전개되어야 하는지 등을 생각해 보는 것

도 텝스 리딩 향상의 첩경이다. 이 글은 처음부터 순차적으로 심장마비가 발생하는 과정을 설명하는 글이므로 정답은 (a)이다.

tip! 이런 문제는 본문이 쉽기 때문에 선택지에서 함정을 설치하는 경우가 흔하다. 가장 대표적인 함정이 바로 본문에 언급된 핵심 단어를 오답의 선택지에 언급함으로써 실수를 유발하는 것이다. 따라서 쉽기 때문에 반드시 맞춘다는 마음으로 이러한 점에 유의해서 접근해야 한다.

- -

muscle 근육 flow 흐르다 suffer 고통을 겪다, 경험하다 buildup 강화, 증강 vessel 배, 용기 plaque 치석 artery 동맥 ache 아픔, 아프다 adequate 알맞은, 충분한 rupture 찢어지다, 파열하다; 파열 clot 응고시키다; 엉긴 덩어리 acutely 격렬한, 예리한; 날카롭게 attack 공격하다 mostly 대개, 주로 crop up 갑자기 나타나다, 일어나다

10. (d)

훌륭한 의사소통은 개인적으로나 직업적으로나 모두 성공적인 관계의 기초이다. 그러나 우리는 말보다 더 많은 것으로 의사소통한다. 사실 조사는 우리의 의사소통의 대부분이 비언어적인 것임을 보여준다. 비언어적인 의사소통이나 또는 '바디 랭귀지'라는 것은 우리의 얼굴 표정과, 동작, 시선을 마주치는 것, 자세, 심지어 목소리의 톤까지 포함한다. 비언어적 의사소통을 이해하고 사용할 수 있는 능력은 당신이 다른 이들과 연결되도록 하고, 당신이 진짜 의미하는 바를 표현하고 가정과 직장에서 더 나은 관계들을 만드는 것을 돕게 되는 강력한 도구이다. 우리가 다른 이들과 상호작용 할 때, 우리는 계속 셀 수 없이 많은 말 없는 신호들을 주고받는다. 우리의 모든 비언어적 행동들은 강력한 메시지를 보낸다. 비언어적 의사소통은 우리의 관계의 질에 거대한 영향을 가진다. 불행하게도 많은 사람들은 혼란스럽거나 부정적인 비언어적 신호를 심지어 그것을 알지도 못한 채 보낸다. 이 일이 일어날 때 관계와 신뢰 모두 우리의 관계들에서 잃게 될 수도 있다.

Q. 이 글의 주제는 무엇인가?

(a) 언어적 의사소통은 다른 이들과 관계하는 데에 있어 가장 강력한 도구이다.

(b) 전문가들은 그들의 비언어적 의사소통을 발전시키기 위해 연습해야만 한다.

(c) 첨단 기술 직업에서 언어적 의사소통은 바디 랭귀지보다 더 중요하다.

(d) 많은 사람들이 비언어적 의사소통을 효과적으로 이용하지 못하고 있다.

◎ 주관적인 단어인 Unfortunately, ~ 이 문장을 통해 이 글이 전달하고자 하는 내용을 파악할 수 있다. 따라서 이 글은 비언어적 의사소통이 중요한데 안타깝게도 많은 사람들이 효과적으로 사용하지 못하고 있다고 정리할 수 있으며 정답은 (d)라고 할 수 있다.

- -

foundation 기초 personally 개인적으로 professionally 직업적인, 직업의 communicate 전달하다, 의사소통하다 majority 대부분, 다수 nonverbal 비언어적인 facial 얼굴의, 표면상의 interact 상호

작용하다 continuously 계속해서, 연속적으로 countless 셀 수 없는, 무수한 signal 신호(의), 징후 impact 충돌(하다), 충격 unfortunately 불행하게도 verbal 말의, 구두의 in order to ~하기 위해서 useful 유용한 utilize 이용하다 high-tech career 최첨단 직업

11. (a)

소프트웨어 불법 복제는 소프트웨어가 생긴 이후로 줄곧 문제가 되어 왔다. 그러나 더욱더 많은 프로그램들이 생겨남에 따라 그 문제는 매우 심각해져 왔다. 소프트웨어 불법 복제는 본질적으로 소프트웨어 제조업자에 의해 발행된 프로그램들을 복제하는 것으로 구성된다. 비록 점점 증가하는 문제는 그 복제본을 판매하는 사람들의 문제지만 그러한 복제들은 주로 개인적인 용도를 위한 것이다. SPA는 미국 소프트웨어 제조업자들이 불법 복제 때문에 손실된 판매량에서 매년 20억불의 손해를 본다고 추정한다. 이러한 불법 복제의 대부분은 회사의 직원들이 회사에 의해 구입된 소프트웨어를 복제하거나 그들의 작업을 위해서 복제된 소프트웨어를 가져오는 것들 때문이다. 증가하는 양의 불법 복제는 개인 컴퓨터의 '게시판'을 통해서 이뤄지고 있으며 그 곳에서 다양한 소프트웨어가 판매, 거래 또는 나눠진다.

Q. 이 글의 주제는 무엇인가?
(a) 소프트웨어 불법 복제는 매우 심각한 문제이며 증가추세에 있다.
(b) 모든 소프트웨어 사용자들은 그들의 행동에 더욱더 책임을 질 필요가 있다.
(c) 소프트웨어 제조업체들이 증가하는 소프트웨어 불법 복제에 책임이 있다.
(d) 소프트웨어 불법 복제는 사회적이고 문화적인 현상과 관련이 있다.

○ 이 글의 경우 본문의 앞에서 주제문을 찾을 수 있다. however, the problem has become very serious ~ 이 문장을 통해서 소프트웨어 불법 복제가 매우 심각해져 왔다는 내용이 이 글이 나타내고자 한 내용이라는 것을 알 수 있다. 뒤에는 이 문제의 심각함을 보여주는 내용들이 전개될 것이라는 것을 예측할 수 있다. 따라서 정답은 (a)이다.

- -

piracy 저작권 침해, 해적행위 software piracy 소프트웨어 불법복제 consists of ~로 구성되다 manufacturer 제조업자, 제조회사 estimates 추정하다 bring in 가져다, 들어오다 bulletin boards 게시판 given away 나눠주다, 거저 주다 on the rise 증가 추세에 있는 be responsible for 책임이 있다 be to blame 책임이 있다 phenomenon 현상

12. (a)

1990년 인구조사는 아시아인, 히스패닉 그리고 흑인들이 산타 클라라에 있는 137개의 직업에 있어서 근로자들의 대다수를 차지하고 있다는 것을 보여 준다. 이러한 숫자는 2000년까지 계속해서 증가할 것으로 예측된다. 그때는 백인들은 더 이상 주 인구

의 대다수가 아닐 것이다. 소수 민족들은 관리직에서 매우 드물며 소수 민족들이 집중되어 있는 많은 저임금 산업들은 경제적으로 건강한 구조가 아니다. 2010년까지 미국의 직업구조가 대학 교육을 요구하는 직업이 모든 직업의 30~40퍼센트를 포함할 것이며 30퍼센트는 계속해서 고등학교 중퇴자들의 직업이 될 것이다. 따라서 지방정부는 소수 민족들의 향상된 교육에 집중할 필요가 있다. 젊은 인구들은 감소할 것이고 은퇴 인구는 증가할 것으로 예상된다.

Q. 이 글의 제목은 무엇인가?
(a) 소수 민족의 교육 수준을 향상시켜야 하는 필요성
(b) 직업 구조에서의 급격한 변화들에 의해 야기되는 심각한 문제들
(c) 지방 정부에 의해서 수행되는 인구조사의 부정확성
(d) 증가하는 노인들에 의해 야기되는 부작용들

○ title 문제의 경우 역시 선택지를 간단화 시키면서 접근하면 매우 쉽게 문제를 해결할 수 있다. 예를 들어 (a) the need 필요성 (b) serious problems 심각한 문제들, (c) inaccuracy 부정확성, (d) side effects 부작용들로 간단화시킬 수 있다. 만일 (b)가 답이라면 심각한 문제들이 내용의 주를 이뤘을 것이며, (c)가 답이면 인구조사의 부정확성이 중심 내용이 되어야 한다는 것이다. Therefore it appears that local governments need to focus on the improved education of minorities.의 결론을 통해서 정답이 (a)라는 것을 쉽게 파악할 수 있다.

- -

census 인구조사 account for 차지하다, 설명하다 a majority of 다수의 occupations 직업 predict 예측하다 minority 소수 scarce 부족한 dropout 중퇴자 focus on 집중시키다 shrink 감소하다, 줄어들다 retiree 퇴직자 inaccuracy 부정확

13. (a)

마샬 플랜으로 더 잘 알려진 미국의 유럽 부흥 계획의 세 가지의 가장 중요한 영향들은 대부분의 서부 유럽 국가들의 경제적 회복, 상대적으로 소련의 위협으로부터 안전한 미국 영향력 내의 이러한 국가들을 보호하고, 그리고 궁극적으로 유럽연합을 낳은 유럽협력을 위한 기반의 설립이었다. 비록 마샬 플랜은 종종 역사에서 가장 관대한 국제적인 구상 중 하나로서 극찬되지만 그것은 또한 미국의 문화적, 정치적인 패권을 만들기 위한 시도로서 가끔 비웃음을 받는다. 실제로 많은 분야에서 미국의 지배력은 마샬 플랜의 중요한 하나의 결과였다. 본질적으로 마샬 플랜은 관대함과 미국의 보다 큰 이익을 위한 정치적인 전략에서의 이기심을 합친 보기 드문 것이었다.

Q. 이 글의 제목은 무엇인가?
(a) 마샬 플랜의 두 가지 함축적 의미들
(b) 냉전 동안에 소연방의 증가하는 위협
(c) 마샬 플랜의 위대한 관대함
(d) 문화적, 정치적 패권의 어려운 본성

○ 이 문제는 양보절 단서(Although S V, S V)를 이용할 수 있다. 독해를 할 때 양보절이 언급되면 집중해서 봐야 하며 항상 중요한 내용은 밑줄 친 주절에 나온다는 것을 잊지 말자. Although the Marshall Plan is often acclaimed as one of the most generous ~, it is also sometimes <u>derided as an attempt to establish American cultural and political hegemony.</u> 이 문장과 Essentially it was a rare blending of generosity and self-interest in a political strategy.를 통해서 바로 이 글이 전달 하고자 것을 파악할 수 있다. 즉, 마샬 플랜은 관대함과 미국의 정치 이익을 위한 조치였다는 이 두 가지를 내포하고 있다는 것이 이 글의 중심 내용이다. 따라서 정답은 (a)이다.

----

significant 중요한 recovery 회복 secure 보호하다 sphere 영역 threat 위협 establishment 설립, 만드는 것 basis 근간 lead to ~으로 이끌다, ~을 낳다 acclaim 극찬하다, 박수갈채를 보내다 deride 비웃다 hegemony 지배권, 패권 blending 혼합 generosity 관대함, 너그러움 implications 암시, 함축적 의미 self-interest 이기심

14. (a)

세계들 사이의 접촉의 예로서 미국에서의 유럽인들의 경험은 긍정적면서 부정적인 경험들과 교훈들을 제공한다. 그러나 이러한 경험들은 두 개 대륙의 토착 거주민들 사이에 고르게 균형을 이루지는 않는다. 유럽인들에게 있어서, 신세계의 발견은 거의 완전한 혜택이었다. 그들은 금, 은, 새로운 식량들 그리고 정착할 새로운 땅들을 가져갔다. 유럽인들은 또한 새로운 생각을 시험할 기회를 얻었다. 사하라 사막 이남의 아프리카에 있는 유럽인들의 구세계의 이웃들에게는, 유럽인들의 새로운 세계와의 접촉은 더 어두운 결과를 가졌다. 즉 아프리카를 황폐하게 했고 많은 아프리카인들을 묶어서 바다를 건너 이동시켰던 노예무역이 그것이다. 가장 어두운 결과는 미국 원주민들의 결과였다. 그들은 문명들은 파괴되었고, 그들의 인구 수는 줄었다.
Q. 이 글의 주제는 무엇인가?
(a) 세계들 사이의 접촉에 대한 다른 결과들
(b) 유럽인들의 부정적인 경험들과 교훈들
(c) 증가하는 노예무역과 그 해결책들
(d) 둘 사이 접촉의 이로운 결과들

◯ 이 글의 주제문은 These experiences, however, are not balanced evenly between the native inhabitants of the two hemispheres.이다. 이 문장을 통해서 유럽인들과 흑인들 사이에 세계의 접촉의 결과들이 달랐다는 것이다. 그리고 뒤에서는 구체적으로 For Europeans ~, For the Europeans' Old World neighbors ~ 을 통해서 어떻게 달랐는지를 보여주고 있다. 따라서 정답은 (a)이다.

tip! 선택지를 간단화시키는 작업은 매우 유용하다. (a)는 다른 결과들, (b) 유럽인들의 부정적인 경험들과 교훈들, (c)는 노예무역과 해결책, (d)는 이로운 결과들. 이렇게 선택지를 간단화시키면 각각의 선택지가 답일 경우 본문에 어떠한 내용이 주를 이뤄야 하는지가 한눈에 보이기에 매우 용이하다.

----

instance 사례 evenly 고르게, 평등하게 hemispheres 반구 boon 이익, 혜택 foodstuffs 식료품 slave 노예 ravage 파괴하다 decimate 많은 사람을 죽이다

15. (b)

아프리카 예술은 시각적인 이미지들이 영적인 믿음과 사회적인 의도들을 결합시킨다. 하나의 예술 대상으로서 마스크는 대상의 의미나 내용에서 구현되는 문화적 태도들을 나타내는 하나의 조각이다. 조각으로서 마스크는 삼차원이며 기본적인 형상을 만들어내기 위해 보통 특별한 도구를 사용하여 나무 통째로 그 위에 새겨진다. 비록 마스크커들은 일반적으로 남자들이지만 이 마스크는 산데 집단 여성들 중 한 나이 든 여성의 머리 위에 씌웠다. 그 마스크는 구현적이고 상징적이다. 아마도 마스크들은 조상들의 영혼이나 이상적인 것 같은 영적인 것들을 나타낼지도 모른다. 수산 보겔에 따르면 젊은 외모는 활력과 다산을 나타내는 아프리카 미의 주요 요소이다. 멘데족 믿음에 따르면, 늙음과 기형은 악과 잘못된 도덕성을 의미하는 반면에 젊음은 선을 나타낸다고 한다.
Q. 이 글의 주제는 무엇인가?
(a) 아프리카 예술에서 나타나는 상징으로서의 다양한 마스크들
(b) 아프리카 예술에서 마스크의 구현적이고 상징적인 의미들
(c) 아프리카 사회에서 주요 조각물들과 변화하는 문화적 태도들
(d) 초기 아프리카 예술에서 젊은 외모의 중요성

◯ As an art object, the mask ~와 As sculpture ~을 통해서도 알 수 있듯이 아프리카 예술에 있어서 마스크가 갖는 의미에 대한 이야기를 중심적으로 이야기하는 글임을 알 수 있다. 따라서 정답은 (b)이다.

----

spiritual 정신적인 sculpture 조각 attitude 태도 embody 구체화 하다 three-dimensional 3차원 aesthetic 미의 vigor 활력 fertility 다산, 비옥 youthfulness 젊음 deformity 기형 flawed 흠이 있는 morality 도덕

Unit 04

1. (d)

음식 알레르기가 있는 사람들에게는 심지어 특정한 음식의 아주 작은 양조차도 먹거나 삼키는 것이 피부 발진, 메스꺼움, 구토, 경련과 설사와 같은 증상들을 야기할 수 있다. 몸이 다른 경우라면 무해한 어떤 것들에 반응하고 있기 때문에, 이러한 알레르기성 반응의 유형은 종종 민감성 반응이라고 불린다. 심각한 알레르기성 반응은 생명을 위협하는 증상의 유형을 야기할 수도 있다. 비록 사람들의 약 25퍼센트가 그들이 음식 알레르기가 있다고 믿는다 하더라도 오직 성인 중 약 2.5퍼센트와 주로 6세 이하의 아동 중 약 6-8퍼센트만이 진짜 음식 알레르기를 가지고 있다. 나머지는 면역 체계와 관련되지 않은 음식에 대한 불쾌한 반응인 음식 불내증으로 알려진 것을 가지고 있는 것이다. 두 개가 비슷한 증상을 보이기 때문에 음식 불내증과 음식 알레르기를 혼동하기가 쉽다. 그러나 음식 불내증은 보통 위장 장애와 같은 순한 증상만을 갖는다.

Q. 다음 중 지문에 따르면 사실인 것은?
(a) 약 1/4의 사람들이 음식 알레르기를 가지고 있다.
(b) 6세 이상의 아이들은 특히 음식 알레르기에 취약하다.
(c) 음식 불내증은 면역 체계와 관련 있다.
(d) 음식 불내증을 음식 알레르기로 오인하는 것은 흔한 일이다.

◐ 이 문제의 경우 It is easy to confuse food intolerance with food allergy ~에서 알 수 있듯이 증상이 비슷하기에 혼동하기 쉽다는 내용을 통해 정답은 (d)이다. (b)의 경우 6세 이상의 아이들에 대한 언급은 본문 어디에도 없으므로 정답이 아니지만 이 문제처럼 본문에 등장한 숫자를 이용해 혼동시키는 경우가 흔하므로 대상(취학 전 아동, ~세 이하 등)이 나오면 반드시 확인하자. (a)역시 only about 2.5퍼센트 of adults and about 6-8퍼센트 of children을 통해서 오답임을 알 수 있다. 사람들이 믿는 것과 사실은 다르다는 것을 이용한 오답이다.

----

allergy 알레르기 swallow 삼킴 tiny 아주 작은, 조그마한 particular 특수한, 상세한 symptom 증상, 징후 skin rash 피부 발진, 부스럼 nausea 매스꺼움, 배 멀미 vomit 구토 cramp 경련, 쥐 diarrhea 설사 otherwise 다른 점에서는, 그렇지 않으면 hypersensitivity 과민증 be known as ~라고 알려지다 intolerance 참을 수 없음 undesirable 불쾌한, 바람직하지 않은 involve 포함하다, (필연적으로) 수반하다 immune system 면역 체계 mild 순한, 온후한 upset stomach 위장 장애 quarter 1/4 be vulnerable to ~에 부상하기(다치기) 쉽다, 공격받기 쉽다 commonplace 흔해 빠진

2. (b)

친애하는 동료들에게
아랍 국가 방송 연합과 협력 관계에 있는 HFCC/ASBU의 이 사회는 2009년 2월 2일에서 6일까지 Hammamet에서 열리는 A09 시즌 컨퍼런스에 당신을 초대하게 되어서 기쁩니다. 이 컨퍼런스는 Hammamet Tunisia에 있는 Maritim 호텔에서 개최됩니다. 대표단들은 HFCC 웹 페이지 http://www.hfcc.org /A09tunis.html에서 찾을 수 있는 등록과 호텔 예약 양식을 이용하여 그들의 숙소를 준비해야 합니다. 모든 대표단들은 완성된 등록 양식을 ASBU 사무실로 가능한 빨리 최대한 늦게는 2009년 1월 5일까지 보낼 것이 강력하게 요구됩니다. 컨퍼런스 비용은 대표단 일인당 150유로 또는 그와 동등한 미국 달러나 튀니지 디나르입니다. 이 비용은 2009년 2월 2일 월요일 8시 30분부터 10시 동안 컨퍼런스 서기단에 의해 걷어질 것입니다. 지불은 반드시 현금으로 되어야 합니다.
A09HFCC/ASBU의 협동 컨퍼런스의 당신의 참여를 고대합니다.
Salaheddine Maoui
ASBU 회장
Q. 다음 중 지문에 따르면 사실인 것은?
(a) 모든 대표단은 전화로 그들의 호텔을 예약해야 한다.
(b) 웹페이지는 숙소를 준비하기 위해 사용될 수 있다.
(c) 컨퍼런스 비용은 모든 참가자들에게 무료이다.
(d) 신용카드로 결제된 지불은 일정 수수료를 발생시킬 수도 있다.

◐ correct 문제의 경우 정답이 되는 근거를 본문에서 항상 찾는 것을 습관화해야 하며, 오답은 왜 오답인지, 그리고 어느 부분이 틀려서 오답인지를 본문 속에서 찾아서 확인하는 것이 가장 중요하다. 이 문제의 정답은 (b)이다. 근거는 Delegates are required to arrange their accommodation using the registration & hotel booking form, which can be found on the HFCC web page이다. 전형적인 오답으로 항상 숫자, 날짜, 장소, 대상은 유의하며 문제를 푼다.

colleague 동료, 동급생 cooperation 협력, 협동 be held in(at) ~에서 개최되다 conference 회의, 협의 delegate 대표하다: 파견단 arrange 배열하다, 가지런히 하다 accommodation 숙박 설비, 적응 urge 강요하다, 몰아대다 fee 비용 equivalent 동등한 (물건) secretarial 비서의 look forward to~ ~을 고대하다, 기대하다 participation 참여, 참가 be responsible for~ ~에 대한 책임이 있다 free of charge 무료로 participant 참가자, 관계자 incur (빚을) 지다, (손실을) 입다

3. (c)

몇몇 학설들이 존재함에도 불구하고 우울의 원인은 주로 알려져 있지 않다. 하나의 학설은 우울증은 도파민과 세로토닌과 같은 하나 또는 그 이상의 뇌 속에 있는 신경 전달 화학물질의 감소된 작용 때문이라고 한다. 조사된 다른 학설은 화학적 수용기 장소들이 아마도 최적으로 화학물질인 세로토닌을 묶지 못하기 때문이라고 한다. 왜 어떤 사람들이 더 우울증을 겪는 것 같은지에 대해 영향을 미칠 수도 있는 다른 요인들은 유전과 우울증의 가족력, 성격과 낮은 사회경제적 지위와 같은 것을 포함한다. 우울증은 매일의 일상적인 업무들을 수행하고 스스로와 다른 이들을 돌보는 능력을 방해한다. 식욕은 변하고 몸무게가 줄거나 늘고, 기운을 잃고 잠을 잘 수 없거나 또는 과도한 수면이 우울증을 동반할지도 모른다. 자살 충동이나 시도가 결국 발생할 수도 있다. 적절하게 치료받지 못한 우울증이 있는 사람들은 또한 다른 의학적 문제들을 종종 더 가질 수도 있다.
Q. 우울증과 관련하여 다음 중 사실인 것은?
(a) 우울증은 신경 전달 화학물질의 감소된 기능으로 인해 야기된다.
(b) 유전과 가족력은 우울증과 아무 연관이 없다.
(c) 정확한 원인들은 몇몇 노력들에도 불구하고 지금까지 완전히 설명되고 있지 않다.
(d) 우울증은 몸무게 감소, 과도한 수면과 불면증을 야기하게 될 것이다.

◐ 이 문제의 (a)는 정답으로 생각하기 쉬운 선택지다. 그러나 본문을 잘 보면 하나의 이론에 따르면 그렇다는 것이지 그 사실이 보편적인 사실은 아니다. 따라서 (a)는 매우 조심해야 하는 오답이다. 만일 정답이 되려면 하나의 이론에 따르면 등의 추가 설명이 있어야 한다. (d) 역시 매우 매력적인 오답이다. 이는 인과 관계를 바꾼 오답이다. 우울증이 이들을 야기하는 게 아닌 이러한 것들이 우울증을 동반할 수도 있다고 제시되어 있다. (b)역시 Other factors that may affect why ~ heredity and family history of depression.을 통해서 알 수 있듯이 오답이다. 따라서 정답은 (c)이다. 근거는 첫 문장에 제시되어 있다.

depression 우울증 largely 주로, 대부분 due to ~때문에 reduce 감소시키다, 줄이다 function 기능 neurotransmitter 신경 전달 물질 receptor 수용체, 감각기관 optimal 최적의, 최상의 bind 매다, 감다 factor 요인, 요소 affect 영향을 미치다 heredity 유전 socioeconomic 사회 경제적인 interfere 간섭(하다), 개입(하다) routine 정해진 일, 일과 appetite 식욕 suicidal 자살, 자살적인 adequately 상응하게, 충분하게 frequently 종종, 빈번하게 insomnia 불면증

4. (d)

미국에서 매년 약 906,000명의 아동들이 학대와 방치의 희생자가 된다. 학대가 물리적이든, 정서적이든, 성적이든 또는 방치이든 간에 상처들은 깊고 오래 지속될 수 있고 종종 미래의 아동학대를 초래할 수도 있다. 어떻게 사람이 무방비한 아이를 학대할 수 있겠는가? 그러나 슬프게도 아동학대는 당신이 생각하는 것보다 훨씬 더 흔한 일이다. 아동 학대는 사회의 계층들과 모든 인종성을 초월한다. 아동 학대는 많은 다양한 방법들로 발생하지만 그 결과는 심각한 신체적 또는 감정적 상처들로 동일하다. 신체적 또는 성적 학대는 그것들이 종종 불행하게 신체적 흔적들을 뒤에 남기기 때문에 학대 중 가장 충격적인 유형의 학대일지도 모른다. 그러나 정서적 학대와 방치는 종종 발견하기 더 미묘하고 어려운 아동 학대의 심각한 유형이다. 사실 이러한 유형의 학대는 아주 종종 간과되기 때문에 오히려 더 해로울 수도 있다.
Q. 다음 중 지문에 따르면 사실인 것은?
(a) 아동 학대는 전 세계에서 매년 증가하는 추세이다.
(b) 아동 방치는 의학적 전문가들에 의해서만 다루어질 수 있다.
(c) 아동 학대 사건들은 비슷한 방식들로 발생하는 경향이 있다.
(d) 정서적 학대들은 종종 발견되지 않기 때문에 더 치명적일 수 있다.

◯ 이 문제의 정답의 근거는 these types of abuse can be even more harmful because they are so often overlooked이다. 즉, 잘 발견되지 않기 때문에 더 치명적일 수 있다는 것이다. 따라서 정답은 (d)이다. (a)는 범위를 확장한 오답이다. 본문은 미국의 경우를 언급하고 있고 전 세계에 대한 언급은 없다. (b) only는 항상 눈여겨 보자. (c)는 본문에 근거해서 틀린 정보라는 것을 알 수 있다.

estimated 추측의 victim 희생자, 피해자 neglect 방치하다, 도외시하다 child abuse 아동 학대 scar 상처, 흉터 defenseless 무방비의, 방어할 수 없는 cut across 초월하다, 넘다 ethnicity 민족성, 인종성 subtle 미묘한, 교묘한 spot 장소; 발견하다 overlook 간과하다 be dealt with ~로서 다루어지다 specialist 전문가 take place 일어나다, 개최되다 affective 정서적인 unnoticed 눈에 띄지 않는, 간과되는

5. (d)

아동 또는 청소년 비만은 세계의 산업화된 국가의 많은 곳에서 주요 건강 문제들이 되고 있다. 지난 20년간, 아동 비만의 경우

는 미국과 캐나다에서 3배가 되고 있어 세계보건기구는 유행성 질병으로 이 문제를 분류하도록 만들었다. 미국 아동의 15퍼센트가 비만이거나 과체중이고 성인기에는 심장 질병과 당뇨병에 걸릴 실제적 위험이 있다. 대부분의 경우는 원인들은 간단하고 예방될 수 있다. 아동 비만은 대략 몸무게의 초과 양으로서 대략 정의될 수 있다. 단지 얼마만큼의 초과 몸무게가 문제를 구성하는지는 아동의 몸무게와 키를 이용한 공식에서 비롯된 수치인 BMI로서 측정된다. 만약 아이의 BMI가 그 또래, 성별과 키를 가진 다른 아이들과 비교하여 95퍼센트거나 그 이상이면 그 아이는 보통 비만으로 생각된다.
Q. 다음 중 지문에 따르면 사실인 것은?
(a) 아동 비만은 주로 패스트푸드를 좋아하기 때문이다.
(b) 과체중 아이들은 건강한 식단을 먹도록 해야 한다.
(c) 앉아 있는 생활 방식을 가진 성인들은 비만의 더 큰 위험을 가지고 있다.
(d) 청소년 비만은 국제기구에 의하면 유행성 질병으로 간주되어 오고 있다.

◯ (a)는 fondness for fast food 부분이 틀렸으며, (b)는 건강한 식단을 먹어야만 한다는 주장은 어디에도 언급이 없으며, (c)는 Adults with sedentary lifestyles를 가진 성인들과 비만의 위험성에 대한 언급 역시 없다. 이러한 선택지는 상식을 동원시키는 매우 조심해야 할 오답들이다. 따라서 정답은 (d)이다. 근거는 causing the World Health Organization to classify the problem as epidemic이다. In the majority of cases, the causes are simple and can be prevented.는 오답 (b)의 근거이고, the cases of childhood obesity have tripled ~, causing the World Health Organization to classify the problem as epidemic. 정답 (d)의 근거이다.

juvenile 청소년의 obesity 비만 triple 3배의; 3배가 되다 classify 분류하다 epidemic 유행병, 유행성 obese 비만의, 지나치게 살찐 overweight 과체중이 되다, 지나치게 살다 run the risk of ~의 위험이 있다 diabetes 당뇨병 loosely 대략, 막연하게 define 정의를 내리다 excessive 과도한 constitute 구성하다, 구성요소가 되다 figure 숫자, 모양 derive A from B B에서 A를 얻다(끄집어내다) formula 일정한 공식, 형식 in comparison to ~와 비교하면 due to ~때문에 fondness 다정함, 취미 investigate 조사하다, 연구하다 diagnosis 진단, 점검 sedentary 줄곧 앉아 있는, 앉아서 일하는 be regarded as ~로 여겨지다

6. (d)

당신은 당신의 직업을 선택하거나 바꾸는 것을 생각하고 있습니까? 어쩌면 당신은 직업을 바꾸는 것에 대해 꿈꿔 왔을지도 모르지만 어디서 시작해야 할지는 모릅니다. 아마 당신은 점점 일에 지겨움을 느끼고 있거나 성장을 위한 기회들이 제한되어 있다는 것을 깨닫고 있겠지요. 당신의 그런 이유들에 상관없이, 딱 맞는 직업이라는 것은 모든 이들에게 저 밖에 있는 것입니다. 변화를 위한 용기를 찾는 것, 선택 사항들을 조사하는 것, 당신의 능력들을 깨닫는 것, 새로운 기술을 배우는 것을 포함해서 어떻게 하면 당신에게 최적의 경력을 찾을지를 발견하세요. 당신은 아마 일의

유일한 목적은 편안하게 살기 위한 충분한 돈을 집에 가져다주는 것이라고 생각할지도 모릅니다. 적합한 보상은 어떤 직업에서든지 중요하지만 그것이 전체 이야기는 아니지요. 만약 당신이 매일 하고 있는 것에 만족하지 않는다면, 그것은 당신의 신체와 정신 건강에 희생을 치르게 할 것입니다. 게다가, 만약 당신이 당신의 일이 의미있고 보람 있는 것이 아니라는 것을 알게 되면, 당신의 직업에서 진보를 향한 가속도를 유지하는 것이 어려울 것입니다.

Q. 이 조언은 누구를 돕기 위한 것인가?
(a) 대학원 지원자들
(b) 교사 후보자들
(c) 공동체 지도자들
(d) 이직을 하려고 하는 잠재적인 사람들

○ Are you thinking of choosing or changing your career? 첫 번째 문장을 통해서 직업을 선택하거나 바꾸는 것에 대한 글임을 알 수 있다. 따라서 정답은 (d)이다.

perhaps 어쩌면, 아마 increasingly 점점, 더욱 regardless of ~와 상관없이, ~을 개의치 않고 out there 저곳에, 저쪽 편에 discover 발견하다 path 길, 방향 courage 용기 sole 유일한, 단 하나의 comfortably 편안하게, 쾌적하게 adequate 충분한, 적절한 compensation 보상(금) toll 가격, 희생 what's more 게다가, 더욱이 rewarding 보람 있는, 수익이 많은 momentum (일의 진행에서의) 가속도, 탄력 applicant 지원자 graduate school 대학원 candidate 지원자, 후보자 potential 잠재적인, 가능성(이 있는) transfer 옮기다, 이동(하다)

7. (b)

흡연은 미국인들 사이에 사망과 질병의 주요 원인이다. 매년 대략 430,000명의 미국인이 담배 사용으로 야기된 질병에 의해 죽고, 이는 모든 사망의 5분의 1을 차지한다. 담배의 사용은 매년 직접적인 의료 비용으로 약 1천억 불을 국가에 부담 지운다. 대략 모든 성인 미국인의 25퍼센트가 흡연한다. 이 숫자는 정부의 노력에도 불구하고 몇 년 동안 꾸준히 유지되고 있다. 그럼에도 불구하고 중요한 진보가 공중위생국장이 흡연의 건강상 위험들에 대해 요약한 첫 번째 보고서가 발행된 1964년 이래로 행해지고 있다. 그때 이후로, 흡연 유행이 성인 사이에서 42.4퍼센트에서 25퍼센트까지 하락한 것이다. 만약 금연을 한다면 폐암은 매우 희귀하게 될 것이다. 파이프나 시가와 같은 다른 담배 제품의 사용은 모든 담배 상품 사용의 10퍼센트도 안 되는 정도이므로 덜 흔한 형태이다. 그러나 이러한 상품들의 건강에 대한 영향은 담배의 영향과 비슷하다.

Q. 다음 중 지문에 따르면 사실인 것은?
(a) 정부는 흡연 문제를 다루기 위한 어떠한 노력도 해 오지 않았다.
(b) 증가된 의료비용은 흡연과 관련 있다.
(c) 흡연 유행은 분명히 계속 증가할 것이다.
(d) 담배 제품의 사용은 건강에 덜 해로운 영향을 미칠 수 있다.

○ 건강 관련 주제들은 시험에 자주 등장하므로 익숙해지는 것도

중요하다. 이 문제의 경우 (a)는 when the Surgeon General issued ~을 통해서 오답임을 알 수 있고, (c)의 분명히 증가할 것이라는 언급은 본문에 제시되어 있지 않으며, (d)의 담배 제품의 사용은 실제 담배와 비슷한 영향을 미친다는 내용으로 봤을 때 오답이다. 따라서 정답은 (b)이다. 근거는 Tobacco use costs the nation about $100 billion each year in direct medical expense.에서 찾을 수 있다.

roughly 대략적으로 account for 차지하다, 설명하다 constant 끊임없이 계속되는 nevertheless 그럼에도 불구하고 significant 결정적인, 현저한 progress 진보, 전진 issue 발행물, (특히 출판물의) 발행부수 outline 윤곽, 개략 prevalence 유행, 널리 행해짐 rare 드문 comprise 포함하다, 구성되다 be similar to ~와 유사한 address 연설, 주소 be associated with ~와 관련되다

8. (b)

BWH의 학생 성공 직업 프로그램(SSJP)은 영광스러운 NOVA 상을 받았던 전국적으로 공동체 건강 개선을 위한 5개의 협력 프로젝트 중 하나였습니다. BWH에서 SSJP는 집중적인 연중 채용이자 공립 고등학교의 학생들을 위한 인턴십 프로그램에 대한 멘토링입니다. 이 프로그램은 시의 가장 저소득층 지역사회 학생들에게 병원 내에서 유급 인턴십들을 제공함으로써 보건, 과학과 의료 분야의 직업에 대해 도움을 주려는 의도로 이루어진 것입니다. 8년이 되는 해에, 이 프로그램은 전통적으로 그 분야에서 잘 드러나지 않았던 이들에게 과학, 건강 또는 의료 분야 직업으로의 길을 만듭니다. 인턴십과 보건 전문가들에 의한 멘토링을 제외하고도 SSJP 학생들은 매달 세미나에 참석하고 재정적 대학 장학금을 받습니다. 결과들은 SSJP의 고등학교 선배 98퍼센트가 졸업 후 대학 교육을 하고 있고 이러한 학생 중 94퍼센트는 의학이나 건강 관련 분야의 공부를 전공하고 있다는 사실로 인상적이라고 할 수 있습니다.

Q. 다음 중 위에 BWH의 학생 성공 직업 프로그램(SSJP) 대해 사실인 것은?
(a) 모든 사립 고등학교 학생들을 위해 잘 계획된 프로그램이다.
(b) 불우한 고등학교 학생들에게 도움을 주는 것을 목적으로 하는 프로그램이다.
(c) 참가자들은 매주 세미나에 대해 발표를 해야만 한다.
(d) 인턴십과 보건 전문가들에 의한 멘토링은 포함되지 않는다.

○ 선택지 (a)에서는 public → private, (c)는 monthly seminars → weekly (d)는 본문과 다른 내용이 포함되어 있다. 따라서 정답은 (b)이다.

collaborative 공동의 nationwide 전국적인 prestigious 명망 있는, 일류의 intensive 집중적인, 철두철미한 year-round 연중 내내 mentor 멘토 pathway 좁은 길, 오솔길 underrepresented 불충분하게 대표[표시]된 aside from ~을 제외하고, ~은 제쳐 놓고 attend 참석하다 financial 재정의, 금융의 outcome 결과 pursue 추구하다, 밀고 나가다 well-designed 잘 계획[설치]된 participant 참가자

9. (b)

미국 생활에서 노조 운동이 한때는 강력한 운동이었지만 최근에 노동조합에 가입한 근로자들의 수치는 감소 추세에 있다. 1930년대와 1940년대에는 미국의 자동차 산업이 주로 노조 활동의 촛점들 중 하나였고 디트로이트에 있는 자동차 공장들을 노조화한 것의 성공은 많은 다른 산업체들을 노조화하는 데 있어서 핵심이었다. 자동차 산업은 그들의 공장 밖으로 노조들을 쫓아내기 위해 투쟁했지만, 일단 노동조합 결성이 사실이 되자 회사들은 회사의 구조와 방법을 이 현실에 순응시켰다. 이것은 경영진이 더 이상 노조와 싸우지 않음을 의미하는 것은 아니고, 두 측이 어느 정도 서로에 적응하도록 노력한다는 것을 의미했다. 이제 노조가 없는 일본과 미국 기반 일본 제조업 회사들의 증가된 경쟁으로 그 전체 시스템은 다시 한 번 의문에 빠지고 있다.

Q. 다음 중 지문에 따르면 미국의 노조 활동에 관련해 사실인 것은?

(a) 노조 운동은 시간에 흐름에 따라 더 강력해졌다.

(b) 자동차 산업은 노조 운동 활동에 있어 매우 중요했다.

(c) 정부는 더 나은 이익을 위해서 노조 운동에 대해 적극 찬성해 왔다.

(d) 미국에 기반한 일본 제조업 회사들은 노조를 갖는 것에 찬성하고 있다.

◯ The automobile industry ~ was one of the major focal points of union activity.를 통해서 알 수 있듯이 과거에는 자동차 산업이 노조에 있어서 중요했다는 것을 알 수 있다. 따라서 정답은 (b)이다. (c)는 본문에 노조에 대한 정부의 입장은 언급이 되어 있지 않으며, (d)는 본문의 마지막 문장을 통해서 알 수 있듯이 아마도 반대의 입장을 취할 것이기 때문에 오답이다. (a)는 but in recent years ~ in decline을 통해서 계속 강해지고 있다고 할 수 없다.

----

union 노조, 결합 unionize 노동조합을 결성[가입]하다 in decline 감소하여, 쇠퇴하여 focal 중심의, 초점의 plant 공장 sort of 일종의 bitterly 비통하게, 격렬히 adapt 적응하다, 맞추다 accommodate 수용하다, 공간을 제공하다 to a degree 매우, 크게 firm 회사; 단단하게 하다 entire 전체의, 온 vibrant 활기찬, 생기가 넘치는 all for 적극 찬성, 대찬성 in favor of 에 찬성하는 over time 시간이 흐름에 따라

10. (d)

대부분의 사람들은 그들의 삶 동안 어떤 시점에는 잠을 잘 수 없는 것인 불면증을 겪게 될 것이다. 만성 불면증을 치료하기 위해 중대한 위험들과 어떤 치료약에서의 부작용들이 없는 많은 행동 전략들이 있다. 약물을 사용하지 않는 대안들은 덜 비싸고 중독성이 있지 않아 보통 오래가는 위안이 될 것이다. 간단히 정의되는 대로 불면증은 양질의 수면을 얻을 수 없는 것이다. 하루나 이틀 또는 한 달, 심지어 몇달 동안 지속될 수도 있다. 각기 다른 개인은 다른 양의 수면을 필요로 하기 때문에, 불면증은 당신이 자는 시간의 양이나 얼마나 당신이 빨리 잠에 빠져드는지를 가지고는 정의될 수 없다. 대신 그것은 당신의 수면의 질과 수면 후

당신이 느끼는 기분이 어떤가에 달려 있다. 만약 밤에 8시간을 자고 있더라도, 낮 동안 만약 당신이 여전히 졸리고 피곤함을 느낀다면, 당신은 어쩌면 불면증을 겪고 있을 수도 있다.

Q. 다음 중 지문에 따르면 사실인 것은?

(a) 당신이 자는 시간의 수는 불면증을 정의하는 데 중요한 요소이다.

(b) 당신이 잠에 빠지는 정도는 불면증의 중요한 기준이 된다.

(c) 졸리는 것은 만성 불면증의 가장 흔한 특징이다.

(d) 약물을 사용하지 않은 대안들은 불면증에 하나의 효과적인 접근법이 될 수 있다.

◯ (a)와 (b)는 본문을 통해서 오답임을 알 수 있으며, (c)의 최상급을 체크하자. 졸리는 것은 불면증의 가장 흔한 특징이다라는 말이 정답이 되려면 본문에서 그렇다는 언급이 있어야 알 수 있는 것이다. 따라서 (c)역시 오답이다. 따라서 정답은 Drug-free alternatives are less expensive, not addictive, and often times will provide longer-lasting relief.를 통해서 알 수 있듯이 (d)이다.

----

insomnia 불면증 behavioral 행동의, 행동에 관한 strategy 전략, 교묘한 운용 chronic 만성의, 고질병이 있는 significant 중대한; 상당한 medication 약물, 약물 치료(처리) alternative 대안 addictive 습관성(중독성)의 relief 진정, 안심 define 정의하다 depend on ~에 의존하다 drowsy 졸리는, 꾸벅꾸벅 조는 fatigued 피로; 지치게 하다 factor 요소, 요인 degree 어느 정도, 다소 criteria 기준, 표준 feature 특징을 이루다; 용모

11. (a)

1890년 이전, 미국으로의 이민자들의 압도적인 대다수는 북유럽과 서유럽에서 온 사람들이었다. 그들은 대부분 프로테스탄트였고 쉽게 동화되는 읽고 쓸 줄 아는 비율이 높은 많은 근면한 농부들과 숙련된 노동자들을 포함했다. 1840년대와 1850년대에는 기근과 차별을 피해 수천만 명의 아일랜드 사람들이 그들의 고국에서 도망쳐 미국을 왔다. 세기 전환기에 이민은 주로 가톨릭, 그리스 정교 또는 유대교인인 남유럽과 동유럽 사람들로 급격히 변했다. 많은 사람들이 빈곤했고 문맹자가 높은 비율로 있었다. 미국 전역에 걸쳐 흩어졌었던 처음의 이민 물결과는 달리, 이 집단들은 주요 도시에 정착했고 그들의 언어와 풍습을 그대로 간직했다. 그들은 또한 미국인 노동력과 경쟁하는 비숙련 공장 노동력의 거대한 인력을 제공했다.

Q. 다음 중 지문에 따르면 사실인 것은?

(a) 아일랜드 사람들은 기근과 차별 때문에 미국으로 왔다.

(b) 짧은 이민 역사를 살펴보면, 거의 모든 이민자들은 문맹이었다.

(c) 미국으로의 이민은 1850년대에 그 절정에 다다랐다.

(d) 그 당시에 미국의 대부분 사람들은 이민이 경제를 풍요롭게 할 거라고 믿었다.

◯ In the 1840s and 1850s, hundreds of thousands of Irish citizens fled their homeland for the U.S. to escape famine and discrimination. 이 문장은 정답을 찾는 근거이다. 따라서 정답은 (a).

overwhelming 압도적인, 극도의 immigrant 이민자, 이주민 predominantly 뚜렷하게, 두드러지게 industrious 근면한, 부지런한 skilled 숙련된, 노련한 literacy 글을 읽고 쓸 줄 아는 능력 assimilate 동화되다, 완전히 이해하다 fled flee의 과거, 과거분사형 famine 기근 discrimination 차별 shift 이동하다, 바꾸다 impoverish 빈곤하게 하다, 저하시키다 proportion 비율 illiteracy 문맹 immigration 이민, 이주 disperse 흩어지다, 해산시키다 throughout 도처에, 내내 settle 해결하다, 결정하다 retain 계속 유지하다, 간직하다 custom 풍습, 관습 labor 노동(하다), 근로 starvation 기아, 아사 peak 절정, 정점 enrich 풍요롭게 하다; 강화하다

12. (c)

호스피스는 생의 마지막 치료에 대한 연민적 접근을 나타낸다. 비록 죽음은 삶의 자연스러운 일부분이지만 죽는다는 생각은 여전히 많은 사람들을 두렵게 한다. 그러나 말기 환자에 대한 보호 치료는 당신의 변화를 평화롭고 치유적인 전환으로 변형시킬 수 있다. 호스피스라는 단어는 피난처와 휴식을 제공한다는 수세기된 개념 또는 오랜 여행으로 지치고 아픈 여행객들에 대한 '후대' 라는 단어에서 유래한다. 호스피스는 1970년대 중반 이래로 미국에서 이용 가능했다. 2003년 현재 운영 중인 미국 호스피스 프로그램은 3,300개였다. 호스피스는 구체적 장소라기보다는 보살핌의 개념이다. 평균 수명이 6개월이나 그보다 적은 사람들을 위한 선택이며, 삶의 마지막 날들을 최대로 살 수 있게 하는 계속되는 치료적 수단보다 고통과 증상의 완화를 뜻한다. 말기 환자에 대한 보호 치료는 당신의 삶과 안녕의 모든 측면에 초점을 맞춘다. 더욱이 나이의 제한이 없다. 삶의 마지막 순간에 있는 누구나 호스피스 서비스들을 받을 수 있다.

Q. 다음 중 위에 언급된 호스피스 프로그램에 대해 사실인 것은?

(a) 여행 중의 지치고 아픈 여행객들을 위한 특별한 프로그램이다.

(b) 호스피스는 진행 중인 치료 수단들을 위한 최근의 프로그램이다.

(c) 호스피스의 초점은 죽어가는 사람들의 삶과 행복의 모든 측면을 강화시키는 것이다.

(d) 호스피스는 나이 제한과 재력과 같은 자체적인 자격을 가지고 있다.

◑ Hospice care focuses on all aspects of your life and well-being.을 통해서 호스피스는 병원처럼 치료 기관이 아니라 죽어가는 사람들의 삶의 질에 초점을 두고 있다는 것을 알 수 있다. 그리고 (d)는 no age restriction을 통해서 오답임을 확인할 수 있다. (a)는 문장의 시제에 주의하자. 본문에서 호스피스라는 단어의 기원을 설명할 때 연관성이 있는 내용을 마치 지금도 그러한 것처럼 만든 오답이다.

hospice 호스피스(말기 환자용 병원) represent 나타내다, 대신하다 compassionate 연민하는, 동정하는 approach 다가오다; 접근 terrify 두렵게 하다 transform 변형시키다 passage 흐름, 통로 transition 이행 root 근원, 뿌리(를 내리다) shelter 피난(처); 보호하다 hospitality 후대, 환대 journey 여행(하다), 여정 available 이용할 수 있는 operational 운영(가동)상의 as of ~현재 specific 구체적인, 정확한 expectancy 기대 involve 포함하다, 수반하다 relief

완화, 안도 ongoing 계속 진행 중인 curative 치유력이 있는 enabling 권능을 부여하는, 합법화하는 wearying 지치게 하는, 몹시 피곤하게 하는 enhance 강화하다, 향상시키다 eligibility 적임, 적격 status 자격, 신분

13. (b)

텔레비전 코미디는 그 쇼가 만들어지는 사회의 환경을 반영하는데, 이는 작가들과 프로듀서들 그리고 감독들이 시청자들의 삶의 경험들과 완전히 이질적인 이미지들보다 시청자들의 삶을 반영하는 이미지들이 웃음을 자아내는 힘을 가지고 있음을 알고 있기 때문이다. 텔레비전의 코미디 스타일은 시간에 따라 변해 왔다. 이것은 코미디가 완전히 변해 왔다는 것을 의미하는 것은 아니다. 예를들면 I Love Lucy는 1955년에 그랬던 것보다 지금이 덜 웃긴 것은 아니지만, 시청자들은 다소 다른 시선으로 이러한 에피소드들을 본다. 단지 한 가지 요소와 여자들이 텔레비전 코미디들에서 묘사되는 방식이 어떻게 해가 거듭할수록 변화해오고 있는지를 고려해라.

Q. 다음 중 지문에 따르면 사실인 것은?

(a) 모든 텔레비전 코미디는 정확한 사회적 맥락을 모방하는 것을 시도해야만 한다.

(b) 시청자들은 그들의 실제의 삶을 반영하는 코미디들에 빠져드는 경향이 있다.

(c) 코미디의 대부분이 실제 세계보다는 가상 세계에서 온다.

(d) 일반적으로 거의 모든 코미디들은 그 자신의 처음 스타일에 충실하게 된다.

◑ images reflecting the lives of the viewers have the power to evoke laughter ~ 이 부분을 통해서 알 수 있듯이 시청자들은 그들의 삶을 반영하는 이미지들을 좋아한다는 것을 알 수 있다. (a) should try ~ 해야만 한다는 주장의 내용은 본문 어디에도 없으며 (c)는 틀린 내용이라 할 수 있다. 그리고 (d)는 have changed along with the times를 통해서 어느 정도 변해 온 것을 알 수 있다.

reflect 반영하다, 반사하다 setting 환경, 배경 evoke 자아내다, 환기시키다 laughter 웃음(소리) along with ~을 따라 date 시대를 나타내다, 날짜(를 적다) element 요소, 성분 depict 묘사하다, 그리다 context 맥락, 전후 사정 imitate 모방하다, 흉내 내다 exact 정확한, 정밀한 indulge in ~에 빠지다 virtual 가상의, 사실상의 stick to ~에 달라붙다, 집착하다

14. (d)

최근 몇 년간 커피 처리 공정에 있어 오염 제어 기술의 개발에서 중요한 진보들이 있었다. 작지만 증가추세의 beneficios라는 처리장이 늘고 있어 커피의 '습식' 공정에서 사용된 물의 양을 상당히 낮추고 있다. 이것은 교대로 가공 시설에서 배출되기 전 처리단계에서 요구하는 물의 양을 줄이게 된다. 또한, 환경적으로 건전한 수단들은 가공 공장의 전력을 공급하는 것과 같은 실제적 응용을 위해 사용될 수 있는 메탄가스를 생산하는 소화제로서뿐만 아니라 작물들에 유기농 비료로 사용하기 위해 농장 동

물들을 거름과 섞은 커피의 껍질을 퇴비로 주는 것을 포함한다. 멕시코 베라크루즈 주의 주요 커피 지역을 포함하는 북부 라틴 아메리카의 여러 지역에서 이런 조치들로 성공이 증명되었다. 그러나 향상된 기술에 대한 적극적으로 후원한 지역적 투자 계획이 없다면 오염 방지는 라틴 아메리카의 지역에서 규칙의 예외를 남기게 될 것이다.

Q. 다음 중 지문에 따르면 사실인 것은?
(a) 커피 공정은 오염과는 아무런 관계가 없다.
(b) 커피 가공 기술에 있어서 어떠한 변화도 없었다.
(c) 작물에 유기농 비료를 사용하는 것은 오염 제어를 위한 최고의 수단이다.
(d) 향상된 기술면에서 지역적 투자 계획에 대한 많은 요구가 있다.

◎ 첫 번째 문장을 통해서 커피처리 과정은 오염과 연관이 있다는 것을 알 수 있기에 (a)는 오답이다. 그리고 (b)는 ~ important progress in the development of pollution control technology in coffee processing을 통해서 알 수 있듯이 발전이 있어 왔다. (c)는 최상급 the best를 언급하는 내용 역시 본문에 언급되어 있지 않다. 따라서 정답은 (d)이다. 근거는 마지막 문장이다.

- -

witness 목격하다; 증인 progress 진보; 진행하다 pollution 오염, 공해 substantially 상당하게, 단단하게 reduce 낮추다, 축소하다 discharge 방출하다 facility 시설, 기능; 편하게 하다 additional 추가적인 environmentally 환경의, 주위의 sound 건전한, 건실한 compost 퇴비(를 주다) husk 곡물의 겉껍질(을 벗기다) manure 거름(을 주다) fertilizer 비료 crop 농작(물), 수확 digester 소화(제) practical 실용적인, 실제적인 application 적용, 지원(서) demonstrate 보여주다, 실례를 들어 입증하다 concerted 협동의, 협정된

15. (b)

냉전 중에는 두 초강대국 사이에 결코 직접적 군사적 갈등이 분출되지 않았지만 남한의 민주정부가 미국에 의해 뒷받침되는 반면 북한의 공산정부가 소련에 의해 지지된 한국 전쟁에서처럼 두 나라간 군사적 충돌이 있었다. 그 충돌은 3년 후 전쟁 전과 매우 비슷하게 전쟁 전 국경을 남긴 두 측 사이의 협정으로 끝났다. 그러나 냉전 중 쿠바 미사일 위기라는 또 다른 위기가 거의 미국과 소련 사이에 핵무기 대립으로 분출될 뻔 했었다. 그러나 냉전은 기본적으로 소련 경제가 1980년대 후반과 1990년대 초반 동안 붕괴함에 따라 종결되었다. 냉전이 기본적으로 서방의 민주주의 세력과 동부의 공산주의 세력 간에 투쟁되었던 이념적 전쟁이었기 때문에 이데올로기는 핵심 용어였다.

Q. 다음 중 지문에 따르면 사실인 것은?
(a) 냉전은 두 초강대국을 연루시키는 많은 직접적 갈등들을 특징지었다.
(b) 이념은 냉전 시대에 중요한 역할을 했었다.
(c) 한국전쟁은 쿠바와 소련에 의해서 지원되었다.
(d) 소련은 쿠바 미사일 위기 이후 바로 붕괴하였다.

◎ (a)는 never erupted in direct military conflict를 통해서 오답임을 알 수 있고, (c)는 쿠바는 한국전쟁과 연관이 없으며,

(d)는 right after(바로 직후에)에 대한 언급이 없으며 붕괴의 원인은 as the Soviet economy collapsed를 통해서 알 수 있다. 따라서 정답은 (b)이다. 근거는 the Cold War was basically an ideological war이다.

- -

erupt 분출하다, 터뜨리다 communist 공산주의자 democratic 민주주의의 be backed by ~에 의해 뒷받침 되다 prewar 전쟁전의 border 국경, 가장자리 confrontation 대립, 대치 collapse 붕괴되다 ideology 이데올로기, 이념 involving 수반시키는, 연루시키는

16. (a)

식중독은 흔하고 보통은 경미하지만 때로는 치명적이다. 전형적인 증상들은 오염된 음식이나 음료를 섭취한 후 48시간 이내에 갑자기 발생하는 메스꺼움, 구토, 설사를 포함한다. 오염 물질에 따라 열, 오한, 혈변, 탈수 그리고 신경계 손상이 따르기도 한다. 이러한 증상들은 똑같은 것을 섭취한 사람이나 여러 사람에게 영향을 미칠 수도 있다. 질병관리국은 미국에서 식중독이 매년 약 7,600만 질병들, 325,000건의 입원들, 그리고 5,000에 이르는 사망자 수의 원인이라고 추정한다. 가장 흔한 박테리아 감염의 형태 중 하나인 살모넬라 미생물이 의료비용과 작업시간 손실에서 10억 달러를 차지한다. 전 세계적으로 설사병은 사망의 주요 원인들 중 하나이다. 개발도상국으로 여행하는 사람들은 종종 여행자의 설사라는 형태로 식중독을 마주하게 된다.

Q. 이 지문에 따르면 다음 중 어느 것이 올바른가?
(a) 모든 식중독이 사람에게 치명적인 건 아니다.
(b) 메스꺼움과 구토는 식중독을 수반한다.
(c) 신경 체계는 식중독과 아무런 관련이 없다.
(d) 다른 나라로의 여행자들은 식중독에서 멀리 떨어져 있다.

◎ 첫 문장의 a common, usually mild, but sometimes deadly illness ~를 통해서 정답이 (a)임을 확인할 수 있다. (b)는 인과 관계가 바뀌었다. 식중독의 증상으로 구토나 메스꺼움이 있는 것이며, (c) nervous system damage may follow를 통해서 오답임을 확인할 수 있다. (d)는 Travelers to developing countries often encounter food poisoning을 통해서 오답을 확인할 수 있다.

- -

deadly 치명적인 nausea 메스꺼움 vomiting 구토 diarrhea 설사 contaminated 오염된 contaminant 오염물질 chills 한기 bloody stools 혈변 dehydration 탈수 outbreak (전쟁, 질병 등의) 발발 estimates 평가하다 food poisoning 식중독 hospitalizations 입원 account for 차지하다, 설명하다 encounter 마주하다, 만나다 involves 수반하다, 포함하다

17. (b)

2001년, Ben Store는 Pune에서 지역시장에 전통적인 무겁고 고정된 가구에 대한 대안을 제공하기 위해 작은 매장으로 시작했다. 그 아이디어는 현대적이고 편안한 그리고 가격이 알맞은 가구를 소개하는 것이었다. 얼마 안 가 그 가게는 프랜차이즈를

원하는 다른 사업체들이 접근했다. 2002년에 Ben Store는 소파베드와 관련 가구들을 많이 생산할 수 있는 능력을 가진 자신의 고유 제조 공장을 갖게 되었다. 그 제조 공장은 또한 맞춤형 주문들에 대한 전례 없는 품질 통제와 더 빠른 배달을 제공했다. 품질관리는 그 회사로 하여금 대부분의 제조된 제품에 3년 품질 보증을 제공하는 것을 가능하게 했다. Ben Store의 성공의 열쇠는 모든 고객들에게 끝이 없는 서비스를 제공하는 능력에 있다. 무료 배송에서 직접 방문 리필 서비스로부터 고객들은 그들이 양질의 제품을 가졌다는 확신을 느끼게 한다.

Q. 지문에 따르면 옳은 것은?

(a) Ben Store에 의해 만들어진 모든 제품은 품질보증을 받는다.

(b) Ben Store는 고객들에게 제품의 질과 서비스로 유명하다.

(c) Ben Store는 생산을 위한 자체 설비를 가지고 있지 않다.

(d) Ben Store는 가난한 사람들에게 중고 가구를 제공한다.

○ (a)는 a three-year warranty on most ~을 통해서 모든 제품이 아닌 대부분의 제품에 3년의 품질 보증을 제공한다. (c)는 ~ opened its own manufacturing unit을 통해서 오답임을 알 수 있으며, (d)는 본문에 언급이 되어 있지 않다. 따라서 그것의 근거는 ~ unprecedented quality control & an end-to-end service이며 정답은 (b)이다.

alternative 대안 affordable 지불 가능한(금액) audience 청중 shortly after 직후 unit 공장, 단위 capacity 능력 manufacturing 제조, 제조업 unprecedented 전례 없는 warranty 품질 보증, 보증 lie ~에 놓여있다 be known for 유명하다, ~으로 알려지다 second-hand 중고의 the needy(=the poor) 가난한 사람들

18. (c)

어디에서 우리가 에너지를 얻고, 어떻게 생산해 내고, 어떻게 사용하는지는 우리의 삶에 심오한 영향을 미쳐 왔다. 에너지에 관한 많은 쟁점이 되는 문제들과 결정들이 있다. 이 수업은 때때로 쟁점이 되는 이 많은 문제들을 열거할 것이고 여러분이 찬성과 반대를 토론하도록 도와줄 것이다. 수업은 학급의 크기에 따라서 2, 3, 4개의 그룹으로 나눠질 것이다. 두 개의 그룹에게는 각각의 논란이 되는 쟁점이 할당될 것이며 한 그룹은 찬성, 다른 그룹은 반대를 맡게 된다. 미디어 센터에서 또는 교실 밖에서 조사 작업으로 수업 시간을 보낼 것이다. 두 그룹은 그러고 나서 토론을 이끌며 답변을 해야 한다. 그리고 그 쟁점에 대해 투표하는 것으로 수업은 마무리될 것이다. 선생님의 역할은 토론을 지도하고 수업이 제대로 진행될 수 있도록 하는 것이다.

Q. 지문에 따르면 옳은 것은?

(a) 논란이 되는 문제들에 대해서 세 개의 다른 입장들이 있다.

(b) 각각의 팀은 3명의 구성원과 한 명의 교사로 구성 될 것이다.

(c) 토론은 교실 밖에서 관련 쟁점을 연구하는 것을 필요로 한다.

(d) 선생님은 토론에서 적극적인 참가자이며 안내자의 역할을 한다.

○ The class will spend a period in the media center or out of class time researching.에서 바로 정답의 근거를 확인할 수 있다. 정답은 (c)이다.

---

profound 심오한, 지대한 thorny 쟁점이 되는, 첨예한 concerning ~에 관하여 controversial 쟁점이 되는 the pros and cons 찬반론, 찬성과 반대 assign 할당하다 vote 투표하다

19. (b)

에너지 가격은 수요와 공급의 경제에 의해서 통제된다. 보통 수요가 증가하거나 공급이 떨어지면 가격은 오른다. 그러나 실제 세계에서는 가장 많은 원유 공급량이나 저장량을 가지고 있는 많은 국가들이 OPEC이라 불리는 그룹을 형성해 왔다. 그들은 정기적으로 만나서 그들이 수출하거나 팔 원유의 양을 통제한다. 이러한 방법으로 그들은 영향을 미칠 수 있거나 그들이 판매하는 원유의 가격을 정할 수 있다. OPEC은 70년대에 원유의 흐름을 상당히 차단했다. 그리고 이는 소위 석유파동이라 불리는 위기를 낳았다. 이 기간 동안에 가솔린 가격은 솟구쳤다. 한때 가솔린은 할당되고 있었다. 몇몇 사람들은 홀수 날에만 살 수 있고 나머지는 짝수 날에 구입했었다. 원유를 삭감하는 것은 우리의 일상생활에는 영향을 미치지 않을 수도 있지만 우리 전체 경제에는 국가를 불황이나 심지어 경기침체로 몰아넣으면서 중요한 영향을 미칠 수 있다.

Q. 본문에 따르면 무엇이 옳은가?

(a) 에너지 가격은 오늘날 오르는 추세에 있다.

(b) 원유가격은 몇몇 공급자들에 의해서 영향 받을 수 있다.

(c) 20세기에 매우 많은 원유 위기들이 있어 왔다.

(d) 향후 몇 년 동안 눈에 띄는 긴장들이 계속해서 증가할 것이다.

○ In this way, they can influence or set the price ~ 을 통해서 원유의 가격이 영향을 받을 수 있다는 사실을 알 수 있다. 따라서 정답은 (b)이다.

---

supply and demand 수요와 공급 go up 오르다 do down 감소하다, 내려가다 a number of 많은 reserves 보유고 shut off 차단하다, 중단하다 soar (가격 등이) 솟구치다, 오르다 so called 소위, 이른바 odd 홀수의 even 짝수의 recession 불황 depression 경기침체, 우울증 on the rise 증가추세에 있는 noticeable 눈에 띄는 tension 긴장

20. (c)

뇌졸증은 일종의 뇌 공격이다. 오직 뇌에서만 일어나는 심장마비와도 매우 비슷하다. 심장마비처럼 뇌졸증은 의학적 응급상황이다. 신속한 치료는 뇌졸증에 걸린 사람에게는 결과에 있어서 큰 차이를 낳는다. 뇌의 부분으로의 혈액 공급이 중단되거나 대단히 감소할 때 뇌졸증은 일어난다. 만약 혈액 공급이 몇 시간 이상 중단된다면 충분한 혈액 공급 없어 뇌 세포는 죽는다. 관련된 혈액의 양과 뇌의 뇌졸증의 위치에 따라서 뇌졸증을 앓는 사람은 많은 신호와 증상들을 보일 수 있다. 최근까지 의사들은 사람이 뇌졸증을 앓고 있거나 앓은 직후에 많은 것을 할 수 없었다. 그러나 지금은 뇌졸증에 대한 치료가 가능하다.

Q. 다음 지문에서 뇌졸증에 대해 사실인 것은?

(a) 뇌졸증은 심장마비와 똑같다.

(b) 뇌졸증은 인간 신체의 모든 부분에서 일어나다.

(c) 혈액공급은 뇌졸증에 있어서 중요한 요소이다.
(d) 갑작스런 뇌졸증에 대한 치료는 오늘날 가능하지 않다.

○ (a)는 much like → the same, (b)는 only it occurs in the brain → all parts, (d)는 available → not available로 바꾼 오답들이다. 따라서 정답은 (c)이다.

----

stroke 뇌졸증 much like 매우 ~와 같은 treatment 치료 make a difference 차이를 만들다, 영향을 미치다 outcome 결과 cut off 중단하다, 삭감하다 depending upon ~에 따라서 be unable to ~할 수 없다 involved 연관된, 관련된

Unit 05

1. (c)

이집트인들처럼 그리스인들은 그들의 신전을 신들의 지상의 집으로서 고안하였다. 또한 이집트인들처럼 그리스인들은 신에 대한 제한된 접근을 선호하였다. 이것이 이러한 웅장한 신전들이 왜 공공의 시선으로부터 분리되는 문을 갖고 있는지에 대한 한 이유이다. 사실 건축학적으로 그리스 신전의 앞과 뒤는 거의 똑같아 보인다. 오직 조각 장식만 다를 뿐이다. 그리스 신전에는 3가지 유형이 있다. 도리스식, 이오니아식, 코린트식이다. 정교한 많은 그리스 신전들은 도시가 내려다보이는 높은 언덕이나 아크로폴리스에 위치했다. 신전 옆에 그리스인은 스토아스라 불렸던 쇼핑센터들, 그리스 연극을 상연하기 위한 극장들과 같이 다른 중요한 많은 건물들을 지었다.
Q. 이 글을 통해 무엇을 추론할 수 있는가?
(a) 그리스인들은 신전들이 단순한 것을 선호했다.
(b) 그리스 신전에서 앞과 뒤는 똑같다.
(c) 그리스 신전들은 도시보다 더 높은 지역에 위치하는 경향이 있다.
(d) 이집트인들은 사람들이 신에게 접근하는 것을 막았다.

○ 본문을 빠르게 한 번 읽은 후 선택지를 확인하자. 먼저 (a)는 선택지에 사용된 prefer가 사용된 부분을 본문에서 빨리 확인하자. preferred limited access ~을 통해서 단순한 사원을 선호했다는 언급은 어디에도 없다. (b)는 매우 매력적인 오답이며 틀리기 쉬운 부분이다. 근거는 동일해 보이지만 다르다는 뜻의 look almost identical ~ different에서 알 수 있듯이 오답이다. (c)는 were placed on a high hill, overlooking the city를 통해서 도시보다 높은 데 위치했다는 사실을 추론할 수 있다. 따라서 정답은 (c)이다.

----

temple 절, 신전 earthly 지상의, 지구의 prefer ~쪽을 더 선호하다, 차라리 ~을 선택하다 deity 신, 신성 grand 웅장한, 원대한 in fact 사실 architectural 건축학의 identical 같은, 동일한 sculptural 조각, 조각품 ornament 장식, 장식품 elaborate 정교한, 정성들인 complex 복합지, 대단지 acropolis 아크로폴리스, 고대 그리스 도시의 성채 overlook 내려다 보다, 너그럽게 봐주다 a number of 많은 presentation 상연, 발표 far away from ~로부터 멀리 떨어진

tend to ~하는 경향이 있다, ~하기 쉽다 ban A from ~ing A가 ~하는 것을 막다, 금지하다

2. (c)

과거에 대부분 의료계는 매년 건강검진을 주장했다. 그러나 더 최근에는 미국의학협회와 다른 유사 협회들이 매년 건강검진을 주장하고 있지 않다. 그들은 이제 의료 검진은 40세까지는 5년마다 그 이후로는 1~3년마다 시행되어야 한다고 제안한다. 40세 이하의 대부분 사람들은 보통 물리적 검사에 의해 진단될 수 있는 질병들로부터 자유롭다. 이러한 나이 대에서 건강 문제들은 보통 당신에게 의사의 치료를 찾게 하도록 하는 구체적인 신호들과 증상들을 보인다. 또한, 과거에 정기적으로 행해졌던 많은 검사들은 비용 효율적인 것으로 밝혀지지 않았고 어떤 경우에는 불필요한 걱정만을 유발한다.
Q. 이 글을 통해 무엇을 추론할 수 있는가?
(a) 모든 사람들은 가능한 자주 의료 검진을 받도록 요구된다.
(b) 의료계는 항상 모든 나이 대에 매년 검진을 주장한다.
(c) 40세 이상의 사람이라면 건강검진에 의해 진단되는 몇몇 질병에 걸릴 수도 있다.
(d) 젊은 사람들은 1~3년마다 건강검진을 받을 필요가 있다.

○ (a)에서는 all people과 as soon as possible을 본문에서 확인해야 하며 (b)에서는 always advocate an annual checkup for all age groups을 확인해야 한다. (a)와 (b)에 대한 언급은 어디에도 없으므로 추론할 수 없다. (c)는 Most people younger than 40 years are generally free from diseases that could be diagnosed by physical examination alone.을 통해서 40세 이상의 사람들은 건강검진으로 진단될 수 있는 질병에 걸릴 수도 있다는 사실을 추론할 수 있기에 정답은 (c)이다.

----

in the past 과거에 advocate 주장하다, 변호인 annual 매년의 move away from ~을 그만두다 annual health exam(=annual checkup) 건강검진 yearly 매년 checkup 검사, 건강 진단 every 5 years 5년마다 thereafter 그 이후, 그 뒤로 diagnose 진단하다 examination 검사, 시험 specific 구체적인 symptom 증상 prompt 격려, 고무(하다) routinely 정기적으로 cost-effective 비용 효율적인 anxiety 걱정, 불안 encourage 격려하다 as often as possible 가능한 자주 be likely to(=may) 일 거 같다, ~일지도 모른다

3. (c)

컴퓨터는 어떠한 경계선도 없고 그 전 세계적인 증식은 컴퓨터 기술이 다양한 문화, 가치, 의견, 종교와 도덕적 기준들의 선상에 이용 가능하게 만들었다. 비록 컴퓨터화와 의사소통 기술을 통해 많은 측면에서 세계화가 되었지만 세계는 여전히 다른 인종 집단, 다른 문화적 가치와 기준, 다른 신념 체계로 구성되어 있다. 그렇게 다양한 컴퓨터 사회에서 한 컴퓨터 윤리를 부과하는 것은 힘든 일이며, 시행은 오늘날의 기술로도 사실상 불가능하다. 모든 변화가 좋은 것이 아님은 사실이나, 분명 좋고 나쁨을 인식할 수 있고 둘 사이에 선택할 수 있는 사람들이 우리들 사이에 있다

는 것도 사실이다. 컴퓨터의 더 어두운 면에 굴복하지 않고 컴퓨터 시대의 이점들을 이용할 수 있는 사람들이 있다. 그것을 부정하고 그것에 대항하여 싸우는 것은 무의미한 것이다. 정답은 컴퓨터 시대 내에서 살아가는 것을 배우는 것이고 새로운 방식들에 적응하도록 노력하는 것이다.

Q. 이 글을 통해 무엇을 추론할 수 있는가?

(a) 컴퓨터는 지금까지 매우 유사한 가치에 기반 한 세계로 이끌었다.

(b) 오늘날 기술은 컴퓨터 사회에 윤리를 부과하는 것을 쉽게 만든다.

(c) 모든 사람들이 컴퓨터의 해로운 면 때문에 컴퓨터 시대로부터 이익을 얻는 것은 아니다.

(d) 우리는 모든 문화가 동등하면서 다르다는 생각을 수용해야만 한다.

○ (a)는 still composed of different racial group을 통해서 틀린 내용임을 알 수 있고 (b)역시 is a difficult task를 통해서 틀린 정보임을 알 수 있다. (c)는 컴퓨터의 어두운 면에 굴복하지 않고 이점들을 이용할 수 있는 사람들이 있다는 뜻의 There are those who can use the benefits of the computer age without succumbing to its darker side를 통해서 (c)가 정답임을 알 수 있다.

tip/ 구문 독해 연습

1. 부분 부정 not all(모두가 ~한 것은 아니다), not always(반드시 ~인 것은 아니다)

Not all people can benefit from the computer age owing to its harmful side.

(모든 사람이 / 혜택을 얻을 수 있는 건 아니다 / 컴퓨터시대로부터 / 그것의 해로운 측면 때문에)

2. 가목적어 it

Today's technology makes it easy to impose ethics on computer community.

여기서 it은 목적어가 길어 뒤로 가면서 생긴 것이므로 해석하지 않으며 진짜 목적어는 to부정사 이하이다.

(오늘날의 기술은 / 만들었다 / 쉽게 / 윤리를 부과하는 것을 / 컴퓨터 사회에)

- -

boundary 경계선, 경계 proliferation 증식, 번식 worldwide 전 세계적인 available 가능한 various 다양한 religion 종교 ethical 도덕적인, 윤리의 standard 기준, 표준 aspect 측면 computerization 컴퓨터화 be composed of ~으로 이루어지다 racial 인종의 norm 기준, 전형 impose 부과하다 diverse 다양한 monumental 기념비의 enforcement (법률의) 시행, 집행 virtually 거의 recognize 인식하다 succumb 굴복하다 pointless 무의미한, 요령 없는 adapt 적응시키다, 수정하다 lead to 이르다, ~을 일으키다 so far 지금까지는 owing to ~때문에

4. (d)

앨드린은 살충제로서 세계 대부분 지역에서 널리 사용되었다. 농업에서 이 합성물은 많은 토양 해충들을 통제하기 위해 이용되었고 또한 씨앗을 처리하는 데도 사용되었다. 게다가 그것은 동물

들에게도 적용되었고 나뭇잎과 목초지에도 뿌려졌다. 앨드린에 의해서 통제되는 곤충들은 개미, 흰개미, 메뚜기, 딱정벌레였다. 1971년경, 앨드린의 총 생산 용량은 20,000 메트릭톤이었다. 이것의 3분의 1은 미국, 호주와 영국을 포함하는 산업화된 국가로 수출 되었다. 1960년과 1974년 사이에 평균 미국에서의 연간 앨드린 판매량은 12,256,000 파운드였다. 그러나 1989년 앨드린과 디엘드린의 총 세계 판매량은 1,000 미터톤을 밑돌았다. 앨드린 사용에서의 이러한 급격한 감소는 이 잔류물이 점차 환경에 해가 되고 있다는 것을 인식한 결과에서 비롯된 것이었다.

Q. 이 글에 따르면 앨드린에 대해 추론할 수 있는 것은?

(a) 오늘날 대부분 모든 국가에서 잠재적으로 해로운 영향 때문에 이 사용을 금지했다.

(b) 지금까지 오직 벌레들에 대해 그 사용이 제한되어 왔다.

(c) 선진국에서는 이것의 해로운 결과들에 대해 책임을 져야만 한다.

(d) 환경적인 인식이 이것의 유용성에도 불구하고 증가해 왔다.

○ 이 글이 전달하고자 하는 중심 내용은 앨드린 살충제가 유용하게 사용되어 왔는데 환경에 해로운 영향 때문에 최근에 사용이 감소되어 왔다는 내용이다. 먼저 (a)에서는 Today almost all the countries ~ 에 대한 내용이 본문에 없다. (b)의 only for insects는 also was used to treat seed를 통해서 오답임을 알 수 있으며, (c)는 선진국들이 해로운 결과들에 대해서 책임을 져야만 한다는 뜻의 Developed countries should be responsible에서 책임소재에 대한 언급은 본문 어디에도 없다. 따라서 정답은 (d)이다. 근거는 This dramatic reduction in aldrin use came about as a result of an awareness that its residues were becoming increasingly harmful to the environment.를 통해서 알 수 있다.

- -

widely 널리, 폭넓게 insecticide 살충제 agriculture 농업 compound 합성물; 혼합의 employ 이용하다, 쓰다 soil 토양, 흙 pest 해충 seed 씨앗, 종자 additionally 게다가, 이밖에도 apply 적용하다, 지원하다 foliage 나뭇잎 pasture 목초지, 초원 termite 흰개미 locust 메뚜기 beetle 딱정벌레 capacity 용량, 수용력 metric ton 미터톤(1000kg) export 수출하다, 전하다 annual 매년, 연례의 dramatic 극적인 reduction 감소, 축소 as a result of ~의 결과로 awareness 인식, 관심 residue 잔류물, 잔여물 increasingly 점차, 갈수록 더 widespread 광범위한 ban 금지하다 be responsible for ~에 책임이 있다 in spite of ~에도 불구하고

5. (c)

인터넷은 TV, 라디오, 신문과 같은 다른 유형의 대중매체와 다른데, 그것은 모든 사용자가 어떠한 종류의 내용이라도 발행하는 것이 가능하기 때문이다. 텔레비전, 신문, 잡지와 학술 저널과는 달리, 대부분 인터넷은 정확성이 검토되지 않는다. 그것은 인터넷에 어떤 사실 여부를 판단하는 사람이 없다고 말할 수 있는 것이다. 그 책임은 그것의 정확성을 결정하는 정보의 소비자에게 달려 있다. 그러므로 사실 인터넷 출판인에게 정확성을 유지해야 할 도덕적 책임은 없는 것이다. 당신이 인터넷에서 찾는 모든 것

이 정확하다는 것을 안다면 정말 좋겠지만, 그 많은 정보는 정확하든 아니든, 사실상 규제하는 것이 거의 불가능하다. 그러므로 소비자는 정보의 근원이나 출처와 상관없이 모든 정보를 가볍게 받아들여야 한다는 것을 알아야 한다.

Q. 이 글을 통해 무엇을 추론할 수 있는가?

(a) 인터넷에서 이용 가능한 정보는 철저히 정확성이 검토된다.

(b) 각 인터넷 발행인들은 그들이 제공한 정보에 대한 윤리적 책임이 있다.

(c) 잡지들, 신문들과 학술 저널들은 정확성을 위해 검토가 이뤄진다.

(d) 인터넷 사용자들과 발행인들은 관련 규칙과 규제들을 이행해야만 한다.

⟳ 이 글의 중심 내용은 인터넷은 정확성이 검토되지 않기에 소비자들이 그 정보의 정확성을 너무 믿지 말고 이용해야 한다는 내용이다. 선택지 (a)는 internet is not reviewed for accuracy에서 틀린 정보임을 확인할 수 있으며, (b)역시 there is truly no ethical responsibility of internet publishers를 통해서 틀린 내용임을 알 수 있다. (c)는 Unlike television, newspaper, magazines and academic journals, in large part, the internet is not reviewed for accuracy에 나타나 있듯이 신문 등은 정확성 검토가 이뤄진다는 것을 알 수 있다. 따라서 정답은 (c)이다.

----

differ from ~와 다르다 mass media 매스미디어, 대중매체 such as ~와 같은 publish 발행하다, 널리 알리다 accuracy 정확성 fact-checker 사실 확인(자) accurate 정확한, 올바른 responsibility 책임, 책무 lie upon ~에게 달려있다 consumer 소비자 determine 결정하다 ethical 도덕적인, 윤리적인 publisher 출판인, 출판사 virtually 사실상, 거의 regulate 규제하다, 단속하다 lightly 가볍게, 부드럽게 regardless of 고려되지 않는 origin 근원, 기원 thoroughly 완전히, 철저히 comply with ~을 이행하다, 따르다 regulations 규제, 제한

6. (b)

미국 학교 시스템에 대한 다른 불만은 유연하지 못하다는 것이다. 각 주의 교사들은 반드시 그들 전공 영역에서의 주에서 요구하는 사항을 충족시켜야만 한다. 초등학교 교사들은 모든 과목에 대한 일반적인 지식을 갖는 것이 기대되고 고등학교 교사들은 그들의 선택 과목에 대해 구체적인 지식을 소유하고 있을 것이 기대된다. 각 주는 고유의 자격 요구 사항을 갖고 있고, 교사 자격증은 반드시 주 경계를 넘어 옮길 수 없다. 사실 1980년대 교사 능력 시험의 등장으로 많은 주는 이제 교사들이 주 자격시험을 통과할 것을 요구한다. 흥미로운 면은, 삶과 죽음의 문제를 다루는 간호사들은 단지 다른 주에서 딴 자격증으로 신청함으로써 다른 주들에서 간호 업무를 수행할 수 있다는 것에 주목해야 한다. 반면에 교사들은 그들의 전문적 기술들을 어떤 면에서의 그들의 능력을 반복해서 증명해야만 한다.

Q. 이 글을 통해 무엇을 추론할 수 있는가?

(a) 미국 학교 시스템은 많은 변화들에 매우 개방적이다.

(b) 모든 주는 교사들에게 각자의 요구조건을 가지고 있다.

(c) 고등학교 교사들은 모든 과목에 대한 일반적인 지식을 가질 것이 요구된다.

(d) 거의 모든 교사들은 주 자격시험을 통과할 것이 요구된다.

⟳ 이 글의 중심 내용은 주제문인 첫 번째 문장 American school system is that it is inflexible을 통해서 알 수 있듯이 미국의 교육 체계가 유연하지 못하다는 내용이다. (a)는 inflexible를 통해서 틀린 내용임을 알 수 있고, (b) Each state has its own credentialing requirements에서 주마다 자격 요건들이 다르다는 것을 알 수 있다. 따라서 정답은 (b)이다. 또한 (c)는 to possess specific knowledge about their chosen discipline을 통해 오답임을 알 수 있으며, (d)역시 Almost all the teachers는 알 수 없다. 본문에서는 many states now require ~ 이 언급되어 있고 많은 주들이 자격시험을 요구하고 있다는 내용에서 거의 모든 교사들이 자격시험에 임해야 한다고 추론할 수 없다.

----

complaint 불만, 불평 inflexible 유연하지 못한 requirements 필수조건, 요구조건 be expected to ~을 기대하다 possess 소유하다, 갖다 chosen 선택한, 선발된 discipline 징계하다; 규율 credential 신임장, 증명서 transferable 옮길 수 있는 advent 출현, 도래 competency 재능 reveal 드러내다, 폭로하다 deal with ~을 다루다, 대처하다 merely 단지, 그저 license 자격증, 면허 on the other hand 반면에

7. (d)

1741년 미국 원주민의 삶은 러시아 탐험가들의 도착과 연이은 무역 거래소의 설립으로 변화되었다. 결과적으로 알래스카 원주민들은 러시아 무역상들에 의해 착취당했다. 모피 무역에 연관된 러시아인과 미국인들의 착취는 극적으로 원주민 인구를 감소시켰다. 1867년, 러시아는 알래스카를 미국에 7,200만 달러에 팔았고, 1883년 알래스카 원주민들에게 안정적인 일자리를 제공하는 첫 번째 통조림 제조 공장의 개업은 어로와 사냥 같은 전통적 생활 방식의 활동들에 대한 의존도를 감소시켰다. 많은 알래스카 원주민들이 미국 원주민과 러시아인 그리고 미국 정착민들과 탐험가들 사이의 접촉 이후 러시아 정교나 모라비아 교회 교도로 역시 개종하였다.

Q. 이 글을 통해 무엇을 추론할 수 있는가?

(a) 거의 모든 미국 원주민들은 그들 자신의 생활 방식을 고수하였다.

(b) 러시아 무역가들은 약탈자라기보다는 친구였다.

(c) 거대한 수의 미국 원주민들은 러시아 정교로 이루어져 있다.

(d) 새로 온 사람들은 미국 원주민들의 삶에 깊은 영향을 끼쳤다.

⟳ (a)는 the life of Native Americans was transformed를 통해 진위 여부를 알 수 있고 (b)는 exploited by Russian traders를 통해서 틀린 내용임이 확인 가능하며, (c)는 대다수의 러시아 정교로 개종했는지는 알 수가 없다. 본문은 러시아 정교나 모라비안으로 개종했다는 정도만 언급이 되었다. 따라서 정답은 (d)이다. 근거는 주제문인 the life of Native Americans was transformed with the arrival of Russian explorers and the subsequent establishment를 통해서 알 수 있다.

---

transform 변화시키다 arrival 도착, 출현 explorer 탐험가, 조사자 subsequent 뒤이은 establishment 설립, 창설 consequently 결과적으로, 그 결과로 exploit ~을 착취하다, 이용하다 involved in ~에 수반되다, 연관되다 dramatically 극적으로, 급격하게 canning 통조림 제조업 seasonal 계절의, 계절에 의한 dependency 의존 (도), 종속물 convert 개종하다, 전환하다 encounter 마주치다; 접촉 settler 정착민, 개척자 adhere to 고수하다, ~에 집착하다 vast 거 대한 consist of ~로 이루어지다, 구성되다 profound 깊은, 심오한

8. (a)

순수한 예술가와 프리랜서 상업 예술가 사이의 많은 유사점들이 있는 반면에, 또한 다른 점도 있다. 기본적 차이점은 순수 예술가 의 작업은 그 예술가의 구상을 표현하는 일생의 사업에서 그 예술가의 독특한 재능을 최대한 발전시키는 것이며, 상업적 예술가 의 작업은 항상 다른 사람들의 생각, 상품, 그리고 사업의 진보에 기여하는 것이라는 점이다. 상업적 예술가는 특정 유형의 회사에서 일을 하는 경향이 있고 회사의 유형은 또한 구체적으로 상업적 예술가가 생산하는 작품의 유형을 결정한다. 광고 에이전시는 이러한 회사 중 하나이다.

Q. 이 글을 통해 무엇을 추론할 수 있는가?
(a) 순수 예술가와 상업적 예술가의 직업은 같지 않다.
(b) 상업적 예술가의 작업은 사람의 재능과는 관계가 없다.
(c) 상업적 예술가는 그들이 생산하는 작품의 유형을 결정할 수 있는 자율권을 갖고 있다.
(d) 광고 에이전시에서 일하기 원하는 많은 현대 예술가들이 있다.

○ 주제문인 첫 번째 문장을 통해서 유사점이 많지만 순수 예술가 와 상업 예술가들은 다르다는 내용을 통해서 정답이 (a)라는 것을 쉽게 확인할 수 있다.

tip! 독해 시 양보절 although, though, even if, even though, while이 나오면 체크하면서 읽자. 양보절은 항상 주관적 인 부분이므로 글의 중심 내용을 파악하는 데 매우 중요한 단서라 할 수 있다.

career 직업, 경력 fine art 순수 예술 unique 독특한, 특유의 fullest 최선의 concept 생각, 개념 contributes 기여하다, (지식 등 을) 제공하다 advancement 촉진, 진보 retail 소매의; 소매하다 have nothing to do with ~와는 관계가 없다 autonomy 자율, 자치권 contemporary 현대의, 동시대의

9. (c)

불법 이민은 우리 국가에 있어 길고 이야기로 유명한 역사를 갖고 있다. 우리는 더 이상 국내에 불법적으로 들어오는 수백만 명의 사람들을 허용할 여유가 없다는 것에 대한 강한 논쟁이 있다. 이유들은 간단하다. 불법 이민자들은 우리를 테러의 위협에 노출 시키며, 그들은 예를 들면 의료보험, 학교, 그리고 병원들 등 그들이 지불하지 않은 공공 서비스를 소비하기 때문이다. 심지어

불법 이민자들이 우리의 직장을 빼앗아 가지 않을 때조차도 우리 사회에 그들의 존재는 반드시 축소시켜야만 하는 공공 자원에 대 한 순 손실이다. 추산 8,700만 명의 불법 이민자들이 현재 미국에 살고 있다. 이론상으로 이러한 불법 외국인들은 직업이나 저 소득자 의료보험이나 실업 수당과 같은 사회적 복지를 얻지 못한 다. 하지만 실제로는 그들은 번성하는 지하 경제 때문에 이러한 모든 것들에 대한 접근을 갖고 있다.

Q. 이 글을 통해 무엇을 추론할 수 있는가?
(a) 합법적 이민은 당국에 의해 장려되어야만 한다.
(b) 합법화된 이민에 대한 뜨거운 토론이 있다.
(c) 사실 불법 이민자들은 몇몇 직업을 가질 수 있다.
(d) 정부는 공공 자원을 축소하기 시작했다.

○ 정답은 (c)이며 근거는 In theory, these illegal aliens cannot get jobs or social welfare.이다. 이론적으로는 직업을 얻을 수 없지만 In reality, however, they have access to all of these things을 통해서 실제로는 직업을 얻을 수 있다는 내용 은 추론 가능하다.

illegal 불법(위법)의 immigration (입국) 이민, 입국 storied 잘 알려 진, 유명한 no longer 더 이상 ~않다 afford to ~할 여유가 있다 expose 노출시키다, 드러나다 threat 위협, 협박 medicaid 저소득 자 의료 보조 net 순, 정가의 drain 낭비, 고갈 curtail 축소하다, 단축 하다 aliens 외국인의, 외국의 unemployment 실업, 실직 compensation 보상(배상금), 수당 thriving 번성(번영)하는, 성대한 cut off 중단하다, 중단되다

10. (c)

비록 마야의 마지막 전초 기지가 1697년까지 스페인들에 의해 점령되지 않았음에도 불구하고 높은 수준의 마야 문화는 수세기 전에 끝났다. 아즈텍 문명은 더 최근의 발생이며 단지 몇 세기만에 그의 정점에 이르렀다. 아즈텍의 쇠퇴는 스페인 정복의 직접적 결과이다. 마야인과 아즈텍인들은 문화적으로 많은 유사성을 가지고 있지만 그들은 근본적인 부분에서 달랐다. 그러나 그들 사이에서 주요 차이점은 마야 사람이란 용어는 문화적 연관이 '어떤 시대 어떤 장소에서 상당히 뛰어났던' 마야어를 사용하는 많은 사람들을 일컫는다. 그러나 마야 문화의 일반적 결합에도 불구하고 학자들은 큰 문화적 차이를 보여준 세 개의 특별한 시대들과 세 개의 독특한 지리학적 지역들을 확인했다. 반면에 아즈텍 사람들은 단지 Nahua 언어를 사용하는 많은 부족들 중 하나였고 그들의 지정학적 범위는 마야인들보다 훨씬 더 제한되어 있었다.

Q. 이 지문에서 아즈텍에 관해 무엇이 추론될 수 있나?
(a) 아즈텍 사람들은 마야인들보다 훨씬 일찍 그들의 절정을 이루었다.
(b) 아즈텍 사람들은 다양한 언어를 사용하는 다양한 부족들로 구성되어 있다.
(c) 아즈텍 사람들의 영토는 마야인들의 영토보다 훨씬 더 제한되어 있다.
(d) 아즈텍 사람들은 군사적인 공격과 관련이 없다.

(a)는 The Aztec civilization was of more recent origin을 통해 오답임을 알 수 있고, (b)는 only one of a number of tribes who spoke the Nahua language를 통해 틀린 내용을 확인 가능하다. (c)는 their geographical range was far more limited than the Mayans를 통해 추론 가능하기에 정답이라 할 수 있다.

outpost 전초 기지 conquest 정복 fundamental 근본적인 term 용어 refers to ~대해 언급하다 cohesion 응집력, 결합 extraordinary 상당히 뛰어난, 예사롭지 않은 distinct 다른, 별개의 geographical 지리학의 have nothing to do with ~와 관련이 없다 much earlier 훨씬 일찍 the Mayans 마야 사람들 the Aztecs 아즈텍인들

11. (b)

멕시코시티에서 이주는 인구 증가를 부채질하는 데 있어서 자연적 증가보다 더 중요한 요인이 되어 왔다. 그러한 성장은 멕시코시티에서 공업 생산의 집중을 선호한 정책에 의해 이루어졌다. 그 도시를 형성하는 가장 중요한 공업적 활동들은 의류와 가구의 제조업, 출판 활동, 고무, 플라스틱, 금속 제품 생산 그리고 전자 제품의 조립과 수리를 포함한다. 도시화 과정은 멕시코시티의 생태계에 심각한 부정적 영향을 미쳤다. 물 공급이 하루에 1인당 300리터로 증가한 반면 이 도시는 효율적인 분배 시스템이 부족하다. 인구의 80퍼센트 가량이 배관 설비 내부에 파이프를 설치했지만 외곽 지역 거주자에게 하수시설에 접근할 수 없다. 이것은 엄청난 양의 오수가 처리 되지 않은 채로 남아 있다는 것을 의미한다.
Q. 지문으로부터 멕시코시티에 관해 추론할 수 있는 것은?
(a) 인구의 자연 증가가 주요 원인이 되었다.
(b) 정책을 통한 정부의 관여가 그러한 성장에 책임이 있었다.
(c) 도시화는 도시와 그 주변에 유익한 영향을 미쳤다.
(d) 이 도시는 효과적인 오수 처리로 유명하다.

Such growth was produced by policies that greatly favored the concentration of industrial production in Mexico City.를 통해서 산업화 정책을 호의적으로 지원한 정책으로 인해 성장이 이뤄진 것을 추론할 수 있다. 따라서 정답은 (b)이다.

migration 이주, 이동 manufacture 제조 rubber 고무 assembly 조립 urbanization 도시화 have an effect on 영향을 미치다 ecosystem 생태계 per capita 1인당 lack 부족하다 efficient 능률적인 distribution 분배, 분포 pipe 배관하다 plumbing 배관 설비 peripheral 주위의, 주변의 gain access to ~에 접근하다 sewage 오수, 하수 beneficial 유익한

12. (b)

핵무기의 출현은 많은 나라들에게 외교 정책과 외교 관계에 대한 접근법을 변화시켰다. 냉전이라 불리는 시기 동안에 핵무기에 대한 두려움은 전면적인 핵전쟁의 발발을 막는 데 일조했다. 그러

나 핵무기가 전투원의 상호 파괴가 확실한 전쟁들을 막았지만 핵무기가 사용되지 않은 곳의 전쟁은 막지 못했다. 사실 이라크 전쟁과 같은 최근의 전쟁들은 적국으로 흘러 들어가는 핵무기의 위협 때문에 주로 단행되었다. 그 자체로 핵무기는 국가들 사이에서 군사, 외교적 정책과 외교 관계에 영향을 미친 반면 핵무기는 핵무기에 의존하지 않는 전쟁이 발생하는 것은 좀처럼 막지 못했다. 사실 지난 34년 동안 1970년에 재정된 핵확산 방지 조약은 핵무기의 국가 개발을 끝내는 데 성공적이지 못했다.
Q. 지문으로부터 추론할 수 있는 것은?
(a) 핵무기는 모든 가능한 전쟁을 막는 데 믿을 수 있는 수단으로 입증 되었다.
(b) 냉전 기간 동안 핵무기는 핵전쟁을 막는 매우 효과적인 억제제로서 역할을 하곤 했다.
(c) 오늘날에는 핵무기가 전쟁을 막는 강력한 도구가 되고 있다.
(d) 핵무기의 출현은 외교정책에 거의 변화를 가져 오지 못했다.

(a)의 all possible wars에 주목하자. 모든 가능한 전쟁들을 막았다는 내용에 대한 언급은 찾아 볼 수 없다. 본문은 핵무기가 핵전쟁을 억제하는 데 효과적이었다고 말하고 있다. (b)는 During the period ~ the fear of nuclear weapons helped prevent the outbreak of full-scale nuclear war.를 통해 추론이 가능하므로 정답은 (b)라고 할 수 있다.

advent 출현, 도래 diplomatic 외교의 threat 협박, 위협 destruction 파괴 prevent 막다, 방해하다 outbreak 발발, 폭동 full-scale 전면적인 combatant 전투원 undertake 착수하다, 맡다 as such 그러한 것으로서 enact 재정하다 put an end to ~을 끝내다 measure 수단 prove 입증하다, 입증되다 deterrent 억제제(무언가가 일어나지 않도록 해주는 것), 억제력 tool 도구, 수단

13. (c)

사회에서 사회경제적으로 더 높은 수준에 있는 가족들은 그들 자녀들의 읽고 쓰는 능력의 발달을 계속 보증하는 반면 미국에서 가장 낮은 사회경제적 단계에서 문맹은 하나의 가족 전통이 되는 것처럼 보인다. 그러한 기능 문맹에 대한 추세는 문맹 성인이 되는 개개인들에게는 비극일 뿐만 아니라 읽고 쓸 줄 모르는 개인들에게도 비극이며, 또한 하나의 사회적 비극이다. 미국 사회에서 기능 문맹의 추세는 결국 모든 미국인들에게는 덜 생산적인 경제와 생활수준의 악화에서 명백히 증명될 것이다. 그러므로 학식이 있고 경제적으로 여유가 있는 미국인들은 전국적인 규모로 기능 문맹에 대한 이러한 경향을 무시할 여력이 없다. 비록 성공을 보장하기 위해서 높은 수준의 지역적 통제와 계획이 요구되어지지만 그 문제를 바로잡는 데는 광범위한 국가적 노력이 필요하다.
Q. 지문으로부터 추론할 수 있는 것은?
(a) 사회경제적 지위는 문맹의 수준과 관계가 없다.
(b) 기능 문맹은 경제적 발달을 통하여 다뤄져야만 한다.
(c) 생활수준은 문맹을 말하는 중요한 지표가 될 수 있다.
(d) 기능 문맹의 발생에 감소가 있어 왔다.

첫 문장을 통해서 (a)는 오답임을 확인할 수 있다. (b)는 해결

방법에 있어서 경제적 발달이 필요하다는 내용이 아닌 Correcting the problem will require a comprehensive national effort ~ 이러한 것들이 필요하다는 것이 이 글의 내용이다. (c)는 첫 문장을 통해 사회경제적 지위가 문맹과 관련이 있음을 알 수 있기에 추론 가능하다. 따라서 정답은 (c)이다.

- -

socioeconomic 사회경제적인 assure 보증하다 literacy 읽고 쓰는 능력 illiteracy 문맹 functional illiteracy 기능 문맹(직업상 필요한 지식이 없는 것) creeping 기는, 기어 돌아다니는 steadily 끊임없이 ladder 단계, 지위 tragedy 비극, 참사 coming of age 성인 연령 societal 사회의, 사회 활동의 manifest 명백하게 하다 deterioration 악화 well off 부유한 afford 여유가 있다 ignore 무시하다 scale 기어오르다 comprehensive 이해력 있는, 포괄적인 through ~을 통하여 have nothing to do with ~와 관계가 없다 address (문제 등을) 다루다 indicator 지표

14. (c)

1984년에 의회는 CCPA법을 통과시켰다. 이 법은 미국의 케이블 TV 산업의 규제 해제를 요구했다. 그러나 그 산업 내에서 경쟁을 장려하는 대신에 규제 해제는 지방 케이블 회사들이 그 나라에서 독점을 형성하도록 했다. 이러한 경쟁 부족을 결과로 케이블 요금이 증가했고 서비스 질은 하락했다. 최근에 케이블 산업을 재 규제하는 데 찬성하는 논의가 있어 왔다. 이러한 논의들은 지방정부와 독점 계약하는 신생 케이블 회사들의 능력을 줄이는 법들을 요구한다. 이는 소비자들에게 증가된 이득뿐만 아니라 증가된 경쟁을 야기할 것이다. 소비자의 의견과는 대조를 이루어 케이블 산업은 재 규제를 반대한다.
Q. 지문으로부터 추론할 수 있는 것은?
(a) 규제 완화는 소비자에 의해서 지지되었다.
(b) 케이블 산업은 재 규제를 찬성한다.
(c) 재 규제는 소비자들에게 더 좋은 상황을 발생시킬 것이다.
(d) 현 상황 하에서 새로운 경쟁들이 발생하는 것은 쉽다.

This(re-regulating) would lead to increased competition as well as increased benefits to consumers.를 통해서 재 규제가 소비자에게는 증가된 혜택들을 준다고 하였으므로 (c)는 추론 가능하다. 따라서 정답은 (c).

- -

call for 요구하다 deregulation 규제 해제 monopoly 독점, 전매 in favor of ~에 찬성하여 contracts 계약 In contrast with ~와 대조를 이루어; ~와는 현저히 다르게 is opposed to ~에 반대이다 be responsible for ~에 책임이 있는 all for 대 찬성, 적극 찬성 arise 발생하다

15. (c)

비록 케이블 TV가 80년대까지 인기가 있지는 않았지만, 케이블 텔레비전 산업은 실제로 1940년대 말까지 거슬러 올라가는 긴 역사를 가지고 있다. 첫 번째 실험적인 케이블 텔레비전 시스템은 1949년 오레곤의 아스토리아에서 개발되었다. 처음에 케이블 텔레비전은 방송 신호가 명확하게 수신되지 않는 시골 지역에

방송 전송을 보내는 목적으로 고안되었었다. 비록 케이블 텔레비전은 원래는 이러한 방식으로 제한적이었지만, 놀랍게도 이것은 곧 미국 소비자들 사이에 많은 수요가 있다는 것을 입증했다. 초기 케이블 시스템에 사용된 기술은 오늘날 기준으로 보면 매우 단순하였다. 기술 발전으로 케이블 텔레비전의 역할은 변했다. 예를 들면, 위성의 사용은 케이블 회사들로 하여금 다양한 종류의 채널들과 프로그램을 제공하는 것을 가능하게 했다. 이 요소 때문에 케이블 텔레비전은 그들의 위치에도 불구하고 모든 사람들에게 정규 방송 텔레비전의 대안이 되었다.
Q. 지문으로부터 추론할 수 있는 것은 무엇인가?
(a) 케이블 텔레비전은 1980년대 이전에도 인기가 있었다.
(b) 케이블 텔레비전은 처음에는 대도시를 대상으로 한 것이었다.
(c) 케이블 텔레비전에 대한 소비자들의 큰 수요는 예상되지 않았다.
(d) 케이블 텔레비전은 정규 방송 텔레비전의 우세력에 필적하지 못했었다.

추론 문제이므로 본문의 내용에 근거해 추론할 수 있는 선택지를 찾아야 한다. 물론 추론 문제 접근 시 반드시 추측은 경계해야만 한다. (a)는 did not become popular until the 1980's~을 통해서 틀린 정보임을 알 수 있고, (b)역시 was designed for the purpose of bringing broadcast transmissions to rural areas를 통해서 오답임을 알 수 있다. (d)역시 cable TV became an alternative to regular broadcast television for all people 부분을 통해서 잘못된 정보임을 알 수 있다. 따라서 정답은 (c)이다. 근거는 surprisingly, it soon proved to be in high demand among American consumers를 통해서 케이블 텔레비전에 대한 높은 수요는 예상하지 못했다는 사실을 추론할 수 있다.

- -

date back to (연대 등이) 거슬러 올라가다 for the purpose of 목적으로 transmission 전송, 전파 rural areas 시골 지역들 high demand 높은 수요 satellite 위성 enable A to B A가 B하는 것을 가능하게 하다 a variety of 다양한 alternative 대안 regardless of 에도 불구하고 initially 초기에는, 처음에는 match 에 필적하다, 대등하다 might 우세력, 힘

Unit 06

1. (d)

대학 교육은 전문가를 뛰어 넘으려는 개인들에게 이점들을 제공할 수 있다. (a) 대학들은 과학, 인문학, 그리고 그 사람의 전공과 직접적으로 관련이 없을 수도 있는 다른 과목들에서의 일반적인 교육적 필요 사항들을 요구하기 때문에 대학에 가는 사람들은 더욱 다재다능해지며 다양한 상황들을 더 잘 분석할 수 있게 된다. (b) 대학들은 또한 다른 사람들과 일하는 것, 다양한 문화와 상호작용하면서 개인적인 상황들에서뿐만 아니라 업무상황에서도 좋은 목적에 사용될 수 있는 다른 사회적인 기술들을 얻는 것과 같은 교실의 범위를 넘어서 상당한 학습을 제공한다. (c) 대학에

서 만들어지는 만남들과 우정은 그 개인에게 강한 이점을 제공하면서 일생 동안 지속될 수 있다. (d) 따라서, 모든 학생들은 다른 학생들과 사이좋게 지내야만 한다.

◎ 먼저 제시된 첫 문장 advantages ~을 통해 이 글은 대학이 개인들에게 제공할 수 있는 이점들에 관한 내용이라는 것을 예측할 수 있다. (a)에서 제시되는 이점은 more well-rounded and able to analyze various situations better가 있고, (b)는 also를 통해서 추가적인 이점 considerable learning outside the classroom에 대해 알 수 있으며, (c)는 The contacts and friendships ~ offering strong benefit을 통해 또 다른 이점이 언급됨을 알 수 있다. 그러나 (d)를 보면 Therefore, every student should be on good terms with other students.에서 주제문은 대학이 제공하는 이점들이 아닌 모든 학생들은 다른 학생들과 사이좋게 지내야만 한다는 것이다. 이 문장은 이 글의 중심 내용인 대학이 제공하는 이점들과는 연관성이 없으므로 어색한 문장임을 알 수 있다. 따라서 정답은 (d)이다.

tip! '~해야만 한다'는 뜻의 should(=must, have to)는 당위의 조동사로서 주제문에 자주 사용된다. 문제 풀이 중 이러한 부분이 제시되면 이 문장이 과연 맨 앞에 제시된 문장과 같은 이야기를 하는지 반드시 확인하자. 만일 다른 것을 주장한다면 이 문장은 반드시 흐름상 어색할 수밖에 없다.

----

advantage 장점 beyond ~을 넘어서 humanities 인문학 those who ~한 사람들 well-rounded 다재다능한, 박식한 analyze 분석하다 considerable 상당한 last 지속하다 be on good terms with 좋은 관계에 있다

2. (d)

가정 그리고 지역사회 네트워크 같은 전통적인 제도들의 붕괴가 점점 증가하는 것에 직면하여 멘토링은 젊은 학생들을 돕는 하나의 대안적이고 저렴한 해결책으로서 부상했다. (a) 멘토들은 아이들이 학교에서 성공할 수 있도록 자극하기 위해서 학문적인 도움을 제공하고 위험에 처해 있는 긍정적인 활동들에 노출시킨다. (b) 비록 멘토링의 개념이 비용 효과적인 전략으로 호소력이 있게 보이지만 그것은 또한 채용, 훈련, 멘토와 맨티의 매칭과 감독 등의 노동 집약적이고 시간 소모적인 절차들을 수반한다. (c) 맨티와 지속할 지구력을 가진 헌신적인 멘토를 채용하는 어려움은 별도로 하더라도 훈련, 매칭, 감독에 대한 표준준거의 부재는 혼란과 지시의 부족을 낳는다. (d) 예를 들면, 멘토 프로그램은 학교 중퇴율을 줄이고 학업 수행 능력을 증진시키기 위해서 미국 전역에 걸쳐 만들어져 왔다.

◎ 이 문제는 제시문을 통해서 이 글은 멘토 프로그램이 젊은 학생들을 돕는 데 이용될 수 있는 효과적인 대안으로 부상했다는 부분을 통해서 이 글이 전달하고자 하는 내용을 알 수 있다. 이 문제의 경우 연결어 단서를 이용하여 쉽게 해결할 수 있다. (d)를 보면 for example이 제시되어 있다. 그리고 (c)의 the absence of a standard ~ leads to confusion and a lack of direction를 통해서 (d)에 제시되는 예는 분명 혼란이나 지시의 부족과 관련된

예가 나와야 한다는 것을 알 수 있다. 그러나 (d)의 내용은 미국 전역에서 멘토 프로그램이 만들어졌다는 내용이므로 흐름상 어색함을 알 수 있다. 따라서 정답은 (d)이다.

----

in the face of ~의 직면에서 disintegration 붕괴, 분해 emerge 출현하다 alternative 대안의 mentor 스승 at-risk 위험한 상태에 motivate 자극하다, ~에게 동기를 주다 concept 개념 appealing 매력적인 cost-efficient 비용 효율적인 labor-intensive 노동 집약적인 time-consuming 시간이 소비되는 supervision 감독, 관리 apart from ~은 별개 문제로 하고 committed 헌신적인, 전념하는 stamina 지구력, 체력 persist 지속하다 criterion 기준, 표준 confusion 혼란, 혼동 in a bid to ~하려고, ~할 목적으로 dropout 중퇴자

3. (c)

무엇이 앨버트 아인슈타인을 영웅으로 만들었는가? (a) 웹스터 사전은 영웅에 대한 몇 가지 정의를 내리고 있는데 그 대부분은 아인슈타인에게 적용된다. (b) 웹스터 사전에 따르면, 영웅은 위대한 능력이 부여된 신비적이거나 전설적인 인물이다. 즉 그의 업적이나 고귀한 특성들로 찬양 받은 인간, 하나의 사건, 기간 또는 운동에서 중심적인 인물을 말한다. (c) 기본적으로 그의 이론은 동시 사건들을 부인하며, 절대적 시간을 부인하고, 시간은 운동 중인 물체에 대해서는 시간이 늦춰 진다고 제안했으며 그리고 에너지와 질량은 본질적으로 하나이며 같은 것이라고 제안했다. (d) 이러한 정의들은 쉽게 세계의 진정한 영웅이었던 아인슈타인에게 적용될 수 있다.

◎ 이 문제는 간단하게 지시어 단서를 통해서 쉽게 해결할 수 있다. (d)에 보면 these definitions '이러한 정의들'이 언급되어 있다. 이 부분이 옳다면 바로 전 문장인 (c)에 이 부분을 보여 주는 정의들이 언급이 되어야만 한다. 그러나 (c)에 그러한 정의에 대한 언급은 없으며 아인슈타인의 이론에 대한 내용만이 있을 뿐이다. 오히려 (b)에 다양한 정의가 언급되어 있으므로 이 글은 (c)가 어색하게 (b)와 (d)사이에 들어간 구조임을 쉽게 알 수 있다. 따라서 정답은 (c)이다.

----

definition 정의 mythological 신화의 legendary 전설의 endow 부여하다, 증여하다 admire 찬양하다, 감탄하다 deny 부인하다, 거절하다 simultaneous 동시에 일어나는 in motion 움직이고 indeed 실제, 참으로

4. (d)

인도의 인구통계학적 설명은 세계에서 가장 매혹적인 설명들 중 하나이다. (a) 그 나라는 주로 사망률에서의 급격한 감소 때문에 과거 50년 동안에 걸쳐 빠르게 성장해 왔다. (b) 노동 연령 성인의 비율이 감소했고 노인들의 인구가 증가했다. (c) 그 급속하게 팽창하는 인도 인구는 내부적인 인구 이동과 현저한 이동성의 증가 때문에 또한 과거 수십 년 동안에 훨씬 더 유동적이 되었다. (d) 불행하게도 이 감소하는 인구이동은 치솟는 에이즈 감염률이 동반되었다.

41

◑ 이 문제의 제시문을 통해서 이 글은 인도의 놀라운 인구 통계학적인 변화에 대한 내용이 전개될 것임을 알 수 있다. 그러나 (d)의 지시어 this decreasing migration이 감소하는 인구 이동을 보여주는 부분은 앞의 (c)문장의 어디에서도 찾아 볼 수 없다. 오히려 증가하는 이주에 대한 언급이 있다. 따라서 (d)는 이 글의 흐름상 어색하다.

- -

demographic 인구 통계학의 one of the most 가장 ~한 것 중 하나 fascinating 매혹적인 over the past 과거 ~년에 걸쳐서 due to ~때문에, ~에 기인하는 sharp 분명한 declines 감소하다, 거절하다 mortality 사망률 proportion 비율 fluid 유동성의 mobility 이동성 migration 이주, 인구 이동 accompany 동반하다, 수반하다 skyrocketing 치솟는 infection 전염

5. (c)

북미 북극 대륙만큼 그러한 급속한 사회적, 경제적, 정치적 변화를 경험한 곳은 세계에 거의 없다. (a) 리차드 컨던이 15년 전에 언급한 것처럼 이 지역은 장기적인 오십 년의 냉전 동안에 전략적 그리고 경제적으로 중요했는데 그로 인해 원주민이 아닌 사람들에 의한 정착이 늘어났으며 변화하는 시대의 영향을 받아 미국 원주민들을 이롭게 하도록 의도된 프로그램들과 활동들의 유입이 있었다. (b) 소위 알래스카 원주민들 및 그 지역의 다른 토착민들과 북미의 대다수인 간의 만남은 전통적인 생활방식과 문화에 많은 변화들을 결과했다. (c) 인류학적 연구에 따르면, 북극의 에스키모-이누이트 거주민들의 조상은 8,000년에서 10,000년 전에 베링 해협을 건넜다. (d) 그러한 변화들은 광범위 했으며 명백했다.

◑ 이 문제 역시 지시어 단서를 이용하면 간단히 해결된다. (d)에 언급된 such changes '그러한 변화들'을 나타내는 부분을 찾아보면 (c)가 아닌 (b)에 언급이 되어있으므로 이 문제의 정답은 (c)라는 것을 알 수 있다.

- -

arctic 북극의 note 주목하다, 주의하다 strategically 전략적으로 prolonged 오래 끄는, 장기의 resulting in 그 결과, ~으로 끝나다 settlement 정착 influx 유입 encounter 만남 indigenous 토착의, 원산의 archeological 고고학적 resident 거주민 apparent 명백한, 분명한

6. (d)

비극적으로 대량 학살은 인간 역사에서 너무 흔한 면인 반면에 그것은 다른 사회적 갈등의 힘들보다 더 적은 학문적 관심을 받아왔다. (a) 대학들은 반드시 그러한 일을 착수하기 위한 이상적인 위치에 있는 것은 아니며 종종 대량 학살에 관한 연구는 사건 이후에 일어나고 그 결과 분석을 복잡하게 한다. (b) 알렉산더는 대량 학살과 관련이 있는 문제를 다루는 것을 몇몇 학자들이 겉으로 꺼려하는 것은 아마도 부분적으로는 구체적으로 대량 학살 또는 일련의 사건들을 정의하는 것에 대한 부족한 이해 때문일지도 모른다고 제안했다. (c) 만약 그들이 그 정의를 더 잘 알았더라면, 그들은 그 문제를 다뤘을지도 모른다. (d) 따라서 잔인한 대량 학살을 막기 위해서 모든 노력들이 행해져야만 한다.

◑ 먼저, 제시문을 통해서 이 글의 중심 내용을 파악해 보는 것이 필요하다. 제시문을 보면 알 수 있듯이 대량 학살의 인간 역사에서 흔한 현상임에도 불구하고 학문적인 노력이 상대적으로 적었다가 중심 내용임을 알 수 있다. (a), (b), (c)는 이 내용과 연관성이 있지만 (d)에서는 대량 학살을 막기 위해 모든 노력이 행해져야만 한다는 결론을 내리고 있다. 이것은 이 글과는 아무런 연관성이 없는 내용이다. 따라서 정답은 (d)이다.

- -

genocide 대량 학살 tragically 비극적으로 all-too-common 흔히 있는 aspect 외관 scholarly 학문적인, 학술적인 attention 주의, 관심 conflict 갈등, 분쟁 undertake 착수하다, 떠맡다 take place 일어나다 complicate 복잡하게 하다 seeming 겉으로는 reluctance 꺼림 specifically 명확하게 defines 정의를 내리다 inhumane 비인간적인, 잔인한

7. (d)

세계보건기구에 따르면, 알코올은 대략 인구의 10퍼센트에 영향을 미치는 하나의 선택적인 중독성 약물이다. (a) 알코올 중독은 알코올에 대한 의존 또는 중독이며 그것은 만성적이고 진행적이며 때로는 치명적인 질병이다. (b) 연구자들은 알코올 중독의 많은 가능한 기여 요인들을 조사해 왔으며 몇몇 이론이 있어 왔다. (c) 한 이론에 따르면, 사람들은 알코올 중독에 대하여 유전적이거나 생물학적인 경향을 가지고 있는 것처럼 보인다. (d) 그렇긴 하지만 많은 알코올 중독자들은 많은 사회적인 문제들을 야기하며 그들의 이웃들에게 피해를 준다.

◑ 이 글은 알코올 중독에 관한 정의 (a), 원인을 알아내려는 연구들 (b), 그 결과 나온 이론 중 하나 (c), 이러한 구조로 내용 전개가 이뤄지는데 (d)는 연결어 even so를 통해 알 수 있듯이 흐름상 어색하다.

- -

selectively 선택적 addictive 중독성의 chronic 만성적인, 장기간에 걸친 fatal 치명적인 contributing 기여하는 tendency 경향

8. (b)

스트레스를 피할 방법이 없기 때문에 스트레스는 신체에 큰 고통을 준다. (a) 스트레스가 주는 피해의 양은 얼마나 잘 스트레스가 되는 상황들을 다루는지에 따라서 사람마다 다르다. 그러나 종종 사람들은 스트레스가 항상 분명한 증상을 야기하는 게 아니기 때문에 그들의 몸이 스트레스에 반응하고 있다는 것을 모른다. (b) 또한 스트레스는 규칙적인 운동을 통해서 최소화될 수 있다. (c) 스트레스에 반응하는 동안에 생성된 호르몬들은 신체 전반에 걸쳐 장기에 부정적인 영향을 미칠 수 있다. (d) 스트레스의 부정적인 영향들을 고려하면, 사람들은 스트레스가 되는 것들이 무엇이며 일상생활 속에서 어떻게 그것들을 다뤄야 하는지를 알 필요가 있다.

◑ (b)의 연결어 also를 통해서 간단하게 해결할 수 있다. (b)의 내용은 규칙적인 운동을 통해서 스트레스를 최소화할 수 있다고 되어 있다. 이 문장이 흐름상 일관성을 가하기 위해서는 (a)에서

도 스트레스를 줄이는 방법에 대한 언급이 있어야 맞다. 그러나 전 문장에 그러한 내용에 대한 언급이 없으므로 정답은 (b)이다.

---

avoid 피하다 takes a toll on ~에 피해를 가져오다 varies from(to) 다르다 handle 다루다 overt 분명한, 명백한 on a daily basis 일상생활에서, 매일매일 given ~을 고려해볼 때

9. (d)

> 캘리포니아에 있는 요양원과 요양원 침대의 수가 지난 십 년 동안에 증가해 오지 않았다. 실제는 수가 약간 감소해 왔다. (a) 실제로, 2002년에 매 천명의 캘리포니아 주민 중 226명이 요양원에 살았다. (b) 늙어가는 베이비 붐 세대들로 인해 이러한 비율들은 앞으로 몇 년 동안에 걸쳐 가파르게 증가할 것이다. (c) 그 지역에 있는 병원의 침대들은 항상 가득 차 있으며 이것은 그 지역의 요양원의 침대 수 부족 때문에 환자들이 퇴원할 수 없을지도 모른다는 것을 의미한다. (d) 따라서 어떤 상황에서도 노인들은 그들의 집에 홀로 남겨져서는 안 된다.

○ 제시문을 통해서 이 글의 중심 내용은 요양원이 충분치 않아서 문제가 될 수도 있다는 것이다. 그러나 (d)는 이러한 중심 내용과는 연관성이 없다. 항상 흐름상 문제를 접근할 때 본문에 당위의 조동사 should가 있다면 먼저 그 문장이 글의 중심 내용과 연관성이 있는지를 반드시 확인하자. 만일 연관성이 없다면 이 문장은 흐름상 어색한 문장일 수밖에 없다.

---

nursing 요양하는, 간호하는 decade 10년간 steeply 가파르게 indicative 의미하는, 암시하는 patient 환자 under no circumstances 어떠한 상황에서도 안 된다

10. (c)

> 광고는 사업을 하는 데 필수적인 부분이며 그리고 광고는 소비자들에게 상품과 서비스가 있다는 것을 알려주는 것 이상의 많은 기능을 한다. (a) 광고는 많은 알려진 경제적 결과들을 가지고 있다. 그것은 경제에서 총수요에 영향을 미칠 수도 있고 한 산업 내에서 상품에 대한 수요를 결집시킬 수도 있다. (b) 광고 성공에 정해진 공식은 없다. (c) 오늘날 많은 광고 회사들이 생존하기 위해 많이 감원할 수밖에 없다. (d) 몇몇 사례에서 판매자들은 소비자들에게 실제 존재하는 것보다 더 커다란 인식의 차이들을 소비자에게 남기는 방법을 통해 실제 제품 특징을 과장한다.

○ 제시문을 통해서 광고에 대한 이야기가 전개된다는 것을 예측할 수 있다. (a)는 광고의 경제적인 중요성에 대한 내용이고, (b)는 광고성공에는 특정하게 정해진 공식이 없으며 상황에 따라 다를 수 있다는 내용을 이야기하고 있으며, (d)는 (c)에서 언급된 내용과 관련하여 몇몇 사례들을 직접 보여 주고 있다. 따라서 정답은 광고업계의 불황에 대한 내용을 언급하는 (c)가 될 수 있다. 글의 중심 내용과 아무런 연관이 없는 내용이기 때문이다.

---

serve 소용이 되다 functions 기능 inform ~에게 알리다 consequence 결과, 중요성 aggregate 모으다, 결집시키다

formula 공식, 방식 exaggerate 과장하다 attribute 특징, 특성 perception 인식, 지각

11. (d)

> 침술은 가장 흔한 대안 건강 요법 중의 하나이다. (a) 침술은 치유되어야 하는 문제에 따라서 신체의 다양한 위치에 바늘을 가지고 피부를 찌르는 것으로 구성된다. (b) 침술은 '기' 그리고 그의 두 가지 요소인 '음'과 '양'으로 알려진 내부 에너지에 대한 5,000년 된 중국의 철학에 기반 한다. (c) 이러한 두 개의 힘들이 질병에 의해서 방해될 때 침 바늘은 신체를 통한 에너지 선을 따라서 특정한 지점들을 관통한다. (d) 그러나 침술이 몇몇 고통을 치료하는데 유용할 수 있다는 증거가 증가하고 있다.

○ 제시문을 통해서 침술에 대한 내용이 전개될 것을 알 수 있다. (a)는 침술에 대한 정의 및 설명을 하고 있다. 이 문제 역시 '지시어 단서'를 이용하면 쉽게 해결할 수 있다. (c)의 these two forces는 (b)의 음과 양을 가리키고 있다. (d)의 however를 통해서 정답이 (d)임을 알 수 있다. (d)의 내용이 흐름 상 맞다면 앞 내용에는 무언가 침술의 효용성에 대한 부정적인 내용이 와야 하기 때문이다.

---

acupuncture 침술 alternative 대안의 therapy 치료 consist of ~으로 구성되다 pierce 꿰뚫다 component 구성 요소, 성분 disturb 방해하다 specific 특정한

12. (d)

> 거식증은 주로 젊은 여성에게 영향을 미치는 식이 장애이다. (a) 그 문제는 현대 사회에 의해 만들어졌고 마른 모델을 통한 대중 매체들에 의해 홍보되고 있는 이상형들과 시장의 모든 여성잡지에 의해 크게 선전되는 유행들에 원인이 있다. (b) 지난 50년 동안 여성들은 언제나 살을 빼고, 마르게 보이도록 장려되었고, 마름이 아름다움으로 동일시 되도록 교육받아 왔다. (c) 젊은이들이 왜곡된 신체 이미지를 가지고 자란 것은 당연한 것이다. (d) 거식증은 신체의 주요 장기들에 영구적인 손상이 행해지기 전에 진단되어야 하고 치료되어야 한다.

○ (a)는 거식증의 원인이 현대 사회가 정해 놓은 이상형 때문이라고 원인을 설명하므로 자연스럽다고 할 수 있다. (b)는 앞 문장에서 언급한 현대 사회가 정해 놓은 이상형과 관련하여 지난 50년간 여성들이 그 이상형에 가까워지도록 영향 받아 왔다는 내용이 있고, (c)는 (a)와 (b)에서 설명된 이러한 상황 하에서 왜곡된 신체이미지를 갖는 것은 당연하다는 내용이 나와 있어 흐름상 자연스럽다. (d)는 거식증의 진단 시기와 치료 시기에 대한 이야기를 하고 있다. 이 글은 거식증이라는 장애에 대한 원인을 설명하는 내용이 중심이기 때문에 치료나 진단 시기를 논하고 있는 (d)가 흐름상 어색하여 정답이라 할 수 있다.

---

anorexia nervosa 거식증 disorder 장애, 병 affect ~에 영향을 미치다 be due to 원인이다, ~에 기인하다 set up 만들다, 세우다 promote 일으키다, 조성하다 fad 일시적 유행 tout 크게 선전하다

encourage 장려하다, 촉진하다 at every turn 언제나, 도처에 equate A with(to) B A와 B를 동일시하다 thinness 마름, 수척함 adolescent 젊은이 distorted 왜곡된 diagnose 진단하다 permanent 영구적인 restore 치료하다, 회복하다

key 해결책, 열쇠 prosperity 번영 underdeveloped 저개발의 steady 확고한 reluctance 꺼림

13. (c)

고대 이집트인들은 사후에 대해 정교한 믿음을 가지고 있었다. (a) 이집트인들의 삶의 많은 부분들이 사후를 준비하기 위한 쪽으로 방향이 맞추어져 있는 것처럼 보인다. (b) 구 왕조 시대 동안 이집트 문화는 사후 세계를 위해서 준비하도록 노력하는 것이었다. (c) 이 방식으로 이 진술의 진실은 구 왕조 시대의 피라미드에 의해 증명된다. (d) 고대 이집트에서의 삶은 기원전 2658년에서 2135년 기간에 3번째에서 6번째에 걸친 왕조 동안에 피라미드에서 발생한 왕의 무덤에 의해 보여지듯이 죽음과 사후에 대한 준비에 거의 완전히 초점이 맞추어져 있었다.

◐ 이 문제의 단서는 지시어이다. 먼저 제시문을 통해서 고대 이집트인들이 사후 세계에 대한 관심이 지대했다는 내용으로 뒤에는 이와 관련된 내용이 전개될 것을 알 수 있고, (a), (b), (d) 모두 그러한 내용을 언급한 반면에 (c)에서 이러한 방법의 뜻인 in this way와 이 진술들의 의미인 this statement가 만일 맞게 사용됐다면 앞 문장인 (b)에서 방법이 언급되어 있어야 하며, 어떤 진술이 언급되어야만 이러한 지시어를 사용할 수 있는데 어디에도 그러한 내용은 없다. 따라서 정답은 (c)이다.

- -
elaborate 정교한, 복잡한 afterlife 사후, 내세 orient 방향에 맞추다 hereafter 사후, 내세 attempt 노력하다, 시도하다 focus on ~에 초점을 맞추다 preparation 준비 royal 왕의 burial 매장 take place 발생하다 in this way 이러한 방법으로 statement 진술

14. (d)

세계화주의자들은 세계화된 세계에서 좋은 것이 나쁜 것을 능가할 것이라고 믿는다. (a) 평화와 번영에 대한 해결책으로 세계화를 묘사하는 세계화주의자들의 관점에서 보면 명확히 세계화는 좋은 것이다. (b) 그러나 그러한 세계화주의자들이 저개발 국가들의 좋은 것들을 위해 인적자원들을 유지하는 것에 관심이 있는가? (c) 세계에서 가장 부유하고, 가장 강력하고 가장 잘 발달된 국가인 미국은 특히 온실효과와 같은 세계 오염과 싸울 때 다른 국가들과 함께 하는 것을 분명히 꺼린다는 것을 보여 왔다. (d) 또한, 세계화는 개발도상국들에게 약속된 부를 가져다 주었고 긍정적인 영향을 미쳤다.

◐ 이 문제는 연결어 단서를 이용해 간단하게 정답을 찾을 수 있다. (d)의 also를 통해 (c)와 (d)는 같은 입장의 내용을 전달한다는 것을 알 수 있다. 그러나 (c)에는 부정적인 측면이 기술되어 있고 (d)에는 긍정적인 측면이 언급되어 있으므로 정답은 (d)이다.
- -
globalist 세계화주의자 outweigh ~보다 중요하다 from the perspective of ~의 관점에서 본다면 portray 묘사하다, 그리다

15. (d)

2개 국어 구사에 대해서 이 이론과 전통적 이론에서의 중요한 차이는 제2언어 습득이 간주되는 방법이다. (a) 전통적이고 경험적 접근법은 제2외국어 습득을 제1언어를 발달시키고 유지하는 데 사용되는 과정들을 방해하는 과정으로 간주해 왔다. (b) 다시 말하면, 두 개의 다른 언어들은 연결의 조합을 놓고 경쟁해야만 하는 동기를 가지고 있다는 것이다. (c) 이러한 경험주의자들의 접근은 어떻게 학생들 사이에서 제2외국어 습득이 일어나는지에 대한 전통적 이론과 관점들을 정당화하기 위해 사용되었다. (d) 비록 프랑스어가 19세기에 그랬던 것처럼 영어가 빠르게 세계적인 언어로 되어가고 있음에도 불구하고, 아이들이 다양한 교육을 얻기 위해 서로 다른 문화들을 배우는 것은 여전히 중요하다.

◐ 제시문의 traditional theories → (a) The traditional, or empiricist approach → (b) In other words를 통해서 전통주의적인 관점을 재 진술하고 → (c) This empiricist approach는 바로 문장 (b)에 언급된 접근법을 받는 것이다. 따라서 정답은 (d)이다. (d)는 essential to learn about different cultures를 통해 알 수 있듯이 이론에 대한 이야기가 아닌 다른 문화를 배우는 것이 중요하다는 내용으로서 본문의 중심 내용과는 아무런 연관성이 없다.

- -
bilingualism 2개 국어를 말하는 능력 acquisition 습득 empiricist 경험주의자 interfere with 방해하다 stimuli 동기, 자극 (stimulus의 복수) compete 경쟁하다 justify 정당화하다 well-rounded 다재다능한, 다방면의

Actual Test

해설

Reading Comprehension

1. (c)

중세 동안 유럽 대륙은 많은 왕국들로 나뉘어져 있었다. 대부분의 왕들은 그들의 왕국에 대해 거의 통치권을 차지하지 못했기 때문에, 충성과 군역의 대가로 귀족 계급들에게 국왕은 자신의 영토를 나누어 주는 형태의 통치 시스템인 봉건제가 발전하였다. 13세기에 _____. 유럽 경제가 성장하면서 용병들이 봉건 기사들을 대체했으며, 도시들이 더 부해지고 더 인구가 밀집함에 따라, 귀족 계급의 중요성도 감소하였다. 교육받은 계급의 증가가 가신의 필요성을 없애는 훈련된 정치적 지도자들을 위한 길을 닦았다. 마침내 중앙 집권 정부의 등장으로, 유럽 왕국들을 700년 동안 지탱하던 그 시스템은 종언을 맞이하였다.
(a) 충성심과 군역이 쇠퇴하기 시작했다.
(b) 봉건제는 사회에 많은 변화를 주도한다.
(c) 봉건제는 쇠퇴하기 시작했다.
(d) 정치 지도자들이 봉건제의 강화를 반대했다.

◉ 빈칸 앞 내용은 봉건주의가 발달하게 된 배경을 제시하고 있다. 그리고 13세기경을 기준으로 그 이후 시대에는 봉건주의가 쇠퇴하게 되는 원인들이 열거되어 있고 마지막 문장에 다시 한 번 그 시스템이 종언을 맞이했다는 내용이 있다. 이처럼 채워 넣기 문제는 중요한 내용이 들어갈 자리에 빈칸을 만드는 것이 첫 번째 원칙이다. 따라서 정답은 (c).

tip! 빈칸에 시대나 시기가 제시되면 보통 일어나는 변화에 대한 내용이 들어간다.

----

divide 나누다, 분리하다 kingdom 왕국 feudalism 봉건제 governance 통치, 지배 in exchange for ~와 교환하여 loyalty 충성 aristocracy 귀족 계급 replace 대신하다 lessen 줄이다 pave 포장하다, 길을 닦다 eliminate 제거하다 vassal (봉건시대의) 가신, 종속자 sustain 지탱하다 decline 쇠퇴하다, 기울다

2. (c)

_____. 그 시기 전의 문화는 예술, 문학 그리고 고전 음악과 관련이 있었다. 문화를 갖는 것은 어떤 특정한 종류의 예술적 노력들에 대한 특정한 취향을 소유하는 것이었다. 그러나 그 새로운 의미에 따르면, 먹고, 타인과 이야기하고, 성적인 파트너가 되고, 직장에서 상호 작용하며, 가족 모임들과 같은 의례화된 사회적 행동에 참여하면서 사람들이 행동하는 방식이 문화를 구성한다. 용어에 대한 이 넓은 정의는 언어와 예술을 포함할 뿐만 아니라, 규제들과 절차들, 그리고 공동체에서 인간 삶의 의식들을 포함한다. 19세기 마르크스주의의 출현 이후로 사람들은 문화를 정치적 존재로서 생각하기 시작했다. 문화는 한 계급이나 집단이 다른 집단 및 계급에 대한 지배를 보증하는 지배의 수단인 동시에 이러한 지배에 대한 저항의 수단이기도 하다.
(a) 문화의 영향력이 이 시기부터 쇠퇴하기 시작했다.
(b) 그 시기에 문화가 삶의 모든 분야에 퍼지기 시작했다.
(c) 문화는 1960년대와 1970년대에 새로운 의미를 획득했다.
(d) 주도적인 학자들에 의해 협의가 형성되었다.

◉ 빈칸의 위치가 문장 맨 앞일 경우 주제문(글이 말하고자 하는 내용)을 묻는 문제이며, 지시어 단서 that time을 통해서 빈칸에는 그 시기에 대한 언급이 있어야 한다는 것을 알 수 있다. 뒤 문장에 이전 시대의 문화에 대한 정의가 나온다. The way people ~부터 문화에 대한 정의가 넓어지면서 변한다는 내용이 기술되어 있고 since the advent of Marxism ~을 통해 문화가 저항의 도구 등 새로운 의미를 갖는다는 내용이 들어가면 정답이다. 그러므로 (c)가 정답.

----

be associated with ~와 관련이 있다, 결합하다 endeavor 노력, 시도 ritual 의례, 의식 advent 중요한 인물의 출현, 도래 assure 장담하다, 확신하다 wane 쇠퇴하다 permeate 퍼지다, 투과하다 engage in 참가하다, 종사하다, ~에 착수하다 such as ~와 같은 constitute 구성하다 term 용어, 기간, 학기 think of A as B A를 B로 간주하다

3. (b)

_____. 보건 전문가들은 고문 프로그램의 개발, 실행 그리고 합법화의 모든 단계에 관여했다. 소위 강화심문 기술이라 불리는 이 기술은 보건 전문가들의 행동을 규제하는 잘 확립된 의학 윤리의 명백한 위반을 나타낸다. 보건 전문가들은 정확한 정보를 이끌어 냄에 있어 안정성과 유효성이 과학적으로 타당한 근거가 없는 이러한 남용하는 방법들을 선택하고 합법화시킴에 있어서 공범이었다. 의무적인 보건 전문가들의 참석은 심문 방법을 더 안전하게 만든 것이 아니라 그 사용을 깨끗하게 해주었다. 이 심문 기술을 지지한 사람들은 결과가 수단을 정당화시킨다고 주장해 왔다.
(a) 의사와 심리학자들은 테러 용의자들을 심문하는 데 있어 고문의 사용을 강하게 반대했다.
(b) 의사들과 심리학자들은 테러 용의자를 심문하기 위한 고문의 사용에 있어 더 큰 역할을 했다.
(c) 심리학자들과 의사들은 유력한 용의자들을 심문할 때 고문의 사용을 지지했다.
(d) 전문가들은 테러 용의자들에 대한 심문 시 고문 사용에 참가하도록 요청 받을 때 실수를 하는 경향이 있다.

◉ 빈칸의 위치가 맨 앞일 경우 주제문이 들어갈 자리이다. every, the first, 비교급 강조어구(much, even, still, far), not A but B, not only A but also B 등의 문장이 있으면 중요한 문장임을 잊지 말자! 뒤 문장 involved at every stage에서 보건 전문가들이 모든 단계에 관여한다는 내용이 나오고, complicit에서 '선별하고 합리성을 부과함에 있어서 공범이다'의 내용 그리고 sanitized의 고문의 사용을 정당화시켰다는 내용 등 이처럼 모든 단계에서 큰 역할을 했기 때문에 정답은 (b)이다.

----

interrogation 심문, 질문 suspect 의심하다; 용의자 legitimization 합법화하다, 정당화하다 complicit 공범인, 공모한 abusive 남용된, 악용된 efficacy 유효성 elicit 이끌어내다, 알아내다 sanitize 깨끗하게 보이게 하다, 위생적으로 만들다 involved in ~에 관련된, 연루된

represent 나타내다, 대리하다 ethics 윤리학 not A but B A가 아니라 B다 those who ~하는 사람들 justify 정당화 하다, 옳다고 하다 back 지지하다

4. (a)

그것은 모든 대선 토론 가운데 가장 유명해질 것이었지만, 어떤 사람도 리처드 닉슨과 존 케네디 후보의 첫 번째 격돌이 가지게 될 영향을 이해하는 것 같지는 않았다. 신문은 그것에 대해 거의 미리 언급하지 않았다. 닉슨은 심지어 그 토론을 준비하지도 않았다. 그러나 1960년 9월 26일 한 시간 동안, 새로운 미디어인 텔레비전은 정치 캠페인에서 단순한 참가자로 활동하다가 우세한 세력자가 되었다. 닉슨은 더 잘 알았어야 했다. 존 케네디는 토론날에 쉬면서 조력자들과 함께 연습했다. 그러나 닉슨은 그의 경험이 더 젊은 케네디와 언쟁하기에 충분하다고 느꼈다. 닉슨은 케네디의 정책은 알았지만 _____. 잘생기고 매력적인 케네디에 반해, 닉슨은 퉁명스럽고 사나워 보였다. 그의 병약한 모습은 너무 큰 셔츠의 컬러에 의해 더 과장되었고, 그는 아침에 깎은 수염이 거무스름하게 보이는 것을 커버할 수 있는 메이크업도 거절했다. 그는 케네디가 말하는 동안 시계만 쳐다 보고 그가 카메라에 잡히고 있다는 것을 인식하지 않았다. TV 시청자들이 더 잘생긴 외모 때문에 케네디를 선호한다는 인식이 있었다.
(a) 그는 그 새로운 미디어를 무시하는 것이 잘못이었다.
(b) 그는 그 정책을 효과적으로 사용하지 못했다.
(c) 그는 케네디의 외모에 압도당했다.
(d) 그는 충분히 그 정책을 찾아볼 시간을 가지지 못했다.

◯ 빈칸의 위치가 중간에 있으면 단서가 빈칸을 기준으로 앞이나 뒤쪽에 있다. 앞 문장에 닉슨은 케네디의 정책을 알았지만 이라고 되어 있으므로 빈칸에는 잘 안다는 것과 상반되는 내용이 나와야 한다. he refused makeup & glanced at the clock not realizing he was on camera 이 두 가지 행동을 통해서 닉슨이 TV라는 매체에 대해서 잘 모르고 준비를 제대로 하지 않았다는 것을 알 수 있다. 따라서 정답은 (a).

- -

debate 논쟁하다 appreciate 올바르게 인식하다, 감상하다 impact 영향, 충격 beforehand 미리, 사전에 take debate day off 토론날을 쉬다 aide 보좌관 medium 미디어, 매체 spar 언쟁하다, 시합하다 downright 퉁명스러운, 영락없는 haggard 사나운, 몹시 수척한 wan 병약한, 창백한 five o'clock shadow (아침에 깎은 것이) 오후 5시경에 거무스름해 보이는 수염 overwhelm 압도하다

5. (d)

유당에 대한 내성의 진화 이전에 인간은 5살 무렵부터 젖당을 소화시키는 능력을 보통 잃어버렸다. 여전히 오늘날까지 세계 인구의 대부분은 오직 인생의 초기 몇 년 동안에만 우유를 견딜 수 있다. 그러나 _____. 이들 중에 가장 이른 것은 유럽에서 기원했다고 알려져 있다. 대부분의 젖당 내성을 가진 유럽인들에 의해 공유되는 이러한 이점을 주는 유전적 변이는 북부 유럽에서 먼저 일어났다고 보통 생각되었다. 그리고 그

곳은 햇빛이 덜 비치고 소의 우유에서 발견되는 비타민 D를 많이 필요로 하는 사람들이 있었을지 모르는 곳이다. 햇빛은 신체의 칼슘 섭취에 필요한 비타민 D의 주요 원천이다.
(a) 역사의 시작부터 인간은 오늘날까지 유당에 대한 내성을 가지고 있었다.
(b) 유당에 대한 내성의 유일한 진화는 5세기에 발생했다.
(c) 젖당에 대한 내성은 자연 선택에 의해 부인된다.
(d) 수년 전부터 시작된 진화를 통해 유당에 대한 내성이 사람들 전반에 퍼졌다.

◯ but을 통해 앞 내용과는 역접의 관계라는 것을 알 수 있고, 뒤의 지시어 these를 통해 뒤에 오는 문장이 빈칸의 예가 된다는 사실을 알 수 있다. 빈칸 뒤 문장의 내용이 유당에 대한 내성과 관련한 변이 중 가장 이른 것에 대한 내용임을 알 수 있다. 따라서 빈칸에는 유당에 대한 내성이 생겼다는 내용과 연관성이 있는 부분이 들어가야 한다는 것을 알 수 있다. 즉, 다섯 살이 지나면 유당과 젖당에 대한 소화 능력을 잃던 인간이 북유럽 대륙에서 햇볕이 부족함으로 인해 생긴 비타민 D의 결핍과 그에 대한 몸의 요구로 인해 우유에 포함된 비타민 D를 섭취하려고 진화를 거쳐 유당에 대해 내성이 생겼음을 설명하고 있다. 앞은 유당을 견딜 수 없는 점을 설명하나 뒤에는 유당에 대한 내성이 발전한 과정이 나타난다. 따라서 정답은 (d)이다.

tip! 빈칸 앞뒤의 지시어를 잘 확인하자. 빈칸의 내용을 유추할 때 유용하다!

- -

persistence 끈기 lactase 유당, 락타아제 lactose 젖당, 락토오스 tolerate 내성이 있다, 참다 mutation 돌연변이, 변형 confer 비교하다, 수여하다 to date(=so far) 오늘날까지 take place 발생하다, 일어나다 natural selection 자연 선택 uptake 흡수, 이해

6. (d)

세계적 경제 위기가 자유 시장의 명성에 타격을 입혀 왔다, 그러나 _____. 그 어디에도 기후변화와 문제를 직면하거나 바꿔야 하는데 있어서 시장이 강력한 도구로 남아 있다는 것이 더욱 더 진실인 곳은 없다. 이 문제를 다룰 수 있는 모든 시장 기반 도구들 중에 가장 강력한 것은 온실가스 배출에 대한 '탄소 배출권 거래제'이다. 가장 기본적으로 봤을 때 탄소 배출권 거래제는 온실 가스 배출을 비싸게 만듦으로써 영향을 미친다. 결과적으로 배출 원천의 소유자들은 환경에 덜 해를 주는 물질로 그것을 대체하는 것에 대해 동기를 부여 받는다. 만약 그들이 할 수 없다면 거래 조항은 그들에게 새로운 기술에 대한 투자가 준비될 때까지 배출을 계속할 수 있는 허가증을 구입하도록 한다. 시간이 흐름에 따라 대기권에 허용되는 탄소의 양이 줄어듦에 따라 허가증의 가격이 증가하게 될 것이다.
(a) 시장은 세계경제 성장의 감속 때문에 살아남을 수 없다.
(b) 자유시장은 기후 변화에 책임이 있다.
(c) 시장은 기후 변화를 줄이기 위한 의지와 양립할 수 없다.
(d) 시장은 사회 변화에 영향을 미치는 강력한 도구로 남아 있다

◯ 빈칸의 위치가 맨 앞 문장에 있을 때는 주제문이 위치하는 경우가 많다. 빈칸 앞에는 '자유시장의 명성이 타격을 입었지만' 이라는 내용이 있으므로 뒤에는 이와 상반되는 내용인 자유시장의

긍정적 기능 및 기여 같은 종류의 내용이 올 수 있다. 따라서 정답은 (d)이다.

tip! 부정어가 문장 맨 앞에 나온 경우 중요한 문장이다. 부정어 도치는 강조하기 위해서 사용하기 때문이다. Nowhere is this truer than with the challenge of confronting and reversing climate change.에서 즉, 이것의(빈칸)의 내용의 진실성을 보여주는 가장 적절한 예는 기후 변화의 대응과 관련한 것이다.

----

batter 타격하다, 망가뜨리다 potent 강력한, 유력한 cap-and-trade system 탄소 배출권 거래제 address 연설하다 replace A with B A를 B로 대체하다 overtime(=with time) 시간이 흐름에 따라 incompatible 양립할 수 없는 economic slowdown 경기침체 lessen 줄이다, 적게 하다

7. (d)

이번 주 발표된 보고서에 따르면 하루 두 잔의 알코올은 개인마다 적어도 25퍼센트 심장마비의 위험을 줄여줄 것이라고 한다. 저자들은 맥주, 와인, 증류 알코올에 같은 효능이 있음을 발견하였다. 실험용 복용량으로 알코올이 제공된 75개 이상의 이전 임상연구를 검토함으로써, 연구자들은 관상동맥 심장질환의 위험을 줄이는 알코올의 두 메커니즘을 정확하게 지적하고 있다. 에탄올 알코올은 HDL 콜레스테롤(유익한 콜레스테롤)을 증가시키고 혈액의 응고력을 줄인다. 콜레스테롤과 혈액 응고에 대한 효능은 여성에게도 또한 적용 가능하다. 하지만 알코올이 유방암의 위험을 증가시킨다는 증거가 있기 때문에 여성에게 권장되는 지침양은 하루에 한 잔이다. 그러나 _____.
(a) 여성은 하루에 한 잔 이상의 알코올을 섭취하지 말아야 한다. 그렇지 않으면 유방암의 위험을 증가시킬 것이다.
(b) 음주는 HDL 콜레스테롤의 위험을 증가시키는 방법으로 건강에 해를 끼친다.
(c) 유방암을 예방하기 위해 여성들에게 추천된 지침서가 필요하다.
(d) 몇 잔의 알코올은 대체로 그러한 위험을 증가시키지 않을 것이며 오히려 질병에 대한 보호를 제공한다.

◯ 알코올이 여성은 하루 한 잔 이상이 유방암을 유발한다는 위험성에 대한 보고가 있지만, however는 역접을 나타내는 접속사로 그와 반대되는 내용이 와야 한다. 정답은 (d).

tip! 양보절 although, though S V, S V이 나오면 집중하자. 항상 중요한 내용은 밑줄 친 주절에 오므로 주절의 내용이 바로 말하고자 하는 내용이다. 빈칸의 위치가 맨 뒤에 있을 경우

1. 전체 내용을 요약하는 결론문이 위치하는 경우에는 so, thus, therefore, given 등의 단서가 제시된다.
2. 앞 문장의 내용과 이어지는 내용일 경우 앞 문장에서 연결 고리를 찾는 것이 관건이다.

----

a day(=per day) 하루 당 by ~ing ~함으로써 dose 복용량, 1회분 clinical 임상의 pinpoint 정확하게 지적하다 coronary 관상의 clot 응고시키다 breast cancer 유방암 provide 공급하다

8. (b)

_____. 경제는 재화와 사람들을 수송하기 위해, 집과 사무실을 난방하기 위해, 엔진과 설비를 가동하기 위해, 그리고 가게와 공장을 운영하기 위해 상업적 에너지에 의존하고 있다. 에너지 서비스는 교육을 가능하게 함으로써 사회 발전에 기여함과 동시에 식량의 생산, 안식처의 제공과 건강 서비스에 대한 접근과 같은 기본적인 인간의 요구를 충족시키는 것을 돕는다. 신뢰할 수 있고 이용 가능한 현대 에너지를 입수할 수 없다는 것은 오늘날 세계 사회의 많은 부분에서 경제와 사회 발전을 후퇴하게 한다. 전 세계에 약 160억으로 추정되는 사람들은 전기를 전혀 사용하지 못하고, 20억이 넘는 사람들은 요리와 난방을 위해 전통적인 연료에 의존하고 있다.
(a) 에너지는 동전의 양면과 같다.
(b) 에너지는 모든 경제활동과 인간의 행복을 위해 필수적이다.
(c) 에너지 보존은 경제 성장과 양립할 수 없다.
(d) 지속 가능한 에너지원이 속히 발견되어야 한다.

◯ 뒤의 내용은 경제활동과 인간의 삶에 전반적으로 쓰이는 에너지의 용도에 대해 구체적으로 설명하고 있고 에너지 접근에 대한 부족을 겪는 많은 사람들에 대한 이야기가 나오므로 첫 문장에는 에너지가 인간에게 있어 필수적이라는 내용이 들어가야 한다. (d)는 매력적인 오답이다. 만일 (d)가 정답이라면 자원의 유한성과 그에 대한 대책과 관련된 글이 뒤에 전개가 되었을 것이기 때문이다. (b)가 정답이다.

tip! 빈칸의 위치가 맨 앞이면 주제문이다! 뒤 문장에 rely on energy, energy help 등을 통해서 에너지의 중요성에 대한 이야기가 기술된 것을 유추한다.

----

provision 제공, 지급 rely on(=depend on, count on) ~에 의존하다 appliance 기구 need 요구 contribute 기부하다 affordable 알맞은, 감당할 수 있는 hold back 제지하다 an estimated 대략 sustainable 지속할 수 있는, 견딜 수 있는

9. (d)

전 세계의 에너지 사용은 다음 20년 동안 꾸준히 계속 증가할 것으로 예상되고 있으며 정부에 의한 대대적인 간섭의 부재 속에서 화석연료가 주요한 에너지원으로 유지될 것이다. 최근 국제에너지기구(IEA)의 World Energy Outlook은 어떤 새로운 정부 정책들을 가정하지 않는 기준 시나리오에 따라 2005년과 2030년 사이 세계 에너지 주요 소비가 55퍼센트 증가할 것으로 예측한다. 화석연료는 에너지 사용 증가의 84퍼센트를 차지한다. 그 결과, _____. 에너지 수요의 증가와 그로 인해 발생한 배출 대부분은 개발도상국, 특별히 중국이나 인도의 신생 경제 상황에서 발생하는 것으로 전망된다.
(a) 많은 NGO들이 이산화탄소 배출을 줄이기 위한 노력을 하고 있다.
(b) 에너지 사용은 대부분 정부의 개입에 의해 금지될 것으로 기대되고 있다.
(c) 에너지원은 세계 전체에 걸쳐 감소하는 추세이다.
(d) 이산화탄소의 에너지 관련 배출은 상당히 증가하고 있다.

◑ 화석연료가 향후 주요한 에너지원으로 계속 성장할 것이며, 에너지 사용 소비의 많은 부분을 차지하고 있다는 내용이 설명되고 있다. 뒤는 개발도상국의 경제 발전 때문이라는 원인이 나오므로, 이산화탄소의 배출이 증가하고 있다는 내용이 들어가야 한다. 따라서 정답은 (d)이다.

tip/ as a result로 미루어 보아 빈칸 앞에는 화석연료의 증가에 대한 이야기를 하고 있으므로 빈칸에는 그 결과와 관련된 부분이 들어가면 된다.

- -

intervention 간섭, 개입 steadily 꾸준히 radical 급진적인, 급격한 fossil fuel 화석연료 account for 차지하다, 설명하다 project 예측하다, 예상하다 a state of depletion 고갈 상태

10. (c)

_____는 것이 오래 전부터 알려졌다. 그러나 연구원들은 미국과 일본, 그리고 중국 여성들의 유방암 비율의 차이에 대해 혼란을 느꼈다. 유방암율은 비슷한 에스트로겐 수치를 가지고 있는 여성임에도 미국에 있는 여성이 아시아에 있는 여성보다 5배 더 높았다. 이제, 연구원들은 에스트로겐을 식별하고 그것이 세포에 흡수되도록 하는 단백질이 일본 여성들에게는 상당히 더 적은 수치임을 발견했다. 단백질은 에스트로겐 수용기관으로 불린다. 유방암의 위험 요소로서의 에스트로겐 수용 기관의 정체 확인은 유방암의 예방의 새로운 가능성을 열었다. 이 발견이 사실이라면, 우리는 에스트로겐 수용기관의 표출을 통제함으로써 유방암을 예방할 수도 있을 것이다.
(a) 에스트로겐 호르몬은 유방암의 위험과 아무 관련이 없다
(b) 문화들은 유방암의 위험에 있어 결정적인 요인이 되고 있다
(c) 에스트로겐 호르몬의 존재가 유방암의 위험과 연관이 있다
(d) 매일의 운동은 특정한 암들을 예방하는 최고의 방법이다

◑ 빈칸 뒤에 연구자들이 놀라는 이유가 제시되어 있는데 그것이 바로 오랫동안 알려진 내용과 연관이 있다. Breast cancer rates ~ even among with similar estrogen levels에서 에스트로겐의 수준과 유방암 사이에 밀접한 관련이 있다는 것을 알 수 있다. 미국, 일본, 중국 여성들의 유방암 발생률이 상이한 것에 기초해 유방암을 발생시키는 에스트로겐을 수용하는 단백질을 발견함으로써, 유방암 예방의 새로운 길이 열렸음을 설명하고 있다. 그러므로 에스트로겐이 유방암과 관련된 요인임이 먼저 제시되어야 한다. 따라서 정답은 (c)이다.

- -

disparity 상이, 불일치 receptor 수용기관 puzzle 혼란하게 하다 breast cancer 유방암 absorb 흡수하다 prevention 예방, 저지

11. (a)

중세 시대의 끝 무렵 _____. 중세 사회의 동안 대부분의 철학, 예술 그리고 문학의 대부분은 인간의 신에 대한 헌신에 초점을 맞추고 있었다. 유럽인들은 일반적으로 개개인의 의무는 신을 섬기고 사회의 죄로부터 구원받는 것이라고 믿고 있

었다. 학술적 지식은 신학 또는 신에 대한 연구에 중점을 두었다. 회화는 주로 종교적 목적을 위한 것이었다. 그러나 하나의 새로운 변화이 이 시기에 생겨났다. 학자들은 인간의 성취와 문화에 대한 연구에 집중했다. 그들은 특히 고대 그리스인과 로마인들의 업적에 초점을 맞추었다. 예술가들은 인간 형태의 아름다움과 장엄함을 묘사했다. 점차적으로 르네상스는 서유럽 전체에 퍼졌다.
(a) 많은 유럽 학자들과 예술가들은 중세 시대의 태도와 개념에 대해 의문을 가지기 시작했다.
(b) 많은 과학자들은 중세 시대 끝 무렵 물리학과 천문학을 공부하기 시작했다.
(c) 어떤 사람들은 신에 대한 인간의 헌신의 개념을 강력하게 부정했다.
(d) 종교와 정치는 과학과 문화에 그 길을 내어주기 시작했다.

◑ 중세 말에 관한 내용이 들어가야 한다. 중간의 however를 기준으로 그 이전은 중세 말 전에 대한 내용이고 그 뒤는 중세 말에 일어난 변화에 대한 내용이 들어가 있다. 중세시대의 지배적 사상인 신 중심적 사고를 극복하는 과정에서 등장한 유럽의 르네상스를 설명하고 있으므로 르네상스를 주도한 학자들과 예술가들이 기존의 중세 사회의 개념과 태도에 의문을 가지기 시작했다는 지문이 맨 앞으로 가야 한다. 따라서 정답은 (a).

- -

redeem 회복하다, 구해내다 depict 표현하다, 묘사하다 devotion 헌신, 전념 sin 죄 theology 신학 scholarship 학문, 장학금 concentrate 집중하다 attitude 태도 object to ~ing 부정하다, 반대하다 give way to 길을 내어주다, 양보하다

12. (d)

모든 Solution의 직원들에게,
잘 알려진 일본 회사와의 새로운 관계 때문에 올해 2월 28일로 우리의 서울 지부를 폐쇄할 계획임을 알려드리게 되어 매우 유감스럽게 생각합니다. 그날부터 만약 이직이 제안되지 않으면 _____. Solution사는 고용 종료에 관련이 있는 직원들에게 가능한 혜택에 관해서 세부 정보를 알려드릴 것입니다. 그동안에 질문이 있으시다면 인사과의 수석 고용 담당자인 데이비드 윌스에게 편하게 전화하십시오. 그는 당신의 질문에 답변하는 것을 매우 기뻐할 것입니다.
(a) 당신의 퇴직 날짜가 바뀔 것입니다.
(b) 당신은 새로운 부서에서 직무를 재개할 수 있습니다.
(c) 당신은 다른 직원의 자리를 대신할 것입니다.
(d) 당신의 고용 계약이 만료될 것입니다.

◑ 빈칸의 앞 부분에는 새로운 회사와의 제휴 때문에 지사를 폐쇄하게 되어 고용된 직원들에게 고용 종료를 알리는 내용이다. 미리 고용이 종료되는 직원들에 대한 혜택 정보를 준다는 내용이 바로 뒤에 나오므로, 고용 종료가 된다는 내용이 들어가야 적절하다. 정답은 (d)이다.

- -

amenity 예의, 오락 for good 영원히 owing to ~ 때문에 replacement 복직 inform A of B A에게 B를 알리다 with regard to ~대하여 termination 종료, 만료

13. (a)

로마 공화국 초기에 어린이에 대한 교육은 완전히 그들의 부모 손에 달려 있었다. 가족이 지극히 중심인 사회에서 이것은 당연한 것이었다. 만약 소년들이 그들의 아버지에게 주로 가르침을 받으면, _____, 이것은 후에 그들이 앞으로 살아갈 삶에서 수행하게 될 다른 역할과 일치했다. 그러나 BC 3세기 제국으로 성장하면서, 더 부유해진 집안은 점차적으로 그들의 아이를 교육받은 그리스 노예들이 선생으로 있는 학교에 보내기 시작했다. 로마 공화국 말년에는 로마 사회 일부의 부가 증가함에 따라 교육은 철학이나 웅변술과 같은 주제를 다루는 더 고차원적인 교육의 형태까지 포함하여 더 발전하기 시작했다.

(a) 여자아이들은 어머니에게 배웠다.
(b) 여자아이들은 사회적 관습 때문에 집에서 혼자 배웠다.
(c) 여자아이들은 전문적 교사들에 의해 교육되었다.
(d) 여자아이들은 현명한 어머니가 되기 위해 필요한 역할에 대해 배웠다.

◎ 대칭 구조 문제이다. 로마 초기에 아이들에 대한 교육이 부모의 손에 달려 있었다는 내용과 더불어 남자 아이들이 아버지에게 배웠다는 언급이 있다. 뒤에는 사회에서 서로 다른 역할 수행과 관련된 것이었다는 점을 참고하면, 여자 아이들은 동성 부모인 어머니에게 교육받았다는 내용이 들어가야 한다. 그러므로 정답은 (a)이다.

-----

consistent 밀접하게 결합된, 일치하는 empire 제국 household 집안, 가족 oratory 웅변술

14. (a)

프레드리히 니체의 신념에 따른, 많은 사상가들은 실제적인 윤리적사실들은 간단히 알 수 있는 것이 아닐지도 모른다는 가능성을 탐색하고 있다. 다른 이론가들은 옳고 그름의 개념이 극적으로 문화와 시간을 넘어 변화될 수 있다는 것을 지적하고 있다. 많은 이들은 이런 지적이 옳고 그름과 같은 개념이 어떤 행동들에 대한 현재 태도를 정당화하는데 사용된 단순한 아이디어들이라는 것을 증명한다고 주장한다. 그 이론적 결점들에도 불구하고 _____. 지난 25년간 의학적 윤리는 의학적 상황들에 사용되어 왔다. 실제로 난해한 상황을 도우려고 많은 병원들은 다양한 상황들의 이론적 측면을 모색하기 위해 윤리학자들을 모셔왔고, 그리고 올바른 행동의 과정을 결정할 때 상황의 이론적 측면을 고려하는 것은 귀중하다.

(a) 윤리학은 현재 많은 상황들을 고려하는 데 있어 유용하다고 증명되었다.
(b) 많은 대안 접근들이 윤리학을 복잡한 상황으로 바꾸었다.
(c) 윤리학은 현재 어려운 상황에는 적합하지 않은 것처럼 보였다.
(d) 의학 전문가들은 의학적 상황에 적용할 윤리학에 기준을 세웠다.

◎ 앞 부분에서는 윤리학의 여러 결점들에 대한 의견이 나오지만, 빈칸 이후로는 의학계에서 벌어지는 복잡한 상황들을 해결하기 위해 윤리학이 이용되는 경우를 보여주고 있다. 그러므로 앞 부분과 반대의 내용이 시작되기 위해서는 윤리학이 현재 복잡한 상황들에 유용하다는 내용이 오는 게 적절하다. 정답은 (a)이다.

tip! 연결어 단서 문제이다. 앞 부분에 윤리학은 '이론적 결점들에도 불구하고'라는 내용을 통해서 뒤에는 긍정적인 기여를 한다는 것을 유추할 수 있다.

-----

shortcoming 결점, 단점 ethical 윤리상의, 도덕상의 knowable 알 수 있는, 인식 할 수 있는 point out ~을 지적하다 validate 정당성을 입증하다 attitude 태도 ethicist 윤리학자 replace A with B A를 B로 바꾸다

15. (c)

첫 번째 기록된 아프리카인들은 버지니아 주의 제임스 타운에 정착한 연한 계약 노동자들로 1619년에 도착했다. 영국 정착자들이 거친 환경 속에 죽어감에 따라 더 많은 아프리카인들이 노동자로서 일하도록 보내졌다. 아프리카인들은 그들의 자유를 사기 위해 합법적으로 곡물을 농작하고 오두막을 지을 수 있었다. 1640년대와 1650년대까지, 몇몇 아프리칸 가족들은 농장을 소유하고 몇몇은 식민지 기준에서 부자가 되었다. 인종에 바탕을 둔 노예제의 일반적인 개념은 1700년대가 되어서야 완전하게 발달했다. 1770년대에는 아프리카인들은 반역적 영국인 식민지 이주자들이 미국 독립 혁명 때 영국을 패배시킴으로써 미국 독립을 지키는 것을 도왔다. 아프리카계 미국인들은 시민 민권 운동 이래로 확고하게 사회적, 경제적 지위를 향상시켜 나갔다. _____ 부분적으로 노예, 인종주의, 차별의 유산 때문에 그룹으로서 아프리카계 흑인들은 유럽계 미국인에 비해 많은 지역에서 두드러진 경제적, 교육적, 사회적 불이익을 당하고 있다.

(a) 때문에
(b) 더욱이
(c) 그럼에도 불구하고
(d) 그 결과

◎ 앞 부분에는 아프리카계 미국인들이 어떻게 해서 미국 사회에 들어왔는지, 그리고 그들의 낮은 사회적 지위가 향상된 역사적 과정에 대해 설명하고 있지만, 뒷 부분은 여전히 그들이 많은 차별을 받고 있다는 내용이 나오므로 '그럼에도 불구하고'라는 의미의 (c) nevertheless가 가장 적절하다.

-----

indenture 계약서, 증서 harsh 거친, 가혹한 crop 농작물 conception 개념 slave 노예 rebellious 반역하는, 모의하는 colonist 식민지 이주민 defeat 패배시키다 legacy 유산 slavery 노예제도 racism 인종주의 정책 discrimination 차별, 구별 pronounced 명백한

16. (d)

백신 제작자들이 겨울 감기 시즌을 준비하면서, 한 생물공학 회사가 수정된 계란으로 준비된 전통적 접종보다 더 효과적으로 작용하며 더 빠르게 생산될 수 있는 감기 예방책 개발에 대한 대안

방식의 성공을 기록하고 있다. ＿＿＿＿＿＿＿＿＿＿ 50년도 넘게 뒤쳐져 있는 이 '닭과 계란' 방식에 대한 몇몇의 단점들이 있다. 3억 회 분량의 백신을 생산하기 위해서는 계란 기반 생산은 9억 개의 계란을 필요로 할 것이다. 특히 조류 독감의 발발은 계란의 공급을 부족하게 할 수 있고, 생산될 수 있는 백신의 양도 제한될 수 있다.

(a) 마찬가지로
(b) 동시에
(c) 그러므로
(d) 그러나

◎ 계란을 이용한 새로운 감기 백신의 개발에 성공했지만 이러한 방식에는 조류 독감 등에 의해 타격을 입을 수 있는 계란 공급의 문제점이 있음을 언급하고 있으므로 역접을 나타내는 (d) however가 들어가야 한다.

- -

gear up 준비시키다 alternative 대안의 preventative 예방책, 예방수단 inoculation 접종 fertilize 수정하게 하다 drawback 장애, 단점, 결점 date back ~으로 거슬러 올라가다 outbreak 발발 avian 조류의, 새의 restrict 제한하다 likewise 마찬가지로

17. (b)

이전의 연구들에서, 몸무게의 증가와 유방암 위험 간의 미약한 상관성은 틀림없이 몸무게 증가의 실제적 영향을 숨기는 폐경 후의 호르몬의 사용 때문에 생겨났을 것이다. 호르몬의 사용과 성인의 몸무게 증가는 폐경 후 유방암 인구의 약 3분의 1을 차지한다. 그 연구는 성인 몸무게 증가와 더불어 폐경 후 유방암의 위험의 계속적인 증가가 있다는 것을 알아냈다. 그러므로 늘씬한 체중을 유지하는 것과 성인 몸무게의 증가를 피하는 것이 암시된다. 연구자들은 폐경 후 유방암의 위험을 줄이고자 하는 여성은 18세 이후로 몸무게를 증가시키는 것을 피해야 한다고 제안한다. 이것은 또 당뇨, 심장병 등 많은 다른 병의 위험을 감소시켜줄 것이다.

Q. 이 글의 주제는 무엇인가?
(a) 몸무게 줄이는 효과적인 전략
(b) 몸무게와 폐경 후 유방암의 상관성
(c) 폐경 후 여성들의 유방암이 걸리는 경향
(d) 18세 이후 여성들의 몸무게 증가의 단점들

◎ 주제를 묻는 문제이다. 18세 이후 여성들은 폐경기 호르몬 사용 때문에 몸무게가 증가하며 이것은 유방암의 발병과 관련된다는 내용의 글이다. 그러므로 몸무게를 줄여야 폐경기 유방암뿐만 아니라 다양한 질병들을 예방할 수 있다는 점을 전문가들이 추천하고 있다. 정답은 (b).

tip! 연구관련 지문으로 여기에서는 연구한 내용, 결과, 시사하는 바를 파악하면 끝!

- -

postmenopausal 폐경 후의 mask 감추다, 가리다 account for 차지하다, 설명하다 lean 야윈, 마른 diabetes 당뇨, 당뇨병 correlation 상관관계 tendency 경향 obesity 비만 contract 병에 걸리다

18. (c)

사회자본 또는 시민들 사이의 신뢰가 있는 정도가 미국 주들에서의 사망률에 있어서 차이들을 설명한다는 것을 보여주는 하나의 새로운 연구가 수행되었다. 조사는 사회자본의 축적과 빈부 격차의 직접적인 연관성을 발견했다. 이 거대한 규모의 생태학적인 조사는 수입의 불균형, 사회자본과 특정 질병과 죽음 간의 상관성을 첫 번째로 조사한 것이다. 연구 결과들은 수입 불균형이 증가함에 따라 사회적 불신의 정도가 증가한다는 것을 보여 준다. 이러한 것은 차례로 사망률의 증가와 관계가 있다. 이 조사는 빈부 격차의 증가와 지역사회의 사회구조에 대한 잠재적인 영향이 건강에 영향을 미친다는 것을 보여준다.

Q. 이 글의 제목으로 적합한 것은?
(a) 증권시장에 대한 힘든 연구의 중요성
(b) 선진국에서 빈부격차의 증가
(c) 사망률과 사회자본의 현저한 연관성
(d) 증가하는 수입 불균형을 최소화할 필요성

◎ 단락의 제목을 묻는 문제이다. 연구가 나오면 항상 연구 결과는 중요한 부분이다. 그리고 만일 연구 과제가 제안하는 부분까지 언급되면 그런 부분들은 반드시 중요하다. 첫 번째 문장에서 새로운 연구에 대한 중요 내용이 다 제시되어 있다. 바로 이 부분을 포함하는 문장 (c)가 정답이다.

- -

variation 차이, 변화 stock 축적, 저장 ecological 생태학의 interrelationship 상호관계 inequality 불균형, 불공정 potential 잠재하는, 가능한 disparity 차이, 불일치 fabric 구조, 체계, 조직 painstaking 노고를 아끼지 않는, 공들이는, 근면한 morality 사망률

19. (d)

1950년대 말과 1960년대에 걸친 시민 인권 운동 기간 동안 분리 사회를 옹호했기 때문에 루이스빌은 영향 받았다. 민권운동단체들은 그것에 대항하기 위해 다양한 운동을 했다. 국가 차원에서의 시민권법이 1964년과 1965년에 통과되자, 그 여파는 흑인들 사이에서 사회적 변화를 이끌도록 계속해서 촉구하였다. 다른 도시에서처럼 루이즈빌에는 NACCP와 블랙 파워와 연관된 전투적인 행동주의자들 사이에 정치적인 투쟁이 있었다. 사람들을 조직하려는 후자의 시도는 폭동의 촉매제가 되었다. 분리 명령은 2000년에 철폐되었고, 2007년 6월, 연방대법원은 루이스빌 지방의 학군이 동등한 보호의 법적 보장을 어겼다고 말하면서 함께 원고 승소 판결을 내렸다. 이 결정의 부수적인 부분은 명확하지 않으나, 우리는 인종의 다양성을 이루기 위한 비슷한 방법들을 이용하면서 전국에 있는 학교 지역에 영향을 미칠 수 있다는 것을 명심해야 한다.

Q. 이 글의 주제는 무엇인가?
(a) NAACP는 정치적 투쟁을 방지하기 위해 노력했다.
(b) 시민권은 상황에 따라 보호되어야 한다.
(c) NAACP와 폭력주의자들의 협력이 필요한 것이었다.
(d) 철회 명령은 인종의 다양성을 이루는 많은 시도들에 중요하게 영향을 미칠 수 있었다.

◑ 주제를 묻고 있다. 흑백 간의 불평등을 해소하기 위한 흑인 단체들의 노력이 계속된 가운데, 대법원이 루이스빌 지방의 학군이 법적으로 잘못되었다는 판결을 공식적으로 내림으로써 인종의 다양성을 성취하는 데 있어 중요하게 영향을 미치는 판결이 되었다는 내용이다. Although the ramifications of this decision were not immediately clear, we should keep it in mind that it could affect hundreds of school districts across the country employing similar methods to achieve racial diversity에서 주요 내용을 알 수 있다. 따라서 정답은 (d).

tip! 양보절 although, though가 있는 문장 + 당위조동사 should(=have to, must)가 중요!

- -

segregate 분리하다 undertake 떠맡다, 착수하다 struggle 투쟁, 싸움 militant 투쟁적인 catalysts 촉매 riot 폭동 hand down 판결을 내리다 verdict 판결 plaintiff 원고, 고소인 district 구역 violate 위배하다 constitutional 헌법의 ramification 분기, 세분화 keep in mind 명심하다 circumstance 상황 lift 철폐하다

20. (d)

역사적으로 일본은 외부 세계와 오랜 기간 최소한의 접촉에 의해 따라오는 새롭고 이국적인 생각들의 갑작스런 침략에 영향을 받아왔다. 시간이 흐름에 따라 일본은 자신들의 미학적 선호를 보충해 주는 외국 문화의 요소들을 흡수하고, 모방하여 마침내 동화하는 능력을 개발시켰다. 일본 최초의 복합 예술은 AD 7세기와 8세기에 불교와의 연관성에서 만들어졌다. 9세기에는 일본이 중국으로부터 돌아서기 시작하고 표현의 고유한 형태를 발전시킴에 따라 세속적인 예술이 점차 중요해졌다. 15세기 말까지 종교적, 세속적 예술 모두 번성했다. 회화는 일본에서 아마추어와 전문가에 의해서 다 같이 그려지는 선호되는 예술적 표현 방식이다.
Q. 이 글의 제목은 무엇인가?
(a) 불교와 관련한 세속적 예술 형식의 역사
(b) 9세기 일본 예술의 특징들
(c) 일본 예술의 흥망성쇠에 대한 설명
(d) 일본에서 독자적 표현 방식의 발전

◑ 글의 제목을 묻고 있다. 일본의 독자적 예술 표현 방식의 발전 과정에 대해 설명하고 있다. 처음에는 이국적 예술을 자신들의 미학 기준에 따라 받아들이고 모방함으로써 점차 고유의 것으로 만들었고, 불교와의 접목을 통한 일본 고유의 복합 예술의 발전 과정에 대한 언급도 나와 있다. 그러므로 정답은 (d).

tip! Title or mainly about 문제를 풀 때는 선택지를 간단화시키는 것이 관건이다! 예를 들어 이 문제에서 선택지 (a)는 a history(역사), (b)는 features(특징들), (c)는 a description(설명), (d)는 development(발전) 등으로 선택지를 간단화시키면 답을 찾는 것이 훨씬 용이해진다.

- -

buddhism 불교 be subject to 영향 받기 쉬운 invasion 침략, 쇄도 alien 이질적인 over time 시간이 흐르면서 absorb 흡수하다 imitate 모방하다 assimilate 동화시키다, 자기 것으로 하다

complement 보충(하다) aesthetic 미학(의), 미의 indigenous 고유한, 토착의 secular 세속적인, 속세의 alike 한결같이, 동등하게 flourish 번성하다 description 기술, 묘사

21. (c)

그래피티의 역사적인 형태는 과거 문화의 언어와 삶의 방식을 이해하는 데 도움을 준다. 그래피티에서의 철자와 문법의 오류는 로마 시대의 문자 수준에 대한 통찰을 제공하고 구어체 라틴 발음의 단서를 제공한다. 역사적인 장소에서 발견된 83점의 그래피티는 문자가 사용되지 않았을 사회의 독해와 쓰기 능력의 증거물이 된다. 그래피티는 건축가 Crescens에 의해 베수비우스 화산 폭발 시대에 재건된 열주가 있는 장소에 나타난다. 그래피티는 직공과 그의 일꾼들에 의해 남겨졌다.
Q. 이 글의 주제는 무엇인가?
(a) 역사적 그래피티는 문화마다 다양하다.
(b) 문맹에 대한 증거가 없다.
(c) 그래피티는 역사적 사실들을 이해하는데 있어 중요한 정보를 제공한다.
(d) 그래피티는 연구해봐야 소용이 없다.

◑ 주제문을 묻고 있다. 그래피티가 과거 문화와 언어에 대한 다양한 정보를 제공하는 역할을 하고 있음이 언급되고 있다. 문자가 없던 고대 사회에서 그래피티는 그들의 사회를 이해하는 데 있어 중요한 수단이 된다. 정답은 (c).

tip! 주제문을 찾자! 첫 번째 문장 Historic forms of graffiti have helped gain understanding into the lifestyles and languages of past cultures를 통해 앞으로의 내용 전개를 예측할 수 있다.

- -

peristyle 열주가 있는 장소, 주주식 graffiti 낙서 literacy 읽고 쓰는 능력 foreman 직공

22. (d)

혁신적인 학교 기반 프로그램의 결과로, 볼티모어 공립학교의 초등학생들은 더 건강하게 먹고 운동을 많이 한다. 잘 먹기와 계속 움직이기라고 불리는 이 프로그램은, 미국에서 흡연 다음으로 사망의 주된 원인은 빈약한 식사와 좌식 삶의 방식의 조합이라는 조사 결과에 대한 조치로 고안된 것이다. 이 프로그램은 아이들에게 저지방 식단, 과일과 야채 섭취량 증가, 운동의 증가, 그리고 텔레비전 시청의 감소 등을 포함하는 건강한 습관들을 권장한다. 연구원들은 2년간의 이 프로그램의 결과 아이들이 야채와 과일의 섭취를 증가시켰고 그들의 전체 지방과 포화 지방의 섭취를 감소시켰다는 것을 발견했다. 게다가, 학생들은 TV를 시청하는 데에 다른 학교 학생들보다 일주일에 4시간 이하밖에 쓰지 않았다. 연구는 이것이 건강에 긍정적인 이점을 가지고 있다는 것을 보여 주었다.
Q. 이 글의 주제는 무엇인가?
(a) 취학 아동을 대상으로 새롭게 고안된 프로그램은 저지방 식단을 홍보했다.
(b) 좌식 생활과 흡연은 미국에서 사망률과 관련이 없다.

(c) 공립학교 아동에 의해 조사 프로그램이 시행되었다.

(d) 독창적인 프로그램이 아동 건강 개선을 가져왔다.

◉ 주제를 묻고 있다. As a result of an innovative school-based program, elementary school children ~ are eating healthier and getting more exercise. 프로그램 관련 글로서 무엇에 관한, 무슨 결과를 낳았는가를 파악하면 된다. 따라서 정답은 (d)이다.

- -

in reaction to ~에 반응해서 sedentary 좌식의, 앉아 있는 saturate 포화된

23. (c)

어떤 것들은 끊기가 쉽지만 흡연은 당신이 전통적 방법들과 비전통적인 방법들이 조합된 이 항-중독 칵테일을 사용하지 않으면 그 중의 하나가 아닙니다. 흡연 욕구를 조절하기 위해서 중독을 멈추고 동기를 제공하세요. 하루에 30분을 걷고 그리고 당신이 끝냈다고 말하기 위해서 친구에게 전화하세요. 이것은 훈련을 확고하게 하고 자신감을 불어넣는 데 도움이 됩니다. 그리고 흡연 욕구를 조절하는 처방 항우울제인 Wellbutrin을 드시면서 시작하세요. 담배는 던지고 니코틴 패치는 내동댕이치세요. 처음 며칠이 가장 힘들 것입니다만, 만약 당신이 지난 7일 이상 성공할 수 있다면 중독의 산이라는 언덕 아래에 있는 것입니다. 걷기와 친구에게 전화하는 것을 지속하면서 몸무게 증가를 조절하기 위해 약간의 웨이트 트레이닝도 곁들이세요. 우리 환자들 중 90퍼센트는 이 계획으로 성공했습니다. rd.com/healthiq에서 더 자세한 사항을 알아보세요.

Q. 이 글은 무엇에 대한 광고인가?

(a) 체중 감량을 위한 운동 프로그램

(b) 장애인을 위한 주방 용품

(c) 금연을 위한 새로운 계획

(d) 흡연에 대한 잘 알려진 니코틴 패치

◉ 광고 글의 성격을 묻는 문제이다. 금연의 새로운 계획에 대해 설명하고 있다. 전통적인 방법으로 걷기와 친구에게 전화하는 것을 추천하고 있고 비전통적인 새로운 방법으로는 자신들의 처방 항우울제인 Wellbutrin을 섭취할 것을 이야기하면서 그것이 금연을 위한 새로운 방법임을 광고하고 있다. 정답은 (c)이다.

- -

craving 갈망, 열망 instill 서서히 스며들게 하다, 주입시키다 antidepressant 항울제, 항울성의 discipline 훈련, 규율 instill 스며들게 하다, 주입시키다 confidence 자신, 확신 slap 때리다 downhill 언덕 아래에, 내리막의

24. (a)

대략 미국인의 10명 중 6명은 이번 가을 혹은 겨울에 매우 아픈 사람들에게 인플루엔자 A가 널리 퍼질 것이라고 믿고 있다. 아이가 있는 부모들은 아이가 없는 사람들보다 이 일이 일어날 것이라고 더 믿고 있는 것 같다. 아이가 없는 사람들의 56퍼센트에 비해 대략 부모의 3분의 2는 매우 또는 다소 그렇다고 말을 했

다. 이 조사 결과에도 불구하고 미국인의 반 이상이 자신들의 개인적인 위험에 대해서는 걱정하지 않았다. 그 위험은 그들 자신이나 그들의 가족 중 누군가가 내년에 인플루엔자 A에 걸릴 것이라는 것이었다. 이 수준은 저번 조사 결과 이래로 달라지지 않았다. 이번 조사는 전국적 유행병 경고 수준이 그렇게 극적으로 미국인 개인들의 위험에 대한 걱정 수위에 영향을 주지 않는다는 사실을 알려준다.

Q. 다음 지문에 따르면 사실인 것은?

(a) 아이가 있는 부모들이 아이가 없는 사람들보다 이 유행병이 발생할 것이라고 믿는 경향이 더 있다.

(b) 대부분의 미국인들이 인플루엔자 A에 걸릴 것이라는 개인적인 위험에 대해 걱정하고 있다.

(c) 개인적인 전염 위험에 대해 걱정하는 수위가 상당히 변했다.

(d) 많은 학교에서는 내년에 인플루엔자 A를 예방하기 위한 조치를 많이 취하고 있다.

◉ 글을 읽고 올바른 선택지를 고르는 문제이다. 조사는 미국인들이 인플루엔자 A가 유행할 것이라는 걱정이 자신에 대한 걱정이 아니라 가족에 대한 걱정인 것을 보여 준다. 초반부에서 아이를 가진 부모에게서 아이가 없는 사람들보다 염려가 높게 나타나고 있음이 구체적인 근거로서 제시되었다. Parents are more likely than people without children to believe this will occur ~ 이 부분을 통해서 (a)가 정답임을 알 수 있다.

tip! 모든 correct, true 문제는 본문에서 정답의 근거를 반드시 찾아야 한다.

- -

roughly 개략적으로 two thirds 3분의 2 be concerned about ~을 염려하는 poll 여론조사 pandemic 유행병, 전염적인 dramatically 극적으로, 연극처럼 be inclined to ~의 경향이 있는 be worried about ~대해 걱정하는 precaution 예방책

25. (d)

왕은 아름다운 한 소녀를 그의 성에 가두었다. 그는 그녀에게 아낌없이 선물을 주었지만 가장 끔찍할 정도의 누더기 옷을 그녀에게 입혔다. 매일 밤 소녀는 감옥 창문을 바라보며 그녀를 구해줄 용감한 기사를 기다렸다. 그러나 올라온 모든 기사들은 그녀를 한번 쳐다보고 역겨움으로 도망쳤다. "어떻게 나의 아름다움을 거부할 수 있지?" 소녀는 불평했다. "왕이 옳았어."라고 경비원이 말하며 웃었다. 어떤 기사도 이런 옷을 입은 여자는 구하지 않을 거야.

Q. 이 글을 읽고 난 후 독자들의 반응은?

(a) 무서운

(b) 당황한

(c) 계몽적인

(d) 우스운

◉ 자신이 입고 있는 누더기 때문에 기사들이 도망간다는 사실을 알지 못하는 소녀와 그녀를 보며 웃는 경비원의 모습에서 이 동화가 우스꽝스러운 내용이라는 것을 알 수 있다. 정답은 (d)이다.

- -

lavish 아끼지 않고 주다, 사치스러운 rag 누더기, 넝마 조각 horrible

역겨운, 무서운 stare out 응시하다 dungeon 지하 감옥 knight 기사 ride up 타고 ~에 다다르다 resist ~에 거부하다, 저항하다 damsel 소녀, 처녀 embarrassed 당황한, 난처한 enlightening 계몽적인 hilarious 우스운, 재미있는

26. (a)

오늘날의 관점의 중요성에 비추어 입체파는 20세기 초 예술의 가장 혁명적인 혁신을 대표한다. 입체파의 저작 목록은 현대 예술에서의 어떤 다른 스타일의 경향보다 더 광범위하다. 입체파 작가들이 그들 시대에는 폭넓은 사회적 수용을 누리지 못했다는 것은 잊기 쉬운 사실이다. 입체파의 전시와 몇 안 되는 출판에 대한 대부분의 반응은 신랄한 비판이 두드러졌다. 오직 기음 아폴리네르 같은 작가들, 수집가들, 딜러들의 작은 그룹만이 그 새로운 예술적 경향에 대한 지원을 허락했다. 입체파에 대해 상대적으로 낮은 대중적 수용에도 불구하고, 그들의 작품에 대한 다른 예술가들의 관심은 지대했다.

Q. 다음 지문에 따르면 입체파에 관해 사실인 것은?

(a) 현대 세계의 가장 급진적인 예술의 형태로 간주된다.
(b) 입체파 작가들의 대부분 작품은 비평가와 대중들에게 환호를 받았다.
(c) 현대의 사람들은 입체파를 예술을 표현하는 이상적인 방식으로 생각한다.
(d) 거의 모든 수집가와 딜러들 모두 입체파를 지지한다.

◯ 큐비즘에 대해 맞는 것을 고르는 문제이다. 첫 번째 문장에서 입체파가 현대 관점에서 볼 때 가장 혁명적인 혁신의 예술 스타일을 대표한다고 나와 있다. 입체파 작가들의 작품은 당대에는 신랄한 비판을 받았지만 현대에는 높은 평가를 받고 있다는 내용이지만, 현대인들이 이상적인 예술 표현 방식으로 생각한다는 내용은 지문에 나와 있지 않으므로 (c)는 답이 될 수 없다. 따라서 정답은 (a)이다.

cubism 입체파, 큐비즘 bibliography 저작 목록, 문헌 목록 stylistic 양식의 contemporary 현대의, 동시대의 regard A as B(=see A as B) A를 B로 간주하다 radical 급진적인 acclaim 환호하다, 갈채하다

27. (c)

당뇨는 심장병의 위험을 여성은 6배, 남자는 3~4배 증가시킨다고 밝혀졌고, 당뇨는 성인의 실명, 신부전증과 신경 손상 같은 새로운 사례들의 주된 원인이다. 유전적인 위험, 비만, 그리고 나이는 당뇨의 위험과 연관이 있다. 예전의 동물과 대사 작용의 연구가 상관성이 있을 수 있음을 제시했었다. 결과물이 굉장히 강력하고 섬유질이 많은 식품의 보호적인 장점에 관한 이전의 증거와 관계가 있기 때문에, 이것은 당뇨의 위험을 감소하기 위해 최소한으로 정제된 형태의 곡물이 섭취되어야 함을 제안한다. 이러한 결과는 우리의 식단 구성이 또한 중요한 역할을 할 수 있을 것임을 시사한다.

Q. 사람들은 어떻게 하도록 충고 받았는가?

(a) 규칙적으로 운동하고 적절하게 잠을 자도록
(b) 곡물과 편식을 하지 않도록
(c) 곡물 섭취에 주의하도록
(d) 대사 작용의 연구에서 추천한 전략을 따르도록

◯ 어떤 광고를 하는지 묻고 있다. this suggests that grains be consumed in a minimally refined form to reduce the risk of diabetes를 통해서 곡물 섭취는 당뇨의 위험을 줄이기 위해서 최소한의 정제된 형태로 소비되어야 한다는 것을 알 수 있다. 따라서 정답은 (c).

fold 곱, 겹 leading 주요한 blindness 실명 kidney failure 신부전증 nerve 신경 metabolic 신진대사의 fiber 섬유질, 섬유 genetic risk 유전적 위험 obesity 비만 consistent 일관된, 한결같은 refine 정제하다 grain 곡물, 곡식 composition 구성 play a role in 역할을 하다 consume 소비하다

28. (c)

가이우스 줄리어스 시저는 로마 군인의 지도자이자 정치적 지도자였다. 그는 로마공화국에서 로마왕국으로 변환하는 데 있어서 중요한 역할을 했다. 정치가로서, 시저는 대중에게 인기를 얻는 전략을 사용했다. 기원전 60세기 후반에서 50세기에 이르는 동안, 수년 동안 로마 정치를 지배한 법의 영역 밖의 조정인 소위 '첫 번째 삼두정치'를 낳은 정치적인 동맹들을 형성했다. 권력을 모으기 위한 파벌적 시도들은 원로원 내에서 반대 되었다. 시저의 갈리아 정복은 로마의 영토를 북해까지 확대했고, 기원전 55세기에 그는 또한 로마의 첫 번째 영국 침략을 감행했다. 이러한 성과들은 그에게 무적의 군권을 수여했다. 정부의 통치를 떠맡은 후에 그는 로마 사회와 로마 정부를 광범위하게 개혁했다. 그는 공화국의 관료제도를 심하게 중앙 집권화했고 결국에는 '영원한 독재자'라고 선언되었다.

Q. 다음 중 본문에 따르면 맞는 것은?

(a) 그는 영국을 침략하기 위해 정치적 동맹을 형성했다.
(b) 권력을 모으는 시도들은 원로원의 지지를 받았다.
(c) 로마 역사 상, 그 이전에 영국에 대한 침략은 일어나지 않았다.
(d) 그가 한 모든 개혁 중 대부분은 로마 시민의 반대를 받았다.

◯ 글을 읽고 일치하는 선택지를 고르는 문제이다. (a)의 경우 political alliance는 맞으나 그 목적이 영국을 침략하기 위해서가 아니기 때문에 오답이다. 이처럼 부분적으로 맞고 부분적으로 틀린 오답에 주의해야 한다. 정답은 (c)이다.

transformation 변형 popularist 대중의 인기를 얻는 tactics 전략 alliance 동맹, 연합 senate 의회 military 군대 dominate 지배하다 factional 파벌적인 amass 축적하다, 쌓다 oppose ~에 반대하다 invasion 침략, 침입 grant 수여하다 unmatched 비길 데 없는 bureaucracy 관료 proclaim 공표하다, 선언하다 dictator 독재자 perpetuity 영속

29. (d)

매일의 사실과 사건의 기억을 익히고 형성하는 뇌의 능력은 뇌의 깊숙한 곳에 있는 구조인 해마에 달려 있다. 최근의 증거는 기억들이 시간이 흐름에 따라 해마의 참여도 감소한다는 것을 나타내고 있다. 최근 연구에서 신경과학자들은 해마 손상을 입은 환자들을 연구했다. 이 개인들은 그들의 부상이 있기 5~10년 전 발생했던 뉴스감이 될 만한 사건들의 세부사항을 기억하지 못했지만, 더 오래된 기억은 회상해냈다. 그들은 f-MRI로 참가자들의 뇌를 스캐닝 하면서 50대와 60대인 15명의 사람들에게 지난 30년 동안의 뉴스에 나온 사건들에 대하여 질문했다. 기억의 날짜와 관련된 뇌의 활동을 선별하기 위해, 조사자들은 테스트용 질문들을 배우고 기억하는 것과 엮어진 활동을 분리하여 평가했다.

Q. 지문에 따르면 다음 중 옳은 것은?
(a) 최근 연구는 해마에 대한 이전 개념을 크게 바꾸었다.
(b) 해마의 기능은 나이를 먹을수록 강해지는 경향이 있다.
(c) 뇌 손상을 입은 사람은 더 오래된 사건보다 최근의 사건을 더 기억하는 경향이 있다.
(d) 해마는 과거의 사건을 회상하는 데 중요한 역할을 한다.

⊙ 어떤 The brain's ability to learn and form memories of day-to-day facts and events depends on the hippocampus 를 통해서 해마가 기억에 중요한 역할을 한다는 것을 알 수 있다. 정답은 (d)이다.

hippocampus 해마 wane 쇠퇴하다, 약해지다 neuroscientist 신경과학자 recall 기억나게 하다, 상기시키다 single out 선발하다, 선출하다 wane 약해지다 newsworthy 보도 가치가 있는 evaluate 평가하다 notion 개념 functional 기능상의

30. (c)

세계의 저소득 가구들의 생계 전략들은 단독 활동이 그들의 필요를 충족시키기 위해 충분히 정기적이거나 잘 지불되지 않을 것 같기에 보통 한 가지 형태의 경제 활동에 집중되지 않는다. 이런 가구에 속한 여성과 남성은 다양한 활동에 참여하는데, 종종 새로운 기회를 찾기 위해 이주를 하기도 한다. 이러한 활동은 보통 일반적으로 노동 집약적인 반면, 그것들은 급여를 받는 노동에 초점을 맞추고 있는 노동시장에서의 전통적인 경제 모델에 정확히 맞아 떨어지지 않는다. 가난한 사람들의 생존 전략에 있는 다양한 노동집약적인 활동들은 무급 가족 노동, 많은 비공식적인 소규모의 무역, 서비스 그리고 제조업을 포함한다. 이러한 활동은 세계 노동인구의 상당 부분에 생계를 제공하지만, 그들은 거의 공식적 통계에 나타나지 않는다.

Q. 다음 지문에서 사실인 것은?
(a) 저소득 가구들은 보통 경제활동의 한 가지 형태에 집중한다.
(b) 여성은 남성에 비해 좋은 직업을 찾는 것 같지 않다.
(c) 저소득 가구들이 종사하는 경제활동은 자연스럽게 노동 집약적인 경향이 있다.
(d) 세계의 저소득 근로자들과 관련된 모든 직업이 공식적인 통계로 명백히 계산되었다.

⊙ 글을 읽고 일치하는 내용을 고르는 문제이다. 저소득 가구의 경제활동은 한 가지 형태에 국한되지 않고 다양한 형태로 이루어진다는 내용이다. While these activities are generally labor-intensive in nature.에서 저소득 가구들의 경제활동이 대부분 노동집약적이라는 설명이 나와 있다. (b)의 경우 본문에 언급되지 않았으며 상식을 동원한 오답이다. 이처럼 상식적으로 옳아도 본문에 근거가 없으면 정답이 될 수 없다는 것을 기억하자. 따라서 (c)가 정답이다.

livelihood 생계 strategy 전략 household 가구, 가사 engage in 종사하다 migrate 이주하다 neatly 깔끔하게 conventional 전통적인 myriad 무수한; 1만 visible 나타나는, 명백한 decent 좋은, 예의 바른 in nature 사실상, 현존하여 in comparison with ~와 비교해볼 때 calculate 계산하다, 계획하다

31. (d)

Traumeel은 자연적인 치유 과정을 용이하게 하기 위해 신체에 작용하는 자연 진통제입니다. 모든 연령대에 안전하고 전 세계 소비자들에 의해 신뢰받고 있는 Traumeel은 가정의 건강관리에 필수적인 천연 항염증성 연고입니다. Traumeel은 과학적으로 근육통과 관절 통증을 일으키는 염증을 줄이는 것으로 입증되었고, 이 독특한 치료 작용은 회복 시간을 단축시키고 관절 움직임을 개선시킵니다. Traumeel은 무향으로 연고와 젤, 그리고 알약으로도 이용 가능합니다. 60년 이상 의사들의 추천을 받은 Traumeel은 임상연구 결과로 지지 받았으며, 근육통과 관절통, 작은 스포츠 부상을 치료하는 데 전 세계적으로 운동선수들이 널리 쓰고 있습니다.

Q. 다음 지문에서 Traumeel에 대해 사실인 것은?
(a) 노약자와 운동선수들에게는 사용이 제한된다.
(b) 근육통의 진정에는 효과적이나 염증에는 효과가 없다.
(c) 알약과 연고 타입으로만 사용할 수 있다.
(d) 수십 년간 그 효능이 잘 알려져 있다.

⊙ 광고 글을 읽고 일치하는 내용을 고르는 문제이다. 마지막에 60년 동안 의사들의 추천을 받아 왔다는 설명이 있다. 운동선수들이 전 세계에서 널리 사용하고 있으며 근육통과 염증에 효과적인 젤, 알약, 연고 타입의 항염증성 치료제라는 점을 본문에서 알 수 있다. 정답은 (d).

relief 개선, 제거 facilitate 용이하게 하다, 촉진하다 inflammatory 염증성의; 격렬하게 하는 therapeutic 치료(법)의 ointment 연고 addition 추가물, 추가 inflammation 염증 shorten 줄이다 mobility 움직임, 이동성 odor 향기, 냄새 tablet 정제 ineffective 비효과적인

32. (d)

조기 아동 보호와 교육 환경은 점차 다양한 아동 그룹을 만든다. 교실에서 하나 이상의 언어를 말하고 문화적으로 다른 가족 배경을 나타내는 아이들을 찾는 것이 빠르게 보통의 일이 되고 있다.

다른 특별한 도움을 필요로 하는 장애를 가진 아동들을 포함하는 것 또한 약간 흔해지고 있다. 출중하고 재능 있는 아이들이 점차 포용적인 학급에서 제공되는 능력의 범위를 넓혀가고 있다. 미국의 조기 아동 학급들이 이러한 인구 통계학적인 변형에 혼자만 있는 것은 아니다. 우리 세계 사회에서 다른 산업화된 국가들의 학교들 또한 비슷한 흐름을 경험하고 있다.

Q. 다음 지문에 따르면 사실인 것은?

(a) 문화적으로 다양한 가족 배경을 대표하는 아이들을 찾는 것은 드물다.

(b) 장애 아동은 미국의 조기 아동 학급에 들어가기가 어렵다.

(c) 오직 한 명의 선생님만이 아이들의 요구를 처리하는 데 배정된다.

(d) 문화적으로 다양한 가족 배경을 나타내는 아이들을 교실에서 찾는 것은 어렵지 않다.

○ 지문을 읽고 일치하는 것을 고르는 문제이다. 미국의 조기 아동 학급에는 문화적으로 다양한 배경을 가진 아동들과, 장애 아동까지 포함하고 있음을 설명하고 있다. 이러한 학급에서는 문화적 다양성을 가진 아이들과 장애 아동을 쉽게 찾을 수 있다는 뜻의 It is rapidly becoming common to find that children ~ represent culturally diverse family backgrounds. (c)는 본문에 언급되지 않았다. 따라서 정답은 (d)이다.

- -

diverse 별개의, 다양한 span 얼마 안 되는 범위, 짧은 기간 demographic 인구 통계학의 gifted 타고난 talented 재능이 있는 similar 비슷한, 유사한 rare 드문, 진기한 diverse 다양한, 다른 disabled 장애자 assign 배정하다, 할당하다

33. (d)

미국에서 하나의 걱정스러운 경향은 증가하는 폭력의 수위이다. 폭력이 경험될 때, 그 영향들이 어린 아동들과 그들의 가족들에게 극도로 해로워서 특별히 문제가 되는 경향이다. 아이가 취학 연령에 도달함에 따라, 인근 거리에서 발생하는 폭력의 위협은 버스 정류장 또는 교문까지의 도보를 두려운 경험으로 만든다. 조사된 전체 취학연령 아동의 12퍼센트가 그들이 야외에서 놀 때 때때로 두려움을 느낀다는 것을 대답했다. 도시 지역의 아동은 교외 지역이나 지방과 비교했을 때 그 수치는 17퍼센트까지 올라간다. 게다가, 여자아이들은 남자아이들에 비해 인근 놀이터에서 더 높은 수치의 두려움을 느낀다고 대답했다.

Q. 다음 지문에서 사실인 것은?

(a) 폭력 수위는 미국에서 항상 낮다.

(b) 시골 지역이 특별히 인근 놀이터에서 더 폭력에 노출되어 있다.

(c) 어른들은 폭력과 관련한 해로운 결과에 더 취약하다.

(d) 일반적으로, 여자 아이들이 남자 아이들보다 더 두려움을 경험한다.

○ 글을 읽고 일치하는 내용을 고르는 문제이다. 마지막 문장 Moreover, girls reported fear in the neighborhood play settings at a higher rate compared to boys.를 통해서 여자 아이들이 인근 놀이터에서 남자 아이들보다 더 높은 수치의 두려움을 느낀다는 것을 알 수 있다. 정답은 (d)이다.

tip/ Correct or true question의 경우 비교급이 나오면 반드시 본문에서 비교를 해 주거나 간접적인 단서가 있는지를 확인해야 한다.

- -

alarming 놀라운, 걱정스러운 escalate 오르다, 단계적으로 확대하다 troublesome 성가신, 골치 아픈 violence 폭력 detrimental 해로운, 이롭지 못한 neighborhood 이웃 at times 때때로, 이따금 urban 도시의 suburban 교외의 rural 시골의, 전원의 all-time low 최저수준 상태

34. (a)

조사에 따르면 인종차별이나 부당한 대우의 경험들은 사회적 계층에 따른 혈압의 차이와 관련이 있다고 한다. 인종차별에 맞서는 흑인 전문직들은 노동자 계층의 흑인 남녀보다 혈압 증가의 위험이 더 낮았다. 이 조사를 할 때, 그 조사 팀은 사회적 계층에 의해 변경될 수도 있는 방법들로 어떻게 인종 차별이 건강에 어떤 영향을 미치는지 이해하려고 탐구했다. 조사 결과들은 흑인 전문인들의 강화된 사회적 혹은 경제적 재원들이 차별대우에 맞서는 더 커다란 의지에 기여했을 수도 있고 그것으로 인해 혈압 상승의 위험을 줄이게 되었다는 것을 암시한다.

Q. 다음 지문에서 사실인 것은?

(a) 인종 차별의 영향들은, 특히 혈압에 대해서는 사회계층에 의해 다를 수 있다.

(b) 전문가가 되는 것은 혈압의 변화와 전혀 관계가 없다.

(c) 인종 차별은 건강을 위해 없어져야 한다.

(d) 남자들은 여자보다 고혈압으로 고통을 겪기 쉽다.

○ (c)의 경우에 문장에 당위의 조동사 should가 사용되었기 때문에 만일 주장의 어조가 답이 되려면 본문에서 당위의 단서를 보여주어야 한다. Experiences of racial discrimination and unfair treatment may be associated with differences in blood pressure depending on social class.를 통해서 정답의 근거를 찾을 수 있다. 정답은 (a).

- -

discrimination 차별, 구별 elevate 올리다, 격상시키다 sought 찾다, 추구하다 modify 변경하다, 수정하다 enhance 늘리다, 인상하다 contribute 기여하다, 기부하다 willingness 기꺼이 하는 마음 challenge 도전하다 discriminatory 식별하는 have nothing to do with ~와는 아무런 관계가 없다 eliminate 없애다, 제거하다 be liable to ~하기 쉽다

35. (c)

인더스 유역 문명의 쇠퇴는 황하 유역의 상 왕조의 시작을 나타냈다. 상나라 사람들은 동물의 뼈와 거북 껍질에 새긴 3,000자 이상의 글자를 사용하는 문자 체계를 개발했다. 이런 뼈와 껍질은 갑골로 알려져 있다. 비록 이것들은 미래를 예언하거나 세속의 어려운 문제들을 해결하기 위한 종교적 의식에 주로 사용되었으나, 갑골은 또한 상 왕조 사람들의 기록과 상 왕조 동안 발생한 사건들을 보여 주었다. 상나라의 도시들은 큰 규모였으며 높은 담으로 둘러 쌓여 있었다. 사람들은 청동기를 주조했고, 대리석과 옥을 조각했으며 비단을 짰다.

Q. 이 글로부터 추론할 수 있는 것은?
(a) 상 왕조는 인더스 강 유역에서 설립되었다.
(b) 동물의 뼈는 그 당시 부족했기 때문에 신성시 되었다.
(c) 새겨진 뼈들은 당시 사람들에 대한 많은 기록을 제공한다.
(d) 종교적인 의식들은 동물 뼈에 무언가를 새겨 넣는 것을 수반했다.

◎ 글을 읽고 추론하는 문제이다. the oracle bones also provided a record of the peoples of the Shang dynasty and events ~ 인더스 강 유역의 문명의 쇠퇴와 함께 등장한 상 왕조에 대한 설명이다. 동물의 뼈는 종교적 의식에 사용되었기 때문에 신성시 된 것이고, 새겨진 글자들을 통해 당시 사람들의 기록과 상 왕조 시대에 발생한 사건들을 알 수 있으므로 정답은 (c)가 된다.

- -

mark 나타내다 oracle 신탁, 계시 turtle 거북 worldly 세속적인 cast 주조하다, 던지다 bronze 청동 vessel 용기, 배 marble 대리석 jade 옥 sacred 신성한 scarcity 부족, 결핍 inscribe 새기다

36. (a)

정기적으로 가정이나 직장에서 담배에 노출되는 비흡연자 여성이 그렇지 않은 여성보다 관상동맥 심장 질병에 걸릴 위험이 두 배 더 높다. 연구자들은 가정에서의 노출과 관련한 위험의 증가가 직장에서의 노출 위험과 상당히 같다는 것을 알아냈다. 지금까지 심장질환이나 심장마비로 야기되는 사망이 간접흡연에 대한 노출과 관련이 있을 수도 있다는 것에 관해 충분히 조사한 연구들이 거의 없다. 우리가 찾은 강력한 상관성은 매년 일어나는 관상동맥 심장 질환에 의한 사망은 간접흡연으로 탓으로 돌려질 수 있다는 것을 제시한다. 위험 완화에 입각하여 희소식은 건물들의 비흡연 정책이 분명히 이 그림을 바꾸는 데에 기여할지도 모른다는 것이다.

Q. 이 글로부터 알 수 있는 것은?
(a) 장기간의 담배 연기에의 노출은 심장 질병의 위험과 관련이 있다.
(b) 간접흡연으로부터 초래된 심장 질환에 대해 많은 조사가 시행되었다.
(c) 다른 지역보다 직장에서의 담배에 대한 노출이 가장 해롭다.
(d) 간접흡연이 직접흡연보다 건강을 더 황폐화시킨다.

◎ Nonsmoking women, regularly exposed to cigarette smoke at home or work, have twice the risk of developing coronary heart disease ~ 에서처럼 비흡연자인 여성들이 간접흡연을 하는 경우 그렇지 않은 여성들보다 심장 관련 질환에 더 잘 걸릴 수 있다는 내용이 설명되어 있다. 따라서 정답은 (a)이다.

- -

coronary 심장의, 관의 substantially 실제로, 대체로 exposure 노출 to date(=so far) 지금까지 weather ~인지 아닌지 result from (어떤 결과가) ~에서 기인 한다 be related to ~와 관련이 있다 standpoint 시점, 관점 alleviate 완화하다, 경감하다 passive smoking 간접흡연 attributable 기인하는, ~에 돌릴 수 있는 go a long away ~에 크게 도움이 되다 devastating 엄청난, 황폐화 시키는

37. (b)

말라리아는 매년 거의 10만 명의 사람들을 죽이는데, 그 중 대부분은 특히 아프리카의 5세 이하 어린이다. 유럽의 과감한 연구에서 과학자들은 살아있는 말라리아 균의 백신 접종을 위해 모기에게 물리게 함으로써 모기를 이용했다. 백신에 감염된 모기들은 사람들을 물어 미숙한 말라리아 기생균을 피부를 통해 주입했고, 그 균들은 그들이 성장하고 증식하는 간으로 이동한다. 거기서부터 혈류로 들어가 적혈구를 공격하며 그 단계가 사람을 아프게 하는 단계이다. 사람들이 여기에 자주 노출되면 말라리아에 대한 면역을 기를 수 있다. 이것은 상업적 생산물과 같은 백신이 아니지만 어떻게 전체 기생균이 질병으로부터 보호해 주는 백신처럼 사용될 수 있는지를 보여주는 하나의 방법이다.

Q. 이 글을 통해 추론할 수 있는 것은?
(a) 백신 전달을 위한 날아다니는 바늘로서 모기를 사용하는 것은 흔한 일이다.
(b) 어린이들은 특별히 어른보다 말라리아에 취약하다.
(c) 5세 이상 아이들은 말라리아에 대한 면역을 기를 필요가 없다.
(d) 말라리아균을 가진 모기가 쏘는 방식을 통한 백신 접종 형태는 상업적 생산품이다.

◎ Malaria kills nearly a million people each year, mostly children under 5 and especially in Africa.에서 말라리아의 주요 희생자가 5세 이하의 어린이라는 것을 알 수 있다. 정답은 (b)이다.

- -

daring 대담한, 참신한 needle 바늘 parasite 기생(균)(동물) bite 물기 immature 미숙한, 미완성의 bloodstream 혈류 immunity 면역, 면제 vulnerable 취약한, 상처 입기 쉬운

38. (c)

유교는 도교의 반대로서 여겨질 수 있다. (a) 공자에 의해 발전된 그 교리는 인간 존재와 그들의 관계에 대해 중점을 두고 있는 사회적 윤리이다. (b) 유교는 삶의 사실상 모든 면에서의 의식주의의 삶에 중점을 둔다. (c) 만약 도교가 자연 상태를 향한 노력이라면 유교는 완전한 병적인 상태를 열망하는 것이라고 한다. (d) 도교의 사상은 일반적으로 자연, 인간–우주 합일 그리고 자발성에 집중한다.

◎ 글의 흐름상 어색한 것을 고르는 문제이다. 제시문에서 유교는 도교의 반대로 간주될 수 있다고 말하고 있으므로 유교와 도교를 대조할 내용이 이어질 것을 예측할 수 있다. (a)는 유교에 대한 정의를 하고, (b)에서는 유교에 대해 부연 설명을 하고 있다. (d)는 도교에 대한 설명이 나온다. 따라서 유교와 도교를 비교하는 내용인 (c)가 흐름상 맨 뒤쪽에 위치해야 하므로 어색하다. 따라서 정답은 (c)이다.

- -

confucianism 유교 taoism 도교 Confucius 공자 focus on(= concentrate on) ~에 집중하다 ritualistic 전례주의(의) strive 노력하다, 애쓰다 aspire 열망하다, 갈망하다 correspondence 조화 spontaneity 자연 발생

39. (c)

빈곤은 여전히 주요한 도전 과제인데, 사하라 이남 아프리카 인구의 41퍼센트(또는 대략 3천만 명)는 2004년 하루에 1달러 또는 그 이하를 가지고 살고 있었다. (a) 아프리카 대륙의 많은 사람들은 아사 상태에 있다. (b) 게다가, 복합적인 군사 분쟁, 교육에의 불충분한 접근성과 HIV나 말라리아와 같은 광범위한 전염병은 이 문제를 해결하기 위한 아프리카의 노력들을 허물고 있다. (c) HIV는 건강에 대한 세계적인 위협이 되고 있다. (d) 또한 그 지역은 사막화, 삼림 벌채, 기후 변화를 포함하는 심각한 환경 위협들로 인해 도전받고 있다.

💬 글의 흐름상 어색한 것을 고르는 문제이다. 제시문을 통해서 사하라 이남 아프리카 지역의 빈곤에 대한 이야기가 주요 내용임을 알 수 있다. (a)는 많은 사람들이 아사 상태에 있다고 언급하면서 제시문을 다시 한 번 언급하는 내용이다. (b)에서는 지시어 this problem(식량 문제)를 통해서 (a)와의 연관성을 찾을 수 있다. (d)의 the region(아프리카)과 also를 통해서 흐름상의 연관성을 찾을 수 있다. 그러나 (c)는 에이즈가 세계적인 위협이 되고 있다는 것이 주요 내용이기 때문에 글의 중심 내용과 배치된다. 따라서 (c)가 정답이다.

----

live on ~을 먹고 살다 a day=per day 매일(하루 당) state 상태 starving 굶어 죽는 것, 아사 pandemic 전국적(세계적)으로 유행하는 (병) undermine 토대를 허물다, 서서히 쇠퇴시키다 desertification 사막화 deforestation 삼림 벌채

40. (c)

생활 수준과 생산성 증가는 현대 에너지 서비스에 대한 접근을 향상시키는 데에 달려 있다. (a) 그러나, 전 세계 에너지 생산과 사용의 패턴들은 친환경 시스템의 안정성과 현재와 미래 세대의 건강과 행복을, 여전히 위협한다. (b) 모든 지역에서 석탄, 석유와 가스 같은 화석연료 소비의 증가는 지구의 대기권에 열을 가둬 놓는 이산화탄소와 다른 온실 가스들에 대한 인공 배출을 증가시키는 주요 원인이다. (c) 많은 선진국들은 이러한 급격한 변화에 준비가 되어 있지 않다. (d) 그로 인해 발생한 이 가스의 대기 집중의 증가는 지구 기후에 대한 재앙적이고 돌이킬 수 없는 피해를 야기하려고 위협하고 있다.

💬 글의 흐름상 어색한 것을 고르는 문제이다. 제시문의 생활 수준과 생산성은 에너지에 의존한다는 내용을 통해서 에너지에 대한 의존도와 중요성에 대한 내용임을 알 수 있다. (b)를 통해서 에너지와 생태계 그리고 건강 문제를 연관 짓고 있으며, 에너지가 이러한 것의 문제가 되고 있다며 문제를 제기하고 있다. (d)는 (b)와 연관 지어 rising consumption → the resulting increase 로 이어지는 구조이다. (c)는 많은 선진국들이 이러한 급격한 변화에 준비가 되어있지 않다는 내용인데 여기서 언급한 이러한 급격한 변화에 대한 언급이 전에 없었고, 왜 선진국이 언급됐는지에 대해 연결성이 부족하기 때문에 정답은 (c)이다.

----

depend on(=rely on, count on) ~에 의존하다 threaten 위협하다 stability 안정성, 견고함 generation 세대 leading cause 주

요 원인 emission 배출 carbon dioxide 이산화탄소 developed countries 선진국들 catastrophic 재앙적인 irreversible 돌이킬 수 없는

Actual Test 2

1. (b)

인도 방문 중에 미국 대통령 부시는 재능 있는 한 그룹의 인도인 경영학 전공 학생들을 만났고, 미국 젊은이들에게 세계 시장에서 경쟁하기 위한 교육을 추구하는 것에 대한 조언을 주기 위해 이 사례를 이용했다. 지금 모든 사람들은 전 세계의 한 쪽으로 치우쳐진 소득과 생활비, 의료 보험 혜택 때문에 인도 출신의 학생들이 미국의 학생들보다 더 낮은 수입을 위해서라도 일할 수 있다는 것을 안다. 그러나 몇몇 경제학자에 따르면 좋은 교육이 세계화와 관련된 모든 문제를 위한 치료책이라는 제안은 더 이상 진실이 아닐지도 모른다. 대통령은 아웃소싱과 경쟁은 피할 수 없다는 것을 학생들에게 솔직하게 말했다. 교육은 가치 있는 것이지만, _____라고 또 다른 분석가는 경고하고 있다.

(a) 직장 경험은 졸업 전에 행해져야 한다
(b) 교육만을 추구하는 것은 효과적인 세계 경제 전략이 아니다
(c) 해외에서 서비스직을 구하는 것은 좋은 대안이 될 수 있다
(d) 세계 경제 위기는 안정 상태로 회복되는 데 매우 오래 걸릴 것이다

💬 but the suggestion that ~에서 좋은 교육이 세계화와 관련된 문제들의 해결책이 아닐지도 모른다는 말을 하고 있다. 이 부분이 바로 이 글의 요지! 빈칸 역시 이 내용을 재 진술하는 내용이 들어간다. 이처럼 빈칸 유형의 문제는 먼저 중요한 부분에 빈칸을 만드는 경향이 강하다. '교육이 중요하지만 교육만(that alone)을 추구하는 것은 효과적인 세계 경제 전략이 아니다' 라는 내용이 들어가야 앞부분과의 연결이 자연스럽다. 정답은 (b).

tip! 모든 글을 볼 때는 먼저 주제문을 찾는 것이 중요하다! but, however, although, though, thus 등이 있는 부분은 중요! 그리고 주관적인 단어 great value, unfortunately, in my opinion, important와 당위조동사 should, have to, must 등은 항상 주요한 내용이 언급되는 부분이다.

----

talented 재능이 있는 dispense 분배하다, 베풀다 pursue 추구하다, 쫓다 lopsided 한 쪽으로 치우친 candid 솔직한, 공평한 outsourcing 아웃소싱, 외주제작 inevitable 피할 수 없는, 불가피한

2. (c)

미국 독립전쟁으로도 알려져 있는 미국 혁명전쟁은 대영제국과 북미 대륙의 13개 식민주들 사이의 내전으로 시작되었다. 혁명군들과 동맹을 맺은 외국 국가들은 후에 영국에 대한 전쟁을 선언하였고 그 전쟁은 국제적인 분쟁이 되었다. 그 전쟁은 정치적인 미국 혁명의 정점이었으며 그것에 의하여 식민지 이주자들은

영국의 통치를 뒤엎었다. 전쟁 내내, 영국은 해안 도시들을 포위하고 점령하기 위해 자신 해군력의 우월성을 이용할 수 있었지만, 상대적으로 자신들의 작은 규모의 육지군 때문에 _____ _____. 영국 전체 군대의 굴복을 낳은 사라토가에서 거둔 미국의 승리 직후인 1778년 초에 프랑스는 그 새로운 국가와 동맹 조약에 서명을 하였고, 그 해 여름 영국에 대해 전쟁을 선언하였다.
(a) 몇몇 해안 도시들은 영국에 강하게 저항했다.
(b) 영국군은 극심한 자연 재해로 고통 받았다.
(c) 내륙에 대한 점령은 대부분 실패했다.
(d) 영국군은 프랑스와 특별한 유대감을 가졌다.

⟶ 앞 부분에서는 영국이 해군의 우위를 가지고 해안 도시를 점령하는 것은 매우 수월했지만 역접의 의미인 but이 나오므로 뒤에는 그와 반대의 내용이 연결되어야 한다. Due to 이하에 상대적으로 작은 육지군 때문이라는 이유가 나오므로 해안과는 반대로 내륙에 대한 점령에는 실패했거나 어려웠다는 내용이 들어가야 함을 알 수 있다. 따라서 정답은 (c)이다.

tip! 연결어 단서는 but, due to their relatively small land army이다.

- -

independence 독립 colony 식민지 ally 동맹하다 declare 선언하다 conflict 충돌하다 culmination 최고점, 정상 whereby 무엇에 의하여, ~하는 바의 overthrow 뒤엎다, 끌어내리다 superiority 우월 result in ~을 결과하다, 낳다 surrender 항복하다 treaty 조약 coastal 근해의 resist ~에 저항하다 suffer from 고통 받다, (병) ~을 앓다 severe 극심한, 가혹한 elude 잘 피하다, 교묘하게 벗어나다

3. (b)

_____. 지난 50년 동안에, 어린이 성비는 1950년대 여아 100명당 남아 102명에서 오늘날 남아 108명으로 증가해 왔다. 더 높은 성비는 도시 지역에서 111명으로 관찰되었고, 인도에서 더 부유한 주인 Punjab과 Haryana에서는 각각 126명과 122명으로 관찰되었다. 더욱이 어린이 성비는 인도의 주요 종교 집단 사이에서도 상당히 다양해서, 시크교는 여아 100명당 남아 127명으로 높은 성비를, 기독교는 104로 낮은 성비를 나타낸다. 성감별 낙태는 인도에서 이러한 상황들을 낳고 있다.
(a) 성감별 낙태는 경제적 안정을 위해 금지 되어야만 한다.
(b) 성감별 낙태의 풍습은 인도에서 명백하다.
(c) 소년들은 수학에서 소녀들보다 더 자신감을 가지는 경향이 있다.
(d) 도시 지역들은 심각한 성적 불평등을 가진다.

⟶ 인도에서 벌어지고 있는 성감별 낙태에 대한 내용이다. 수치들을 보면 여아보다 남아가 더 많이 나타남을 알 수 있고, 인도의 지역별, 종교 집단별로 성비의 불균형이 나타난다는 내용이 본문에 전개 된다. 그리고 마지막의 재 진술하는 문장 Sex-selection abortion has lead to this situation in India.을 통해서도 정답을 유추할 수 있다. 정답은 (b)이다.

tip! 빈칸의 위치가 맨 앞인 경우는 주제문이 들어가는 경우가 많다.

- -

decade 10년간 urban 도시의 respectively 각각 moreover 더욱이, 게다가 vary 다양하다 considerably 상당히, 꽤 abortion 낙태 ban 금지하다 stable 안정된 evident 분명한 inequality 불평등

4. (c)

비록 교육적 평등은 아직 완전히 이루어지지 않았지만, 동등한 권리와 동등한 교육에 대한 추구는 오랜 기간 아메리칸 드림의 한 부분이 되어 왔다. _____. 브라운 대 토페카 교육부 사건은 인종적 소수자들을 위한 동등한 권리에 대한 관심의 시대를 열었다. 이 획기적인 사건은 시민 권리와 소수 계층의 아동 교육에 있어 전환점이 되었는데, 이는 학교가 인종에 의해 차별할 수 없음을 명령했기 때문이다. 시민권리법이 1964년에 시행되었으나, 인종적, 민족적 집단은 그들이 동등한 기회와 동등한 교육을 실현하기 위한 시도를 할 때마다 도전들에 직면해야 했다.
(a) 교육적 평등은 많은 장애물들을 직면해 왔다.
(b) 몇몇 활동가들은 이러한 운동에 부정적으로 반응했다.
(c) 교육에 대한 평등한 기회들이 개선되었다.
(d) 평등 교육에 대한 관심은 사라졌다.

⟶ Brown v. Board of Education Topeka ushered in an era of concern for equal rights for racial minorities. 평등한 교육에 대한 추구가 뒤에 나오는 브라운 대 토페카 교육부 사건을 통해 본격적으로 시작되었다는 내용이 소개되고 있다. 교육에 대한 평등한 권리가 점차 확보되고 있다는 내용이 뒤에 나오므로 긍정적인 내용이 빈칸에 들어가야 한다. 정답은 (c).

tip! 양보절이 나온 경우는 항상 주절 부분에 말하고 싶은 내용이 제시된다.

- -

equity 공평 achieve 이루다, 성취하다 seek 추구하다, 찾다 usher 선구가 되다, 안내를 맡다 era 시대, 기원 landmark 획기적인 사건, 경계표 turning point 전환점, 분기 segregate 차별하다, 분리하다 ethnic 인종의, 민족의 obstacle 장애 diminish 줄이다

5. (c)

미국의 모든 남성과 여성, 아이들을 매 10년 말에 계수하는 것은, _____ 중 하나이다. 계수를 용이하게 하기 위해, 최근 쿠바의 인구 조사에서 성공적으로 시도되었고 이제 인구동향에서 사용하는 인구조사국의 기계 전문가인 제임스 파워스 씨에 의해 개발된 기계가 이 13번째 인구 조사에서 사용될 것이다. 인구 조사를 산출하기 위한 기계적 방법은 두 가지 기계를 필요로 한다. 그러나 이 시스템의 요지는 집집마다 다니는 조사원들에 의해 수집된 데이터를 포함하고 있는 천공 카드이다.
(a) 역사 전반을 걸쳐 일어난 하나의 공통된 행동
(b) 높은 수준의 팀웍을 수반하는 위험한 일
(c) 정부가 지고 있는 가장 큰 임무들
(d) 오직 인구동향과의 전문가들에 의해 사용

○ to부정사는 보통 저자의 의도, 목적이 노출되는 부분이다. 이 글 역시 빈칸 뒤에 to facilitate counting을 통해서 계수를 용이하게 하기 위해서라는 부분을 통해 인구수를 세는 것이 쉽지 않다는 것을 알 수 있다. 그리고 뒤 부분에는 이 일이 쉽지 않다는 것을 보여주고 있다. 정답은 (c)이다.

----

facilitate 용이하게 하다 invent 발명하다 census 인구 조사 statistics 통계 keynote 원리 원칙, 요지 enumerator 조사원, 계수원 undertaking 임무, 사업 assume 가정하다, 떠맡다

6. (b)

사회가 현재 시류의 움직임에 편승할 때는, 좋은 명분을 위해서일 때조차도, _____. 곡물 기반의 바이오 연료의 의도하지 않은 결과는 특히 이 나라의 초원 지대 서식지를 원하는 새들의 야생 서식지의 손실일지도 모른다. 조셉과 그의 동료들은 초원 지대가 옥수수 밭으로 급속히 바뀌고 있는 야생 환경의 영향을 분석했다. 그들은 에탄올 생산을 위해 초원이 옥수수 밭으로 전환되는 현상이 지속되는 것은 그들의 서식지가 변형되고 있는 야생동물에 대해 매우 실제적인 위협을 일으키고 있다고 결론 내렸다.
(a) 예상하지 못한 긍정적인 결과들이 있을 수도 있다.
(b) 의도되지 않은 결과들이 발생할 수도 있다.
(c) 개인적인 목적 때문에 좋은 명분이 나쁜 명분으로 변할 수 있다.
(d) 바이오 연료는 해로운 부작용이 없이 화석연료를 대체할 것이다.

○ 지시어 단서 the unintended consequences를 통해서 빈칸에 이 부분에 대한 언급이 있어야 한다는 것을 알 수 있다. 따라서 (b)의 '의도되지 않은 결과들'을 통해서 정답이 (b)임을 알 수 있다.

tip! 빈칸 전후에 지시어나 연결어가 있다면 반드시 그들을 중심으로 해결하자!

----

jump on a bandwagon 시류에 편승하다 bandwagon 시류를 탄 움직임, 인기 있는 쪽 biofuel 생물 연료 wildlife 야생생물 habitat 서식지 grassland 목초지 impact 영향, 충돌 burgeon 싹트다, 갑자기 성장하다 conclude 결론짓다 ongoing 진행하는 conversion 전환 threat 위협 fuel 야기하다, 연료를 보급하다 outcome 결과 unintended 의도하지 않은, 계획하지 않은 consequence 결과 fossil 화석, 화석의

7. (d)

지난 42년간 해온 대로 헤큰버그는 2006년 가을 그의 가족과 그의 벌들과 함께 그들이 있던 펜실베니아 중부의 여름 집에서 플로리다 중부에 있는 그들의 겨울 장소로 이주하였다. 그 벌들은 만개한 펜실베니아산 호박밭에서 막 수분의 의무를 마쳤다. 헤큰버그가 그의 벌들을 확인했을 때, 벌집들은 벌들로 '끓어 넘치고' 있었다. 그러나 그가 한 달 뒤에 돌아왔을 때 그는 매우 놀랐다. 3,000개의 벌 통 중 절반에서 완전히 벌들이 없이 비어

있었다. _____. 그리고 오직 어린 일벌들과 여왕벌만이 남아 있었다. 그러나 죽은 벌은 하나도 보이지 않았다.
(a) 모든 벌집은 하나의 벌도 없이 남아 있었다.
(b) 많은 벌들이 식량을 찾은 잠자리에 의해 죽었다.
(c) 벌들은 그들과 비슷한 특징을 갖고 있는 짝과 짝짓기 하는 경향이 있다.
(d) 남아 있는 벌집 중 많은 벌집이 많은 수의 벌들을 잃어 버렸다.

○ 여기서 shocked는 주관적인 단어이므로 중요하다. 따라서 빈칸 뒤에는 왜 그가 놀랐는지에 대한 이유가 나올 수밖에 없다. 빈칸 뒤에 보면 유일하게 어린 벌들과 여왕벌이 남아 있었다는 사실과 마지막 문장을 통해서 벌들 대부분이 사라졌다는 사실이 그를 놀라게 했다는 것을 알 수 있다. 따라서 정답은 (d)이다.

tip! 독해할 때 주관성이 드러나는 단어들은 should, have to, personally, too bad, unfortunately 같은것들과 change, new, depend on, not only ~ but also 등이다. 이것들은 대부분 키워드이기도 하며 앞으로 전개되는 내용을 예측 가능하게 하므로 정확하고 신속한 독해에 매우 중요한 부분임을 잊지 말자!

----

migrate 이주하다 locale 장소, 현장 pollination 수분 blooming 활짝 꽃핀 pumpkin 호박 pollinator 꽃가루 매개자 colony 군락, 군체 boil over 끓어 넘치다 hive 꿀벌통 devoid of ~ ~가 빠진, 없는 in sight 보이는, 가까운 dragonfly 잠자리 mate 배우자; 교미하다

8. (c)

그 재앙 후 수십 년 동안 _____. 그 '가라앉지 않는' 배, 그 당시 가장 크고 가장 화려한 원양 여객선은 1912년 그 처녀항해 시 빙산과 충돌했을 때 2200명의 승객 중 1500명 이상을 바다 밑으로 데려갔다. 배가 북대서양으로 미끄러져 들어갔을 때, 어떻게 왜 그것이 가라앉았는가의 비밀도 사라졌다. 그 재난 직후에 수행된 두 개의 정부 조사들은 타이타닉을 침몰하게 만든 것은 배 자체의 어떤 결함도 아닌 빙산 자체라는 데 동의했다. 두 조사 모두 어떤 의문도 없이 배가 바다 밑으로 손상되지 않은 상태로 침몰되었다고 결론 내렸다. 그러나 외형상 파괴될 수 없는 그 배를 무엇이 가라앉힐 수 있었는가에 대한 남아 있는 의문들은 결코 완전히 사라지지 않았다.
(a) 왜 타이타닉 호가 가라앉았는가에 대한 이유를 밝히기 위한 많은 노력이 있어 왔다.
(b) 많은 조사관들이 세계 곳곳에서 그 이유를 설명하려고 해 왔다.
(c) 무엇이 타이타닉 호를 침몰시켰는가에 대한 의심이 거의 없었다.
(d) 훨씬 더 강력한 금지들이 유사한 재앙을 막기 위해 만들어져 왔다.

○ 본문에 강조 구문이 사용되면 그 부분은 무조건 중요한 부분이다. 예를 들어 important, the most, the first, 비교급 강조어구 (much, even, still, far), 도치 구문 등이 주로 사용된다. 이 글 역시 so did the secret of how and why it sank라는 긍정적

동의 도치 구문과 without any questions를 통해서 이 부분의 중요성을 알 수 있다. 따라서 빈칸의 내용은 이 중심 내용을 담고 있어야 하므로 정답은 (c)이다.

disaster 재해 unsinkable 가라앉지 않는 luxurious 화려한, 사치스러운 liner 여객선, 정기선 crash into ~에 들이박다 iceberg 빙산 maiden 처녀의 voyage 항해 slip 미끄러지다, 사라지다 sink 가라앉다 investigation 조사 conduct 수행하다 intact 손상되지 않은, 완전한 lingering 꾸물거리는 indestructible 불멸의, 파괴할 수 없는

9. (a)

450년 전 오늘, 25살의 나이로 적에게 둘러 쌓인 채 영국의 엘리자베스 1세 여왕은 권좌에 올랐다. 정치에서부터 종교에 이르기까지 _____. 영국의 개신교회를 재확립했던 것이 바로 엘리자베스 여왕의 손이었으며, 많은 변화를 만들어내면서 시와 연극, 회화, 그리고 음악이 융성했던 '황금시대' 또한 엘리자베스 시대였다. 그녀의 통치는 또한 영국을 넘어선 먼 지역까지 영향을 주었다. 그녀는 확장을 장려했고, 북미에 첫 번째 영국의 식민지를 건설하는 것과 그와 더불어 결국 인도를 식민지화한 주식회사인 영국 동인도 회사의 건립을 허락하였다. 이 위대한 역사적 인물을 좀 더 이해하기 위해 많은 소설과 역사교과서들이 수많은 학자들에 의해 만들어져 왔다.
(a) 세계는 결코 예전 같지 않았다.
(b) 엘리자베스 1세 여왕에 적대적인 다양한 반응이 발생했다.
(c) 그녀의 통치 동안 많은 진보와 쇠퇴가 공존했다.
(d) 주변 국가들이 엘리자베스 1세 여왕의 지배에 대항했다.

◎ 빈칸에는 정치에서 예술 그리고 종교에 이르기까지 무슨 일이 있었는지가 들어가야 한다. 빈칸 뒤에서 이러한 분야에 대한 설명이 바로 단서가 된다. 뒤에 보면 종교가 재확립 되고(re-establish), 예술이 발전하며(flourish), 영토가 확장되는 (expansion) 등의 다양한 변화 즉 발전이 언급되고 있으므로 이들 모두를 포괄하는 것이 (a)가 정답이 된다.

ascend 오르다 throne 왕좌, 왕위 re-establish 재건하다 poetry 시 flourish 번창하다, 무성하게 자라다 protestant 개신교의, 프로테스탄트의 reign 통치 기간, 지배 influence 영향, 영향력 encourage 용기를 북돋우다, 장려하다 permit 허락하다, 허가하다 colonize 식민지를 만들다 joint-stock company 주식회사, 합자회사 coexist ~와 공존하다, 동시에 존재하다 decline 거절하다, 기울다 predominance 우세, 우월 figure (중요한) 인물

10. (c)

이집트와 에티오피아의 국가 형성 과정은 _____ 지역에서 발생했다. 고대 이집트인은 동쪽 사하라 지방을 질러가는 나일강에 의해 형성된 긴 오아시스인 나일강 유역 하류에 위치하고 있었다. 고대 이집트에서 나일강은 중앙 집권적 통제와 의사소통을 매우 용이하게 했고, 이에 비하여 북쪽 에티오피아의 산지 지대는 이러한 것들을 가로막았다. 이집트에서의 농경은 여름 홍수 이후 홍수로 인해 생긴 평지에 매년 작물을 뿌리는 거대

한 강 유역에서 이루어졌다. 휴경을 위한 기간은 필요 없었고 홍수로 인해 생긴 평지의 비옥한 실트는 매년 다시 보충되었다.
(a) 가혹한 기후 조건이 있는
(b) 같은 자연 환경을 갖춘
(c) 다른 환경 조건들을 가지고 있는
(d) 고도의 농경 기술을 이용하는

◎ 지문이 쉬운 글들의 특징은 선택지를 어렵게 만드는 것이다. 이 문제 역시 (a)가 정답처럼 보이지만 오답이다. 그 이유는 혹독한 기후 여건들이 답이라면 빈칸 뒤에 혹독한 기후 여건들에 대한 언급이 있어야 되기 때문이다. 뒤에는 서로 다른 자연환경이 나오기 때문에 정답은 (c)이다.

tip! 지문이 두 가지의 공통점 또는 차이점을 기술하는 글이면 비교적 평이한 문제이다. 따라서 반드시 맞출 수 있다는 자세로 접근하는 것이 필요하다. 이런 글의 특징은 주로 whereas, while, two types, two ways 등이 제시되는 부분에 단서들이 있다.

formation 형성 cutt across 질러가다 facilitate 수월하게 하다, 촉진시키다 whereas ~에 반하여 terrain 지세, 지형 hinder 훼방시키다, 지연시키다 agriculture 농경, 농업 sow 뿌리다 inundation 범람, 홍수 fertile 기름진, 비옥한 fallow 휴경된, 개간하지 않은 silt 실트, 미사 floodplain 범람원 replenish 가득 채우다, 보충하다

11. (c)

아리스토텔레스의 관점에서 지식의 궁극적 근원은 인식이다. 아리스토텔레스는 _____였다. 첫 번째로 그는 관념 혹은 개념들은 모두 궁극적으로 인식에서부터 기인한다고 주장했다. 그리고 그러한 이유에서 만약 우리가 어떤 것을 인식하지 못했다면, 우리는 어떤 것을 배우거나 이해할 수 없으므로, 어떤 것을 생각할때는 언제나, 동시에 생각을 해야만 한다. 두 번째로 그는 모든 과학이나 지식은 궁극적으로 지각 있는 관찰에 궁극적으로 근거하고 있다고 생각했다. 이것은 아마 거의 놀라운 것이 아니다. 생물학자로서 아리스토텔레스의 주요한 연구 도구는 감각에 의한 인식이었다. 아리스토텔레스의 주요 연구 재료는 보통의 인식 가능한 물체들이었다.
(a) 아주 철저한 해체적 분석을 하는 경제학자
(b) 두 가지 의미에서 가장 위대한 철학자 중 하나
(c) 두 가지 의미에서 철저한 경험론자
(d) 그의 동시대인들로부터 심한 비판에 직면했다.

◎ 빈칸 뒤의 first, secondly를 통해서 아리스토텔레스의 두 가지 관점이 언급되어 있다. 이 두 가지를 포괄하는 내용이 빈칸의 정답이 되어야 한다. 즉 아리스토텔레스가 두 가지 측면에서 경험론자라고 설명하고 있는 글이다. 첫 번째 모든 이해는 직접 인식하지 않고서는 알 수 없기 때문이다. 두 번째는 지각 있는 관찰에 모든 과학과 지식이 근거하고 있으므로 관찰이라는 경험을 통해서만 인식이 이루어지기 때문에 그가 두 가지 측면에서 철저한 경험론자라는 설명이 들어가야 한다. 따라서 정답은 (c).

ultimate 최후의 perception 지각, 인식 notion 개념, 관념 derive from ~에서 유래하다 perceptual 지각력 있는 perceive 지각하다,

이해하다 ground 근거를 두다 perceptual 지각의, 지각이 있는 observation 관찰 substance 물질, 본질 perceptible 지각할 수 있는 thorough 철저한, 완전한 deconstructive 해제적인, 탈구축적인 thoroughgoing 철두철미한, 전적인 empiricist 경험주의자 contemporary 현대의

12. (d)

대표님께,
귀하의 부동산 중개소와 함께 일을 처리하게 된 것은 저에게는 대단한 기쁨이었습니다. 2주 전 당신의 웹사이트에 제 원룸을 올려놓자마자, _____. 그 공간에 적합한 임차인을 찾는 데 단지 2일이 걸렸습니다. 당신의 헌신적인 직원들은 저의 요구 사항을 충족시키기 위해 최선을 다했습니다. 그것에 대해 내가 얼마나 행복했는지 모릅니다. Searcch.com은 제 요구들을 충족시킨 유일한 곳이며 만약 제가 다시 새로운 임차인을 구할 필요가 있다면 당신 회사에 연락할 것을 약속합니다. 정말로 감사합니다!
(a) 저는 당신에게 지체 없이 바로 연락할 것을 약속했습니다.
(b) 저는 그 스튜디오를 훨씬 더 낮은 가격에 구입했습니다.
(c) 저에게 장난 전화가 넘쳐났습니다.
(d) 저에게 전화 문의가 쇄도했습니다.

◎ 편지의 저자는 상대방의 부동산 중개 사이트를 통해 자신의 스튜디오를 광고하였는데 매우 신속하게(took only two days) 자신의 요구를 모두 충족한 것에 대해 감사해 하고 있다. 뒤 문장에서 적합한 임차인을 찾는 데 2일이 걸렸을 뿐이라고 하였으므로, 웹사이트에 올리자마자 전화 문의가 쇄도하였음을 알 수 있다. 따라서 정답은 (d)이다.

─────────────────────────────

real estate 부동산 studio 원룸 tenant 임차인 suitable 적당한, 적절한 eager 열망하는 fulfill 이행하다, 실행하다 personnel 직원, 인사과 requirement 요구 get a hold of ~와 연락이 되다 reach 연락하다 be deluged with(=be flooded with) ~이 쇄도하다

13. (c)

_____은 성 평등을 성취하고 여성의 권한 부여에 있어 주요한 것이며 또한 평등하고 유지 가능한 경제 성장과 개발을 위해서도 주요한 것이다. 경제적 자원은 자산, 즉 생산 설비와 기술, 가축과 같은 움직일 수 있는 자산뿐만 아니라 토지와 집, 그리고 사회 기반 시설을 포함하는 '움직일 수 없는' 자산 같은 직접 생산 요소를 말한다. 금융 자원은 자본 기반 자원들을 말하는데, 수입, 신용, 저축 뿐만 아니라 정부 지출, 개인 금융 흐름과 공식적 개발 지원 등을 포함하며 또한 경제적, 금융적 자원 모두 가계 살림 유지와 노동 시장, 그리고 더 넓은 경제 영역에서 여성의 경제적 역할에 있어 중요한 함축적 의미를 가지고 있다.
(a) 교육과 취업 기회에 대한 여성의 동등한 접근
(b) 더 나은 사회적 위치를 위한 여성의 정치적 권리
(c) 경제적 재원과 금융적 재원에 대한 여성의 동등한 접근
(d) 경제적 재원에 대한 전통적 여성들의 장애물

◎ 성 평등을 이루는 데 있어서 중요한 것이 바로 빈칸에 들어갈 내용이다. 뒤 문장들의 구조를 보면 economic resources ~, financial resources 이렇게 두 가지가 언급된 것을 알 수 있다. 그리고 마지막 부분에서 이러한 경제 금융적 자원이 여성의 경제적 지위와 관련한 중요한 역할을 하고 있다는 내용이 소개되고 있다. 그러므로 남녀평등과 평등하고 지속 가능한 경제 성장과 개발을 위해서 여성의 경제 금융 자원에 대한 동등한 접근이 필수적이라는 내용이 들어가야 가장 적합하다. 정답은 (c).

tip! 본문 속에 important, significant와 같이 중요하다는 것은 본문의 내용의 이해를 위해서도 중요한 부분이기에 반드시 체크를 해야 되는 부분이다.

─────────────────────────────

critical 결정적인, 중요한 equality 평등 empowerment 권한 부여 equitable 공정한 sustainable 지속 가능한, 유지 가능한 asset 자산, 재산 infrastructure 경제 기반, 기본 조직 moveable 움직일 수 있는 livestock 가축 류 refer to ~대해 언급하다 implication 함축 sustain 유지하다, 부양하다 household 가족 livelihood 생계 obstacle 장애

14. (b)

최근 연구는 _____고 말했다. 유방암과 운동에 대한 62개의 연구들을 정밀히 조사하여 연구자들은 가장 신체적으로 활동적인 여성은 그 병에 대해 가장 낮은 위험을 가진다는 것을 알아냈다. 염증, 인슐린 저항과 특정한 성호르몬에 대해 운동의 효능들은 모두 유방암 예방에 역할을 한다. 모든 유형의 암을 예방하기 위해서 성인은 산책, 요가, 잔디 깎기나 댄스 같은 보통의 운동을 하루에 30분씩 하는 것을 목표로 해야 한다. 더 건강해질 때 하루에 60분으로 일정을 늘리거나 조깅, 빠른 사이클링, 수영 같은 강한 운동을 30분 하는 것으로 바꾸면 된다. 운동의 수위를 올리는 것은 실제로 유방암의 위험을 감소시킬지도 모르나, 텔레비전 시청과 같은 늘 앉아 있는 행동을 줄이는 것이 또한 중요하다.
(a) 더 나이든 여성들이 유방암에 걸리기 쉽다
(b) 운동하는 여성들은 유방암에 덜 걸릴 것이다
(c) 앉아 있는 행동은 염증의 원인이 될 수도 있다
(d) 건강을 유지하는 것은 특정 암들을 예방하는 최고의 방법이다

◎ 빈칸에 들어갈 내용은 최근의 리서치 검토의 결과가 들어가야 한다는 것을 알 수 있다. 운동의 여러 효능이 염증, 인슐린 저항성과 특정 성호르몬에 대해 역할을 하여 유방암을 예방한다는 내용이 나오면서 어떤 종류의 운동을 하루에 얼마나 해야 효과적인지 소개되고 있다. 그러므로 최근 연구에서 운동하는 여성이 유방암에 더 적게 걸린다는 내용이 나와야 문맥상 자연스럽다. 따라서 정답은 (b)이다.

tip! research, survey, study, experiment 등이 나오면 이들의 연구 결과는 반드시 확인하자! 특히 show, reveal, tell, found, shed light on, suggest 등의 동사 다음에 연구 결과와 시사점이 제시 된다.

─────────────────────────────

sift 정밀히 조사하다 breast cancer 유방암 inflammation 염증, 점화 insulin resistance 인슐린 저항성 play a role in 역할을 하다

moderate 적당한 lawn-mowing 잔디 깎기 bump up 인상하다, 늘리다 vigorous 격렬한, 원기 왕성한 indeed 실로, 참으로 cut back 줄이다 sedentary 늘 앉아만 있는, 앉은 자세의 prone to ~의 경향이 있는 work out 운동하다 attributable ~에 돌릴 수 있는

15. (d)

주로 화석 연료에 의해 야기되는 온실 가스 배출은 기후 변화의 주요 몰이꾼이다. 국제사회는 수십만의 인명에 대한 돌이킬 수 없는 어쩌면 대재앙적인 변화를 피하기 위해 지구 온실 가스 배출이 2050년까지 1990년에 비해 절반이 되어야 할 필요가 있음에 동의하였다. 이러한 영향들은 위기에 처한 물과 식량 안전을 포함하며 전체인구를 위협하는 광범위하게 녹는 빙하와 해수면의 급격한 상승을 포함한다. _____, 많은 정부들은 화석 연료의 사용에 대한 지원을 지속하고 있다.
(a) 게다가
(b) 예를 들면
(c) 그러므로
(d) 그럼에도 불구하고

◎ 빈칸 앞 내용은 온실 가스의 배출이 절반으로 줄어들 필요가 있다는 내용이고, 뒤에는 많은 정부들이 여전히 화석 연료의 사용을 후원하고 있다는 내용이므로 정답은 그럼에도 불구하고의 뜻인 (d)이다.

tip! 연결어 문제는 빈칸의 앞뒤의 내용을 간단화시키는 것이 관건이다!

- -

emission 배출, 방출 fossil fuel 화석연료 halve 반감하다, 절반씩 가르다 avoid 피하다 relative to ~에 비례하여 irreversible 돌이킬 수 없는 catastrophic 비극적인, 파멸의 impact 영향, 효과, 충돌 endangered 멸종 위기에 처한 glacier 빙하 threaten 위협하다 subsidize 보조금을 지불하다 for instance 예를 들어

16. (d)

최근 몇 년간 국제 원유가의 급격한 증가 때문에 그것을 보충하기 위해 재정적 원조가 사회적인 이유들로 인해 증대되고 있다. _____ 이러한 보조금 지급은 종종 그것들이 의도했던 바를 달성하지 못한다. 보조금 지급은 정부 예산을 많이 고갈시키고 국내 시장과 국제 시장을 왜곡하기 때문에 경제적 관점에서 볼 때 매우 비싸다. 반면 더 깨끗하고 효율적인 기술에 대한 촉진과 현대적 형태의 에너지에 대한 저소득 가정의 접근을 증진시키는 것을 목적으로 한다면, 에너지 보조금은 효과적일 수 있다.
(a) 그러므로
(b) 더욱이
(c) 동시에
(d) 그러나

◎ 첫 문장에는 국제 원유가 상승으로 그것을 벌충하기 위한 국가의 재정적 원조가 증대되고 있다는 내용이 나온다. 그러나 바로

빈칸 뒤의 문장은 이런 보조금 지급이 의도했던 바를 달성하지 못한다는 반대의 내용으로 이어지기 때문에 역접 접속사 (d) however가 정답이 되어야 한다.

- -

intensify 증대시키다, 격렬해지다 compensate 보상하다, 메우다 steep 급격한 subsidy 보조금 costly 값이 비싼, 손해가 많은 drain 유출, 소모 budget 예산 distort 왜곡하다, 뒤틀다 beneficial 유익한, 이로운 aim at ~을 겨냥하다

17. (d)

공격들을 예방하는 데 한 가지 방해는 교육이 중립적이지 않다는 갈등 관계에 있는 당사자들에 의한 인식이다. 전문가들은 어떻게 교육이 긴장과 갈등에 있어 원인이 될 수 있는지 알아볼 수 있으려면 대해 훨씬 더 큰 관심이 기울여져야 한다는 데 동의하고 있다. 어떤 경우들은 이런 이슈들에 대한 타협들은 더 넓은 긴장들을 완화시킬 수 있다. 긴급 개입은 이미 어떻게 교육이 갈등 후 상황을 안정화시키는 데 기여할 수 있는가를 보여 주었다. 갈등이 영향을 미치고 있는 국가들에서의 당면한 도전 과제는 학습자 친화적이고, 포용력이 있으면서 정치적 간섭이 없는 학교와 대학들을 만드는 것이다. 그때 학교는 안전한 성역 또는 평화 지대가 될 수 있다.
Q. 위에서 언급한 이 글의 주제는 무엇인가?
(a) 모든 학생은 양질의 교육에 동등한 접근성을 가져야 한다.
(b) 정치적 파벌들이 안정화 과정을 방해하는 경향이 있다.
(c) 정부의 개입이 오직 남겨진 선택 사항이다.
(d) 단지 교육이 갈등 후 상황에서 안정화를 위한 중요한 요인이다.

◎ Experts agree that far greater attention should be paid to recognizing how education can be a factor in tension and conflict.를 통해서 긴장과 갈등에 있어서 교육이 중요한 요소라고 강조하고 뒤에서 have already shown how education can aid stabilization in post-conflict situations를 통해 그에 대한 실제 사례를 보여 주는 글의 구조이다. 따라서 정답은 이 부분을 반드시 포함해야 하는 (d)이다.

tip! main idea 문제는 반드시 지문이 전달 또는 주장하고자 하는 내용이 있는 글에 사용되는 문제 유형이다. 따라서 항상 should, have to, must 등의 주관적인 부분이 노출되면 반드시 체크하자!

- -

obstacle 장애 perception 지각 party 관계자 conflict 투쟁, 충돌 neutral 중립의 attention 주의, 관심 tension 긴장 compromise 타협, 절충안 intervention 조정, 중재 aid 돕다 stabilization 안정 inclusive 포용적인, 포함하여 interference 간섭, 방해 sanctuary 신성한 장소, 안식처

18. (c)

공적으로 기금이 조성된 현대 예술 기관들과 상업적인 분야 사이에 밀접한 관계가 있다. 예를 들어, 영국에서는 소수의 거래자들이 공적으로 기금이 조성된 주요한 예술 박물관들에 전시된 예술

가들을 대표한다. 개인수집가들이 상당한 영향을 미칠 수 있다. 예술 기관들은 현대 예술로 지정되는 것을 규제했다는 이유로 비판을 받아 왔다. 예를 들어 아웃사이더 아트는 현재 생산된다는 점에서 문자 그대로 현대 예술이다. 그러나 예술가들은 혼자 배웠고 예술의 역사적인 맥락에서 벗어나서 예술을 행하기 때문에 그렇게 여겨지지 않는다. 직물 디자인 같은 수공예 활동들은 전시에 많은 관객이 뒷받침되는 데도 불구하고 현대 예술에서 제외된다.

Q. 이 글의 주제는 무엇인가?

(a) 현대 세계에서 현대 예술에 대한 기금 지원에 대한 필요가 있어 왔다.

(b) 현대 예술 기관들은 반드시 투명해야 하며, 대중에 의해 지지되어야 한다.

(c) 기금으로 조성된 현대 예술 기관들과 상업적 분야들은 긴밀한 관련을 가져왔다.

(d) 개인 예술가들에 영향을 행사하는 것은 예술의 창작성에 부정적 영향을 미친다.

⬇️ 첫 번째 문장이 곧 주제문으로서 공적 기금으로 조성된 현대 예술과 상업적 분야가 밀접한 관련을 갖고 있다는 것이 주요 내용이다. 특히 예술 기관들에 의한 현대 예술에 대한 정의가 통제되고 있으며 그 예로 outsider art가 나오고 있다. 그러므로 이 글의 중요 내용은 현대 예술과 상업적 분야의 긴밀한 관계인 (c)가 정답이다.

tip! 이 문제는 중심 내용이 무엇이냐를 묻는 문제이다. 이러한 문제 유형 역시 주제문을 찾는 것이 시간 절약의 핵심이다. 이 글의 경우 There are close relationship ~ 라는 주제문이 나오고 뒤이어 예를 들어 설명하고 있는 구조이다.

sector 분야 contemporary 일시적인, 현대의 handful 소량, 소수 wield 휘두르다, 지배하다 considerable 상당한 institution 기관 literally 글자 그대로 assume 가정하다, 떠맡다 context 문맥, 맥락 craft 기능, 수작업 textile 직물 exclude 배제하다 realm 범위, 영역 exhibition 전시회 transparent 투명한

19. (c)

미국 대학생 사이의 최근 마리화나 유행이 1993년과 1999년 사이 12.9퍼센트에서 15.7퍼센트까지 상승했다. 비율은 1999년 더 이상 증가하지 않았지만, 가장 높았던 1997년의 비율을 유지하였다. 이러한 조사 결과는 중학교와 고등학교 학생들에 대한 연구의 다른 곳에서 보고된 것들과 연관이 있다. 이것은 젊은이들 사이의 불법적인 마약 사용에 대한 예방과 치료책과 함께 관련자들에게 걱정거리가 되어야 한다. 비록 마약 사용 비율이 지난 10년 후반에는 안정화되었지만, 어떤 확연한 감소 추세도 아직 관찰되지 않고 있다. 불법 마약 사용에 대한 예방 노력들이 행해져야만 한다.

Q. 이 글의 주제는 무엇인가?

(a) 불법 마약 사용의 수준은 더 이상 심각하지 않다.

(b) 마약 남용을 다루기 위한 포괄적인 연구가 필요하다.

(c) 젊은이들 사이의 불법 마약 사용을 다루는 데 대해 특별한 주의가 있어야 한다.

(d) 마리화나 사용에 있어 주목할 만한 감소는 어린 학생들에게는 좋은 소식이다.

⬇️ 요약하면, 미국의 대학생뿐만 아니라 중고등 학생들에게서도 마리화나의 사용이 전반적으로 퍼져 있고 1999년 이후 더 이상 상승하지는 않지만, 1997년도에 기록한 최고치에서 특별히 주목할 만한 감소 추세도 없으므로 그에 대한 각별한 관심이 필요하다는 것과 포괄적인 예방책이 필요하다는 내용이 주요 내용이다. 따라서 정답은 (c)이다.

tip! main point 유형의 문제는 본문이 전달하고자 하는 또는 주장하고자 하는 바를 물어 보는 문제이므로 당위(-해야만 한다)의 조동사 should, must, have to, need to와 주관적인 단어들 unfortunately, in my view, personally, too bad, great value, good을 체크하면서 독해를 진행하면 쉽게 해결할 수 있다. 바로 그러한 부분이 주제문이 되기 때문이다. 이 문제 역시 지문의 This should be a source of concern ~과 Prevention efforts aimed at illicit drug use should be ~을 통해서 중심 내용을 파악할 수 있다.

prevalence 보급, 유행 marijuana 마리화나 further 그 이상으로, 더 나아가서 in line with ~와 일맥상통하는 elsewhere 어떤 딴 곳에 stabilize 안정시키다 observe 관찰하다, 알다 illicit 불법의, 금기의 step up 점점 오르다, 향상하다 comprehensive 포괄적인, 이해력 있는 drug abuse 약물 남용 illegal 불법의 noticeable 눈에 띄는

20. (b)

관상동맥 심장 질환의 위험이 급격하게 떨어진 노인들에게 더 낙관적인 전망이 있다. 그 연구는 심장 마비 발생의 사례를 설명하는 낙관적 방법 대 비관적 방법의 효과를 실험하였다. 가장 높은 수준의 낙관주의를 가진 연구 참여자들이 비관적인 연구 참여자들과 비교했을 때 연구의 과정 동안 치명적인 심장 마비의 경우가 절반도 안 되는 수를 차지했다. 연구하는 10년 동안 1,306명의 참가자들 중 162명이 CHD로 발전되었다. 그 중 34건의 사례는 낙관주의자 이었고, 77건은 비관주의자들이었다. 나머지 51건은 특별히 낙관적이지도 비관적이지도 않은 설명용 유형으로 분류된 참가들이었다.

Q. 위에서 언급한 연구의 주제는 무엇인가?

(a) 노인들은 그들의 비관적인 태도 때문에 심장 질환을 겪는 경향이 있다.

(b) 노인들에게 있어서 삶에 대한 태도들은 심장 질환의 높은 발병과 연관이 있다.

(c) 이 연구는 더 자세한 사항들을 위해 계속되어야 하며 정부에 의해 지원되어야 한다.

(d) 인생에 대해 낙관적인 관점을 가진 사람들은 결코 치명적인 심장마비에 걸리지 않는다.

⬇️ There is more optimistic outlook in older men with a dramatically reduced risk of coronary heart disease. 이 문장을 통해서 낙관적인 태도를 가진 환자들과 비관적인 태도를 가진 환자들이 서로 다른 수준의 심장마비 위험을 보인다고 설명하

64

면서 그에 대한 구체적인 수치를 보여주고 있다. 첫 번째 문장에서 낙관적 전망이 심장 질환의 위험을 극적으로 감소시킨다고 알려주고 있으므로 질환 발생에 있어 태도 간의 차이가 있음을 알 수 있다. 정답은 (b)이다.

tip! 이 문제는 main point 문제이며 본문은 연구 관련 글이다. 연구 결과와 그 결과가 시사하는 바가 무엇인지가 관건!

───────────────────────────────

optimistic 낙관적인 outlook 전망, 견해 coronary 관상동맥의, 심장의 versus ~와 비교하여 pessimistic 비관적인 incidence 발생 participant 참가자 account for 설명하다, 차지하다 fatal 치명적인, 운명의 span (짧은)기간, 한 뼘 explanatory 설명을 위한, 주석적인

21. (b)

이온화 방사선은 항상 우리와 함께 있고 모든 예측할 수 있는 시간 동안 존재할 것이다. 우리의 유전 체계는 자연 선택에 의해서 자연 방사선에 아마도 잘 적응한다. 부가된 방사선은 돌연변이의 빈도를 증가시킬 것이며, 이들 대부분은 해로울 것이다. 많은 양의 방사선의 노출은 악성 질병들을 증가시킬 것이며, 적은 양이라도 아마 같은 효과를 가질 수도 있을 것이다. 이러한 잠재적으로 해로운 효과를 고려할 때, 모든 합당한 노력이 알맞게 도달될 수 있는 가장 낮은 수위까지 사람에게 노출되는 이온화 방사선의 수위를 감소시키기 위해 행해져야만 한다.
Q. 이 글의 주제는 무엇인가?
(a) 적은 양의 방사선은 우리의 돌연변이에 영향을 미치지 않는다.
(b) 방사선 수위를 낮추는 것이 우리의 건강을 위해 요구된다.
(c) 방사선의 수위를 최소화하려는 노력은 시간 낭비이다.
(d) 증가된 방사선은 인간 역사에 돌연변이를 야기시켰음에 틀림없다.

○ main idea 문제이다. 여기서는 Should가 단서! In view of these potentially harmful effects every reasonable effort should be made to reduce the levels of ionizing radiation ~ 이 부분이 문제를 푸는 열쇠이다! 따라서 정답은 (b)이다.

ionize 이온화하다 radiation 방사선, 복사(작용) foreseeable 예견할 수 있는 genetic 유전, 유전자의 adjusted 조절된, 적응한 natural selection 자연 선택 mutation 돌연 변이, 변화 harmful 유해한 reasonable 도리에 맞는, 정당한 attain 얻다, 달성하다

22. (d)

세계 정치가 인류와 세계적 갈등의 지배적인 원인 간의 거대한 구분은 문화적일 것이라는 새로운 국면에 진입하고 있다. 사람들의 가장 고도의 문화적 집단인 문명들은 지역, 역사, 언어와 전통에 의해 각각 구별된다. 이러한 구분은 중요성에 있어 깊어지고 있고 증대되고 있다. 유고슬라비아부터 중동, 중앙아시아에 이르기까지 문명들의 선이 미래의 분쟁선들이다. 이런 문화적 갈등의 시대에 미국은 유사한 문화들과 동맹을 맺어야 하며, 가능한 모든 곳에 그 가치를 퍼뜨려야 한다. 다른 문명들에 대해 가능하다면 서구는 수용해야만 한다. 필요하다면 대치되더라도 그러나 마지막 분석에서는 모든 문명들이 서로를 어떻게 너그럽게 보아 주

어야 하는가를 배워야만 한다.
Q. 이 글의 주제는 무엇인가?
(a) 문화적 갈등이 다른 문화들과 구분 짓는 하나의 주요한 요소이다.
(b) 비슷한 문화를 가진 동맹을 맺는 것은 남아 있는 유일한 대안이다.
(c) 세계 정치는 재앙에 직면해 있다.
(d) 현대 정치에 있어 서로 다른 문화에 대한 존중과 인내가 요구된다.

○ however, all civilizations will have to learn to tolerate each other ~ 앞으로 세계 정치가 문화의 차이에 의해 구분되는 문화적 갈등이 지배하는 새로운 국면에 진입할 것이라고 이야기하면서, 문화 간의 차이점은 유고슬라비아와 중동, 중앙아시아에서 볼 수 있듯이 분쟁을 야기하는 원인이 됨을 밝히고 있다. 마지막 부분에 이러한 상황에서 미국과 서양은 다른 문명과 동맹을 맺고 적응하려는 노력, 나아가서는 참고 견디는 것을 배워야 한다고 이야기하고 있으므로 문화적 다양성이 존중되어야 한다는 주장이 주제이다. 따라서 정답은 (d)이다.

tip! main idea 문제이기 때문에 항상 무슨 내용을 주장하고 싶어 하는가를 생각 하자! 그리고 당위조동사 have to(=must)는 의미 자체가 '~을 해야만 한다'는 당위이므로 핵심적인 부분이 된다.

───────────────────────────────

phase 단계 differentiate 식별하다, 구별하다 division 구분, 차이 humankind 인류, 인간 dominate 지배하다 conflict 충돌, 분쟁 battle line 전선 emerging 최근에 생겨난 era 시대, 연대 forge ~을 만들다, 맺다 accommodate 돌보다, 순응하다 confrontational 대치되는, 모순되는 tolerate 허용하다, 견디다 distinguish 구별하다

23. (c)

메사추세스 종합병원의 연구자들은 새로운 유전적 변형이 뇌 장애의 가장 흔한 형태인 후발성 알츠하이머병 발병의 위험과 매우 관련이 있음을 알아냈다. 가장 명백하게 이 유전자에 의해 유전 암호가 지정된 단백질은 이 병의 발병에 핵심이 될 수 있는 과정을 암시하면서 다른 알츠하이머성 관련 유전자에 의해 유전 암호가 지정된 단백질과 상호 작용한다. 이 연구 결과는 우리가 알츠하이머병 과정을 초래한다고 생각하는 단백질의 통로로 직접 우리를 이끈다. 이것은 이 질환을 예방하거나 치료하기 위한 약의 개발을 위한 강력하고 새로운 목표가 될 수 있을 것이다. 게다가 이 연구는 우리에게 질병의 과정을 말해 줄지도 모르며, 재생산된다면 이 발견은 미래 연구들에 있어 우리가 추가적인 유전적, 환경적 요인들을 역할을 가려내는 데 도움을 줄 것이다. 이러한 측면에서 이 연구는 매우 중요하다.
Q. 이 글의 주제는 무엇인가?
(a) 알츠하이머병의 발전 과정
(b) 그 흔한 뇌 장애의 원인과 결과들
(c) 새로운 연구 결과들의 중요성과 함축적 의미
(d) 알츠하이머병의 유전적 복잡성과 약의 개발

○ It could be a powerful new target for the development of drugs to prevent or treat this disease. & this research is highly significant. 이 두 문장을 통해서 이 연구 결과의 중요성과 의미가 담임을 알 수 있다. 정답은 (c)이다.

tip! 문제의 유형이 mainly about인 경우 본문의 큰 그림을 파악하면 된다. 그리고 선택지를 간단화시키면 정확도를 유지하면서 신속히 문제를 해결할 수 있다. (a)는 The development process, (b)는 The causes and effects, (c)는 The importance and implication, (d)는 Genetic complexity 이렇게 선택지를 보면 문제가 매우 간단해진다. 추가적으로 본문에 new, relationship, association, difference, similarity 등의 연관성, 차이점, 유사점이 언급되면 중요한 부분임을 잊지 말자! 그리고 주관적인 부분은 반드시 체크한다!

identify 확인하다 mutation 변형, 돌연변이 late-onset 후발성의, 고령에 발생하는 disorder 장애, 병 significantly 상당히, 두드러지게 interact 서로 작용하다, 서로 영향을 미치다 code (유전자가) 유전 정보를 지정하다 pathway 통로, 효소 접촉 반응 replicate 반복하다, 복제하다 sort out 분류하다, 구분하다

24. (c)

새로운 연구는 출생 시 몸무게와 미래의 유방암의 위험성 사이에는 명백한 관계가 있다고 보여 준다. 그러나 이것이 여성들이 임신기간 동안에 아이의 출생 시 몸무게를 줄이려는 노력을 하는 것으로 이어져서는 안 된다. 조사는 출생 시의 몸무게가 2,500 그램이거나 혹은 그 미만인 여성들이 4,000그램 이상인 여성들보다 더 유방암에 걸릴 위험이 대략 반 정도라고 보고한다. 조사 팀은 초기 삶에 있어서 유방암에 인과론적인 역할을 할지도 모르는 다양한 요소들을 조사했다. 이 조사는 임신 기간의 몸무게가 잠재적인 유방암의 위험의 중요한 요인이 될지도 모른다는 것을 암시한다. 그 조사는 조숙 그 자체가 유방암을 예측하게 해 주는 것은 아니라는 것을 알아냈다.
Q. 다음 지문에서 사실인 것은?
(a) 조숙만이 잠재적인 유방암 발병에 책임이 있다.
(b) 임신한 여성들은 병을 예방하기 위해 몸무게를 줄이는 것이 요구된다.
(c) 미래 유방암 위험에 대한 체중의 관계는 위험에 있어서 중요한 요소인 것 같다.
(d) 그 연구는 조사는 대부분의 유방암 전문가들에 의해 좋게 평가됐다.

◎ This study suggests that weight in relation to gestational age may be a critical factor in future breast cancer risk.에서 출생 시의 몸무게가 미래에 발생할 수 있는 잠재적 유방암과 결정적인 관련이 있다는 내용의 조사가 소개되고 있다. 그렇지만 아이의 몸무게를 일부러 줄이려고 해서는 안 된다는 내용이 두 번째 문장에 나오므로 (b)는 답이 될 수 없다. 따라서 정답은 (c)이다.

tip! 1. correct 문제인 경우는 반드시 각 선택지에 대한 근거(clue)가 어딘지를 확인해야 한다. 이 연습이 중요한 이유는 네 개의 선택지 중 세 가지는 틀리고 하나는 옳다는 것을 확인하는 과정에서 오답이 만들어지는 유형에 자연스럽게 익숙해지며 정답을 확인하는 과정을 통해 영어의 paraphrasing에 익숙해지게 되기 때문이다.

그러므로 반드시 근거를 찾는 것을 습관화하는 것이 필요하!

2. 선택지에서 all, never, solely, the best, the only 등의 강한 어구는 정답이 되는 경우가 드물다. 그 이유는 강한 주장에는 상응하는 충분한 근거가 필요한데 근거가 충분한 글들은 대체적으로 쉬운 글이기 때문에 파악하기가 쉽다.

strive 노력하다, 힘쓰다 pregnant 임신한 weigh 무게를 달다 at birth 출생 시에 factor 요소, 요인 play a role 역할을 하다 etiology 원인론, 인과관계 연구 in relation to ~에 관하여 gestational 임신기간의, 잉태한 prematurity 조산, 시기상조

25. (b)

이번 겨울 학기 과정은 학생들이 미국 연방대법원에 가기 전 집중적인 법 실무에 열중하게 할 것입니다. 이 과정은 연방대법원 실무에 대한 일련의 강의와 토론과 법원에 가기 전 실제 사례들에 대한 집중 연구로 이루어질 것입니다. 학생들은 각각 강사와 긴밀히 공부하는 작은 팀에 배정됩니다. 게다가 법원의 분쟁에 참석하게 될 것이며 모의 법정에 참가하고 연방대법원의 주요 인사들을 만나게 됩니다. 기간 동안 주택뿐만 아니라 워싱턴까지의 교통수단도 제공됩니다. 주택은 학생들의 배우자나 다른 중요한 사람들을 위해서는 제공되지 않습니다. 식사와 도시 내 교통의 제공은 본인 부담입니다. 학습은 10명으로 제한되고 지원자는 이력서를 제출해야 합니다.
Q. 이 과정에 대해 사실인 것은?
(a) 참가자는 토론에 참석하고 발표를 해야 한다.
(b) 분쟁에 참석하는 것뿐만 아니라 모의 법정에 참가하는 것이 학생들에게 가능하다.
(c) 대법원 근처의 교실에서 열릴 것이다.
(d) 숙소는 참가자의 가족들을 위해 제공될 것이다.

◎ 중간 부분에 학생들이 대법원의 분쟁에 참석하며 모의 법정에는 참여할 것이며, 연방대법원의 주요 인사들을 만나게 될 것이라는 내용이 나온다. 토론과 발표를 해야 하는 것이 아니라 토론이 과정의 일부 내용이며, (c)에 대한 언급은 없고, 숙소는 오직 학생을 위해서만 제공된다. 따라서 정답은 (b)이다.

immerse 담그다, 열중하게 하다 intensive 강한, 격렬한 supreme court 연방대법원 attend 참석하다 moot 모의재판 spouse 배우자 meal 식사 applicant 지원자 submit 제출하다 resume 이력서

26. (a)

약 30~40퍼센트에 이르는 전염이 집에서 일어나고, 약 20퍼센트는 학교에서 발생할 것이라고 조사원들은 추정한다. 롱기니와 그의 동료들은 아이들이 가장 높은 비율로 감염되기 때문에 그들이 맨 먼저 백신을 접종해야 한다는 것을 안다. 건강 관리 직원들과 제대로 발휘되지 못하는 면역 체계를 가진 사람들과 같이 다른 위험 상태 집단에 대한 백신 접종 또한 중요하다. 연관된 사람들 사이에 확산 유형을 고려하면, 미국 인구의 70퍼센트를 접종하는 것이 바이러스의 확산을 막는다고 주장한다. 몇몇 백신 시험을 통한 3주간의 데이터를 기초로 한 예비 결과는 백신의 1

회 분이 건강한 젊은 층과 중년층의 성인들에게 좋은 항체 반응을 이끌어 낸다는 것을 보여 준다. 아이들은 특별히 H1N1 전염적 특성에 영향 받기 때문에 그리고 또 일반적으로 어른과 비교하여 백신에 열등한 반응을 보이기 때문에 아이들을 위해서는 2회 분이 필요할지도 모른다.

Q. 다음 지문에서 사실인 것은?

(a) 미국 인구의 반 이상에 대한 예방 접종은 필요한 단계이다.

(b) 백신의 1회 분은 어린이와 노인들에게 충분하다.

(c) 백신 이외의 방법들이 건강 관리 직원들을 위해 준비되어야 한다.

(d) 백신의 공급은 올해 말까지 경제적 이유들로 인해 쉽지 않다.

◑ 어린이들은 백신 접종에 열등한 반응을 보이고 H1N1의 전염적 특성에 적합하므로 2회분이 필요할지도 모른다는 내용이 마지막에 나와 있으며, 백신 접종이 아이와 더불어 건강 관리 직원들과 면역 체계가 약한 사람들에게 먼저 준비되어야 한다는 내용이 중간 부분에 나온다. 올해 말까지 충분한 백신의 공급이 가능하므로 (c)도 답이 될 수 없다. 정답은 (a)이다.

household 가정, 식구 colleague 동료 compromised 면역 반응 따위가 제대로 발휘되지 못하는 given 만약, 가정하면 contain 막다, 예방하다 preliminary 예비의, 서두의 trial 시도 dose 1회 복용량, 분량 elicit 알아내다, 끌어내다 antibody 항체 susceptible 영향을 받기 쉬운 pandemic 전 지역에 걸치는, 일반적인 strain 계통, 성질, 변종 inferior 열등한, 하위의 sufficient 충분한

27. (d)

경제 대공황 전날에 선출된 제31대 대통령 허버트 후버는 유능한 기술자 출신 전문 관료이자 관리자의 기술을 가지고 대통령직에 올랐다. 이 아이오와 토박이이며 스탠포드에서 교육받은 엔지니어는 세계 1차 대전 동안과 그 후 유럽에서 거대한 복구 작업을 수행했다. 일단 대공황이 발생하자, 그는 세금을 낮추고 일자리 창출을 위해 공공사업을 시작했지만 확고히 그는 완전한 구제에는 저항했다. 보수적인 원칙에 대한 후버의 완고한 고집은 그의 최대 문제가 아니었을지도 모른다. 의사소통에 서툴렀던 그는 비열하고 냉담하다는 인상을 주었다. 노숙자들은 그들의 임시방편의 판자촌을 Hoovervilles라고 불렀다. 아마 그의 유일하게 가장 큰 정책적 실책은 세계적 무역 전쟁을 가속시키고 대공황을 훨씬 더 악화시킨 법을 지지하고 서명했다는 것이다.

Q. 다음 지문에서 허버트 후버에 대해 사실인 것은?

(a) 그는 노숙자들에게 특별한 관심을 쏟았다.

(b) 완전한 구제에 대한 그의 저항은 시간에 따라 쇠퇴하기 시작했다.

(c) 그는 세금을 낮추고 직업을 창출하는 데에 반하는 입장을 취했다.

(d) 세계 무역과 관련한 법을 지지한 것은 그가 잘못한 것이다.

◑ 경제 대공황 시기에 취임한 허버트 후버에 대한 이야기이다. 그는 대공황에서 사람들을 구제하기 위해 세금을 줄이고 일자리를 창출하는 정책을 펼쳤지만 보수적 성향으로 인해 완전한 구제

에 반대했다. 마지막 부분 Perhaps his single greatest policy blunder was supporting and signing into the law that ~ 에 그의 가장 큰 정책적 실수가 세계 무역 전쟁과 대공황을 더 심각하게 만든 법을 지지하고 서명했다고 나와 있으므로 (d)가 답이 된다.

elected 선출된 great depression 대공황 consummate 완료하다; 완전한 technocrat 기술자(과학자)출신 관리자 massive 대규모의 relief 구제 set in 발생하다, 시작하다 outright 완전한, 전체의, 유능한 steadfastly 확고한, 부동의 resist 저항하다 outright 철저한, 완전한 rigid 엄격한 adherence 고수, 집착 conservative 보수적인 principle 주의, 원칙 communicator 전달자 come across as ~라는 인상을 주다 uncaring 냉담한 dub ~라고 부르다 make-shift 임시방편의 shanty 판자 집, 빈민층의 blunder 큰 실책 pay attention to 주의를 기울이다 homeless 집 없는 resistance 저항, 반대 wane 약해지다 with time 시간이 흐름에 따라 take a stand 입장을 취하다

28. (c)

새로운 연구에 따르면 외부로부터 더 적은 양의 신선한 공기를 받는 지역에서 일하는 사무실의 직원들은 더 높은 수준의 외부 공기를 마시는 그들의 동료들보다 더 아픈 경향이 있는 것 같다. 연구자들은 독립적으로 환기되는 115개의 직장을 소유하고 있는 Polar Corporation 건물들의 환기 상태를 측정했다. 그들은 공기 공급을 보통과 높음 두 범주로 나누었다. 그러고 나서 3,270명의 직원들이 낸 병가를 분석하고 결근한 직원들이 일했던 지역들을 주의 깊게 관찰했다. 나이, 성별 그리고 휴가철과 같이 아프지 않을 때 결근한 수와 같은 요인들을 확인한 후에 연구자들은 보통으로 환기가 되는 지역에서 일하는 사무실 직원들이 자주 환기가 되는 지역에서 일하는 그들의 동료보다 53퍼센트 더 병 때문에 휴가를 내는 것으로 보임을 발견했다.

Q. 다음 지문에서 사실인 것은?

(a) 많은 사무실이 병가와 장기 결근과 관련된 어려운 문제들을 갖고 있다.

(b) 환기 시스템 조사는 생산성을 향상 시키는 데 효과적이지 않다.

(c) 신선한 공기는 높은 수준의 생산성을 유지하는 데 중요한 역할을 할지도 모른다.

(d) 모든 고용주는 환기 시스템에 그들의 돈을 투자해야 한다.

◑ 본문에서는 한 조사가 환기의 정도가 높은 사무실과 그렇지 못한 사무실에서 일하는 직원들의 병가 기록을 분석하여 환기가 자주 되지 않는 사무실의 직원들이 더 자주 아프다는 사실을 발견했음을 말하고 있다. 직원들의 잦은 결근은 회사의 생산성과 관련이 있으므로 본문을 통해 (c)가 가능한 사실임을 알 수 있다.

call in sick 전화로 병결을 알리다 measure 재다, 측정하다 ventilation 통풍, 환기 divide 나누다 moderate 보통의, 중간 정도의 sick leave 병가 absent 부재의 take time off 쉬다 absenteeism 장기 부재, 장기 결석 play a role in 역할을 하다

29. (b)

인간과 우리의 조상들을 구분 짓는 첫 번째 특징 중 하나는 직립 보행이다. 이러한 특징의 출현에 대한 몇몇 가설이 있지만, 직립 보행은 사바나와 같은 열린 자연환경에서 더 효율적으로 이동하는 방법을 제공했던 것으로 보인다. 비록 가장 이른 인간 조상들은 그들의 뇌에 관하여 유인원과 매우 유사했지만, 그들의 직립 보행은 그들의 골반이 훨씬 오늘날의 우리처럼 보이게 변화시켰다. 그러는 동안에 새로이 떠돌아다니던 지역들은 자원을 획득하는 데 장점들을 제공했다. 시간이 지나면서 자연선택은 초기 인류의 뇌 크기를 증가시켰다. 그러나 동시에 점점 더 커지는 뇌의 선택은 말하자면, 좁아진 골반과 정면으로 충돌하게 되었다.

Q. 다음 지문에서 직립보행에 대해 사실인 것은?
(a) 증가한 뇌 크기는 좁은 골반과 양립할 수 있었다.
(b) 인간의 증가된 이동성은 몇 가지 장점을 주었다.
(c) 이것은 시간과 함께 자연도태에 따라 쇠퇴하였다.
(d) 이 특성의 등장은 과학적으로 증명되었다.

◎ 다른 선조들과 다른 인류의 특징 중 하나인 직립 보행에 대한 글이다. 직립 보행을 함으로써 골반이 좁아지고, 떠돌아다니며 사는 삶이 여러 문제들을 해결하는 능력을 발달시킴으로써 초기 인류의 뇌 크기가 증가했다는 내용이 소개되고 있다. 정답은 (b)이다.

trait 특징, 특색 differentiate 구별 짓다, 식별하다 upright 직립의, 수직의 gait 보행, 보조 hypotheses 가설 apelike 유인원, 원숭이 같은 in terms of ~에 관하여 gait 걸음 거리 pelvis 골반(뼈) meanwhile 그러는 동안에 roam 방랑하다, 떠돌아다니다 acquire 취득하다, 획득하다 flexible 유연한, 탄력 있는 over time 시간이 지남에 따라 collide 부딪히다, 상충하다 head-on 정면충돌의, 정면의 so to speak 말하자면 capability 능력

30. (d)

첫 번째의 폐수로부터 미생물 전기 분해 시스템을 이용한 수소 생산에 대한 재생 가능한 방법의 시연은 모크빌에 있는 Napa 와인 회사에서 진행 중이다. 냉장고 사이즈의 수소 발전기는 양조장의 폐수를 가지고 박테리아와 적은 양의 전기 에너지를 사용하여 유기적 물질을 수소로 바꿀 것이다. 생산된 수소는 수소 연료 셀에 사용될 적은 양을 제외하고 배출될 것이다. 결국 Napa 와인 회사는 이 수소를 운송 수단과 전력 시스템을 가동하는 데 사용하고자 한다. 미생물 전기 분해 공장은 하루에 약 1,000리터의 폐수를 처리하는 지속적인 유동 시스템이다. 미생물 전기 분해 셀은 액체에 가라앉아 있는 두 전극으로 구성되어 있다.

Q. 다음 지문에서 사실인 것은?
(a) 발전기는 전기 에너지를 필요로 하지 않는다.
(b) 수소 생산에 있어 재생 가능한 방법은 완성되었다.
(c) 더 많은 박테리아를 발전기가 가지고 있을수록 더 적은 수소가 생산된다.
(d) 폐수를 이용해 수소를 만드는 것이 실행 가능할 수도 있다.

◎ using bacteria and a small amount of electrical energy ~에서 확인할 수 있듯이 (a)는 정답이 될 수 없다. ~ is

underway at the Napa Wine Company in Oakville로 미루어 보아 (b)역시 오답이다.

demonstration 시연, 설명 renewable 갱신 가능한, 다시 시작 가능한 hydrogen 수소 wastewater 폐수, 오수 microbial 미생물의, 세균의 electrolysis 전기 분해법 underway 진행 중인 winery 포도주 양조장 convert 전환하다, 변하게 하다 vent 배출하다, 발산하다 cell 전지 vehicle 차, 탈것 consist of ~으로 구성되다 electrode 전극 immerse 파묻다, 가라앉히다

31. (b)

브라이언 아브라함은 남아프리카의 지역 밴드에서 가수로 그 일을 시작한 재즈 드러머이자 보컬리스트이다. 1970년대에 아브라함은 사라 본과 낸시 윌슨을 위한 드러머로서 스위스에서 재즈 연주회에 참가하였다. 1975년에 그는 영국으로 이동했고 그곳에서 명성을 얻었다. 아브라함은 두두 퍼크와나, 로니 스콧, 존 테일러, 조니 다이아니, Brotherhood of Breath, 짐 페퍼, 듀이 레드맨, 맬 왈드론, 아키 세프, 코트니 파인, 애니 로스와 같은 그룹들과 아티스트와 함께 일을 해 왔다. 1980년대 동안 아브라함은 그 자신의 그룹인 District Six를 만들었다. 1988년에 그는 압둘과 이브라함에 의해 만들어진 밴드 Ekaya에 합류했다. 조금 더 최근에 그는 Tony Haynes가 이끄는 프로젝트들에서 일하고 있다.

Q. 다음 지문에서 브라이언 아브라함에 대해 사실인 것은?
(a) 그는 그 자신의 그룹인 Ekaya를 만들었다.
(b) 그는 그의 경력 전반에 걸쳐 다른 많은 아티스트와 함께 일 했었다.
(c) 그는 남아프리카에서 가수로서 명망을 얻었다.
(d) 그는 그의 일생 동안 자신의 그룹을 만들지 않았다.

◎ In 1988 he joined the band Ekaya, which was founded by Abdullah Ibrahim.에서 (a)는 오답임을 확인할 수 있다. he moved to the United Kingdom, where he gained his recognition ~으로 미루어 보아 (c)역시 정답이 아니다. 따라서 정답은 (b).

participate in ~에 참가하다 gig 재즈 연주회 gain 얻다, 획득하다 recognition 인정, 승인 found 설립하다

32. (b)

인신매매는 여성과 아동의 취약성을 강제 노동이나 매춘을 목적으로 악용하는 것뿐만 아니라 유괴, 사기, 기만, 힘을 남용하는 하나의 사업이다. 이렇게 갑작스러운 인신매매의 폭발의 배후에는 어떤 이유가 있는가? 몇몇 옹호자들은 여성이 교육과 뒤이은 경제 기회들에 대한 접근이 부인되기 때문에, 그들이 이러한 약탈에 취약하다고 주장한다. 선진화된 세계의 생활 방식에 유혹되거나 또는 일의 부재가 그들을 해외에서 더 나은 삶을 구하도록 하기 때문에 위험에도 불구하고 여성들은 자발적으로 그들의 집에서 떠난다. 많은 국가에서 이주는 장려되는데 정부가 직장을 제공하거나 기초적 배려를 할 수 없기 때문이다. 세계의 정부와 NGO들은 이 현대의 노예 형태에 반응해야만 한다.

Q. 인신매매에 대한 사실은 무엇인가?
(a) 인신매매는 고도로 선진화된 국가에서 가장 흔하다.
(b) 교육의 부족은 인신매매를 야기하는 주요 요인 중 하나일 수 있다.
(c) 선진국의 삶의 방식에 유혹 되는 것은 착취와 관련이 없다.
(d) 아주 많은 노력이 인신매매를 막기 위한 이 문제에 있어 왔다.

🔵 인신매매의 급증과 관련하여 빈곤한 국가에서 충분한 일자리와 보장을 줄 수 없기 때문에 아동이나 여성 같이 취약한 계층이 인신매매에 노출되어 있다는 내용이다. because women are denied access to education and subsequent economic opportunities, they are vulnerable to exploitation을 통해서 교육이 노동이 착취 그리고 인신매매와도 관련이 있음을 알 수 있다. 그리고 (c)는 because they have been lured by the lifestyle of the developed world ~을 통해서 오답임을 알 수 있다. 정답은 (b)이다.

- -
trafficking 매매의, (부정하게) 교섭하는 involve 수반하다, 포함하다 abduction 유괴, 탈취 fraud 사기 deception 속임수, 기만 abuse 남용, 학대 vulnerability 취약성 prostitution 매춘, 변절, 악용 explosion 급증, 폭발 advocate 변호사, 옹호자 deny 거부하다, 부인하다 access 접근 subsequent 다음의, 뒤이은 vulnerable 상처입기 쉬운 exploitation 개발, 약탈 lure 유혹하다, 꾀어내다 migration 이주, 이동 slavery 노예제도 deter 그만두게 하다, 방지하다

33. (d)

초콜릿의 원료인 코코아는 적어도 4,000년 전 아마존에서 기원되었다고 알려져 있다. 코코아 나무의 씨에서 추출되는 초콜릿은 AD 6세기의 마야 문명에서 이용되었다. 마야인들은 코코아 나무를 cacahuaquchtl, 즉 '나무'라는 의미로 불렀고, 초콜릿이라는 말은 쓴 물을 뜻하는 마야어 xocoatl에서 왔다. 마야인들에게 코코아 꼬투리는 생명과 다산을 상징했다. 그들의 왕궁과 사원에 있는 돌들에서 코코아 꼬투리의 그림이 새겨져 있는 것이 발견된다. 중앙아메리카에서 남아메리카의 북쪽 지역으로 옮겨가면서, 마야인의 영역은 유카탄 반도에서 과테말라 태평양 연안으로 뻗어 나갔다. 유카탄에서 마야인들은 최초의 코코아 농장으로 알려져 있는 경작을 하였다. 아즈텍인들은 지혜와 힘이 코코아나무 열매를 먹는 것에서 유래한다고 믿었다. 아즈텍 제왕이었던 몬테즈마는 빨간색으로 염색된 걸쭉한 초콜릿을 마셨다.

Q. 다음 지문에서 사실인 것은?
(a) 모든 아즈텍 왕들은 지배자로서 그들의 지위를 과시하기 위해 빨간색으로 염색한 초콜릿을 마셨다.
(b) 대부분 마야인들은 그들의 역사 전반 동안 유카탄 반도에 살았다.
(c) 코코아는 종교적인 의식들을 위해 왕궁과 사원들에 저장되었다.
(d) 마야인은 코코아 꼬투리와 다산을 연결시켜 보았다.

🔵 To the Mayans, cocoa pods symbolized life and fertility.에서 마야인들은 코코아 꼬투리는 생명과 다산을 상징했다고 하였으므로 정답을 유추할 수 있다. (c)는 이 글에 제시되

어 있지 않기 때문에 알 수가 없으므로 정답이 아니다. 따라서 정답은 (d)이다.

`tip!` 선택지를 볼 때 all, most, never, every 등의 강한 어구는 근거를 반드시 확인하는 습관이 필요하다!

- -
derive from ~에서 유래하다 seed 씨 come from ~의 출신이다, ~에서 생겨나다 bitter 쓴 pod 꼬투리, 깍지 symbolize 상징하다 fertility 비옥, 다산 temple 신전, 사원 reveal 드러내다, 누설하다 carve 새기다 territory 영토, 지역 cultivate 경작하다 plantation 농원, 농장 emperor 황제 thick 걸쭉한, 진한 show off 과시하다, 뽐내다 status 지위, 신분

34. (c)

일본으로의 조사 여행 중에 홀은 어느날 그의 호텔로 돌아와서 엘리베이터를 타고 올라가 그의 키를 자물쇠에 넣고, 문을 열어 그가 계속 묵었던 방이었음에도 불구하고, 다른 어떤 이의 짐이 거기에 있음을 발견하였다. 홀은 잠시 방에 있다가 계속 기분이 불편했고, 정말로 그가 어쩐지 잘못된 장소에 있고 다른 이의 방에 있다는 이유로 비난을 받게 될 것이라는 기분이 들었다. 그는 그때 그의 방과 소지품이 옮겨졌다고 들었던 데스크로 내려갔다. 그는 새로운 열쇠를 받아 그의 새로운 방으로 올라가 모든 그의 소지품이 첫 번째 방에 남겨 놓았던 같은 방식으로 놓여 있음을 발견하였다. 그러고 나서 방과 그 배치에 현저한 유사점이 있었지만 여전히 그가 느낄 수 있었던 것처럼 매우 다르기도 했다.

Q. 다음 지문에서 홀에 대해 사실인 것은?
(a) 그는 종종 조사를 위해 여행을 간다.
(b) 그는 타인의 방에 침입한 것을 이유로 고소를 당할 위험에 있었다.
(c) 그의 방이 고지 없이 새로운 방으로 바뀌었다.
(d) 그는 여행 동안 언제나 불편함을 느낀다.

🔵 He then went down to the desk where he was told that his room and his belongings had been moved.을 통해서 방이 옮겨진 것을 알지 못했다는 것을 알 수 있다. (a)와 (d)는 빈도부사 오답이다. 이처럼 빈도 부사를 이용 함정을 파는 것 또한 가능하기에 신경을 써야 한다. (b)의 경우 부분적으로 맞고 부분적으로 틀린 매우 매력적인 오답임을 주의 한다. 정답은 (c)이다.

- -
belonging 소지품 uncomfortable 불편한, 기분이 언짢은 indeed 참으로, 정말로 somehow 어떻게든 하여, 웬일인지 accuse 고소하다, 비난하다 lay out 배치하다 resemblance 유사, 비슷함

35. (a)

지구상에 처음으로 거주하기 시작한 인류는 거의 200만 년 전에 살았다. 그들은 야생 식물을 모으고, 사냥과 낚시를 통해 살아남았다. 그들은 식량을 찾아 여기저기로 옮겨 다녀야만 했다. 기원전 9,000년경 농경문화의 발달은 이러한 유목민의 삶의 방식을 끝냈고 첫 번째 문명을 초래했다. 어떻게 작물을 기르고 동물

들을 길들이는지를 인류가 배웠을 때, 그들은 한 지역에 정착할 수 있었다. 정착은 마을로, 최종적으로 도시로 성장했다. 사람들은 전문화된 직업에 종사하기 시작했고, 예술과 공예품을 발달시켰으며, 문명화된 삶의 다른 활동들에 참여했다. 그들은 정부를 만들고 문자 시스템을 발명해냈다.

Q. 다음 지문에서 추론할 수 있는 것은 무엇인가?
(a) 그들은 식량 공급의 부족으로 인해 옮겨가야 했다.
(b) 처음 문명은 약 20만 년 전 시작되었다.
(c) 불행하게도 몇몇 사람들은 야생 동물을 길들이도록 허락되지 않았다.
(d) 확립된 정부와 문자 체계는 채집 사회의 공통점이다.

◯ They were forced to move from place to place in the pursuit of food.을 통해서 그들이 음식 때문에 이동 생활을 했다는 것을 알 수 있다. 지구상에 등장한 첫 인류가 20만 년 동안 살았다고 이야기하고 있으므로 (b)는 정답이 아니며, 정착으로 인해 농경과 목축이 시작되었다는 내용으로 (c)는 언급되어 있지 않다. 문명사회에서는 정부와 문자 체계를 만들었지만 채집 사회에 대한 언급은 없으므로 알 수 없다. 따라서 정답은 (a)이다.

tip! 추론 문제의 경우 다음의 세 가지를 주의해야 한다.
1. 추론은 추측이 아닌 본문에 근거해 알아낼 수 있는 사실이어야 한다.
2. 본문에는 언급이 안 되면서 상식적으로는 옳은 선택지에 주의해야 한다.
3. 실제 텝스 리딩 문제의 추론 문제는 correct 문제와 접근 방법이 동일하다.

inhabit ~에 살다 pursuit 추구 nomadic 유목의, 방랑의 give rise to 초래하다, 일으키다 domesticate 길들이다 settle in 자리 잡고 살게 하다 craft 공예, 수공업 invent 발명하다 on account of(=due to, owing to) 때문에 take place(=occur, break out) 일어나다. 발생하다 gathering society 채집 사회

36. (c)

인플루엔자 A 확산을 더디게 하기 위한 수단 중 하나로서 최근 발병에서 사용된 하나의 접근법은 학교를 폐쇄하는 것이다. 이 조사에서, 아이들이 학교를 다니거나 육아 방에 있는 상당수의 부모들은 이번 가을에 2주간의 휴교가 그들에게 심각한 재정적 문제를 초래할 것이라고 말했다. 이 부모들은 아이들을 집에서 돌보기 위해서 집에 머물러야만 하기 때문에 수입을 잃거나 재정 문제가 초래될 것이라고 보고했다. 이 상황은 소수민족 부모들에게 더 좋지 않은 것 같다. 연구 결과는 고용주들이 미래에 일어날 전염병이 발생할 때 하게 될 중요한 역할을 강조한다. 그들의 고용정책에서의 유연성이 이 조사에서 확인된 문제들의 일부를 최소화하는 데 도움이 될지도 모른다.

Q. 다음 지문에서 직업이 있는 부모에 대해 추론할 수 있는 것은 무엇인가?
(a) 그들은 질병의 확산을 더디게 하기 위해 학교 폐쇄에 대해 찬성한다.
(b) 가난한 부모들은 부자인 부모들보다 인플루엔자 A에 대해 더 취약하다.
(c) 학교 폐쇄는 직업이 없는 부모들보다 직업이 있는 부모들에게 더 짐을 지워줄 것이다.
(d) 유연한 근무 시간이 최상의 해결 방법이다.

◯ 인플루엔자 A의 확산을 방지하기 위해 학교를 폐쇄함에 따라 아이들을 학교나 육아 방에 맡겨 놓고 일을 하는 부모들이 일을 하러 나가지 못함으로써 재정적인 부담을 갖게 될 것이라고 이야기하고 있다. 마지막 문장에서 고용주들의 유연한 고용 정책이 문제를 최소화할 수 있음을 이야기하고 있으므로 (d)는 답이 될 수 없다. two-week closings in the fall would present serious financial problems for them을 통해서 직업이 있는 부모들에게는 경제적으로 부담이 될 수 있다는 사실은 추론이 가능하다. 정답은 (c)이다.

tip! 최상급 주의! 최고의 방법이라는 것을 추론할 수 있는 충분한 근거가 필요하다!

outbreak 발발, 급증 means 방법, 수단 substantial 대단한, 상당한 daycare 탁아, 보육 highlight 강조하다 flexibility 유연성, 융통성 in favor of ~에 찬성하여 vulnerable 상처받기 쉬운, 취약한 burden 짐, 부담 flexible 유연한, 융통성 있는

37. (a)

고대 이집트인은 사후 세계의 존재를 믿었고 그곳에서 즐거움을 보장하기 위해 그들의 시체에 대해 많은 심혈을 기울였다. 다음 생애에서 사용되도록 고인의 시체를 보존하려 시체의 부패를 막기 위해 그들은 미라화 과정으로 방부처리하고 시체를 건조시켰다. 이 과정 후에 이집트인들은 리넨 조각의 여러 층을 시체에 싸고 다음 생에서 사용할 옷과 음식, 보석들을 가득 채운 무덤에 위치해 있는 관에 넣고 봉인했다. 하인의 동상들은 부유한 자들의 무덤에 놓여졌다. 그들의 통치자들을 위해서, 그들은 거대한 피라미드를 건설하고 금과 진귀한 소유물들로 채워진 피라미드들의 비밀 방에 시체를 묻었다. 많은 학자들은 피라미드의 모양이 고대 이집트인에게 종교적 중요성을 가진 것으로 추측하고 있다.

Q. 다음 지문에서 추론할 수 있는 것은 무엇인가?
(a) 무덤들의 양식은 죽은 자의 사회적 지위를 나타내는 지표이다.
(b) 고대 이집트인들은 시체를 보존하는 다양한 방법을 알고 있었다.
(c) 보통 사람들은 피라미드에 들어가는 것이 금지되었다.
(d) 관은 주로 진귀한 소유물로 만들어졌다.

◯ Statues of servants were placed in the tombs of the wealthy. For their rulers, they built gigantic pyramids ~을 통해서 무덤의 규모나 형태 등을 통해 죽은 자의 사회적 지위를 알 수 있다. (c)의 보통 사람들에 대한 무덤에의 출입과 관련한 언급은 없으며, (d)는 관이 귀중한 물건들로 채워진 것이기 때문에 오답이다. 따라서 정답은 (a)이다.

tremendous 격렬한, 무서운 ensure 보장하다, 확실하게 하다 afterlife 사후 embalm 방부 처리하다, 미라로 만들다 corpse 시체 mummification 미라화 wrap 싸다 linen 리넨 strip 한 조각 seal 봉인하다 coffin 관 tomb 무덤 statue 상, 조각상 servant 하인 gigantic 거대한 precious 귀중한 possession 소유, 재산 speculate 숙고하다, 추측하다 deceased 사망한

70

38. (c)

고대 그리스인은 뛰어난 화가이며 건축가이며 조각가였다. (a) 그리스 건축은 대칭의 방법을 통한 미와 조화의 이상을 추구했다. (b) 많은 조각가들은 조화를 갖춘 인간과 신들을 묘사했다. (c) 유명한 그리스 서사시에는 전설적인 트로이 전쟁의 사건들과 영웅들에 대해 이야기하는 일리아드와 오디세이가 있다. (d) 비록 그리스 회화는 고대부터 별로 살아남지 못했지만, 그것들은 신화와 일상을 묘사하고 그리고 강한 감정과 현실주의적 이미지의 재현들을 묘사했다.

◑ 제시문이 중요한 단서가 되는 문제이다. extraordinary painters, architects, and sculptors를 통해서 뛰어난 화가, 건축가, 조각가였다고 설명하면서 앞으로의 전개될 구조를 보여 준다. (a)에서는 건축을, (b)에서는 조각을, (d)에서는 그림을 보여주고 있다. 따라서 정답은 (c)라는 것을 알 수 있다.

- -

extraordinary 비범한, 예사롭지 않은 symmetry 대칭, 균형 portray 그리다, 묘사하다 proportion 비율, 균형 epic 서사시 legendary 전설의 depict 표현하다, 나타내다 mythology 신화 evoke 환기시키다, 재현하다

39. (b)

여성의 경제적인 권한의 많은 면에 대한 상당한 발전에도 불구하고 깊게 뿌리박힌 차별과 불평등은 지속되고 있다. (a) 그 변화의 속도는 느리고 불균등해 왔다. (b) 통계 자료들은 여성에 대한 남성들의 폭력이 널리 퍼져 있다는 것을 보여 준다. (c) 유급 일에 대한 증가된 참여가 여성에 대한 집안 내에서의 무급 일에 대한 부담을 줄이는 것으로 변하지는 않았다. (d) 땅, 개인 자산 그리고 임금과 같은 경제 자원에 대한 접근과 통제력의 부족은 여성들을 차별과 불평등의 상태에 처하게 할 수 있다.

◑ 제시문을 통해서 여성들의 경제적인 성장에도 불구하고 여전히 차별과 불평등이 지속되고 있다는 것이 글의 주요 내용이다. (a)에서는 여성을 위한 그 변화의 속도가 느리고 균등하지 않았다는 내용을 통해 제시문과 일맥상통한다. 만일 그 변화가 균등했더라면 불평등과 차별은 존재하지 않을 것이기 때문이다. (b)는 갑자기 주제가 여성에 대한 남성의 폭력이 널리 퍼져 있다는 폭력 문제로 중심이 이동하는 것을 알 수 있다. 따라서 (b)가 정답이라는 것을 알 수 있다. 그리고 (c)는 여성들의 증가된 유급 경제활동에도 불구하고 집안에서의 부담은 줄지 않았다는 사실을 통해서 불평등이 존재하는 것을 보여주고 있는 부분이다. (d)는 경제적인 재원에 대한 여성들의 접근과 통제력의 부족이 원인이 될 수 있다는 것을 말해 주는 부분이다.

tip! 제시문을 통해서 주로 무엇에 대한 이야기를 하는지 파악하는 것과 그에 근거하여 흐름을 관찰하면 답이 도출된다.

- -

considerable 상당한 aspect 면, 측면 empowerment (권한, 권리 등의) 부여 entrenched 깊게 뿌리박힌 discrimination 차별 persist 지속되다 uneven 불균등한 statistics 통계 자료들, 통계학 widespread 널리 퍼진 put somebody at a state(risk) of ~을 어떠한 상태(위험)에 처하게 하다

40. (a)

계약보다 더 친숙하고 흔한 어떤 법적 형태를 생각하는 것은 어렵다. (a) 계약은 구텐베르그의 변혁의 가치와 기대를 반영한다. (b) 임차인과 지주, 소비자와 상인, 고용인과 고용주, 사업 파트너들, 심지어 어떤 경우는 남편과 아내가 계약에 의해 정의된 권리와 의무를 갖는다. (c) 계약은 우리 모두와 관련 있고 우리가 모두 잘 알고 있거나 혹은 전혀 모를 수도 있는 사람들 사이의 많은 관계를 형성한다. (d) 계약은 직접적이고 효과적인 방식으로 우리의 실재에 법을 가져오고, 종종 우리가 무엇을 소유하며, 어떻게 일하고, 어디서 살 것인가에 대한 뼈대를 확립한다.

◑ 제시문을 통해 이 글이 전달하고자 하는 의도는 계약은 법과 관련된 그 무엇보다 우리에게 흔하고 익숙하다는 것이다. (b)와 (c)는 계약이 우리 주변의 모든 관계를 정의한다는 내용으로 흔하다는 면을 보여 주고 있으며, (d)는 우리 삶과 관련하여 실질적인 방법으로 계약이 작용하고 있다는 것을 보여 준다. 따라서 정답은 (a)이다. (a)가 흐름상 맞으려면 values and expectations of Gutenberg's revolution이 무엇인지에 대해 뒤에서 언급을 해야 논리상 적절하다.

- -

legal 합법의 artifact 인공물, 가공품 commonplace 흔한, 평범한 contract 계약 reflect 반영하다 tenant 임차인 define 정의를 내리다 tangible 효과적인, 닿을 수 있는 framework 뼈대, 구성, 조직

최신의 텝스 출제경향을
그대로 반영한

이정로의
텝스 급상승
논리독해

전타임 최단기 마감강사의 현장강의처럼
자세하고 친절한 문제해결 방법과 해설 수록!

TEPS UP 시리즈

시리즈 01 **텝스 급상승** [이정로의 논리독해]

시리즈 02 **텝스 급상승** [이정로의 논리청해]

시리즈 03 **텝스 급상승** [이정로의 논리문법]

시리즈 04 **텝스 급상승** [이정로의 논리어휘]

시리즈 05 **텝스 급상승** [실전문제집 5 Set]

www.bansok.co.kr

9 788971 725900
ISBN 978-89-7172-590-0
값 15,000원

표지디자인